读书漫谈群 一年日记

（2020.7.10—2021.7.10）

叶小文 著

人民出版社

项目策划:王　萍
责任编辑:宫　共
封面设计:源　源

图书在版编目(CIP)数据

读书漫谈群一年日记:2020.7.10-2021.7.10/叶小文 著. —北京:人民
　出版社,2021.11
ISBN 978-7-01-023906-4

Ⅰ.①读…　Ⅱ.①叶…　Ⅲ.①读书笔记-中国-现代　Ⅳ.①G792

中国版本图书馆 CIP 数据核字(2021)第 217578 号

读书漫谈群一年日记(2020.7.10—2021.7.10)

DUSHU MANTANQUN YINIAN RIJI(2020.7.10—2021.7.10)

叶小文　著

人 民 出 版 社 出版发行
(100706　北京市东城区隆福寺街99号)

北京汇林印务有限公司印刷　新华书店经销

2021 年 11 月第 1 版　2021 年 11 月北京第 1 次印刷
开本:710 毫米×1000 毫米 1/16　印张:24.75　字数:378 千字

ISBN 978-7-01-023906-4　定价:67.00 元

邮购地址 100706　北京市东城区隆福寺街 99 号
人民东方图书销售中心　电话 (010)65250042　65289539

目　录

序

汪洋主席倡导的全国政协委员读书活动，已持续开展了一年多，几千名全国政协委员除在线上开设若干个主题读书群，以及每期加挂两个省级政协读书群外，特别由全国政协文化文史和学习委员会开设了一个"委员读书漫谈群"。

这个平台，既可为已参加专题读书群的委员跨群交流，有地方讲一讲从本群里迸发的思想火花，引出的题外之话，生发的弦外之音；也可为未参加相关主题群组的委员，或因工作繁忙跟不上专题群读书节奏、因"不赶趟"不便插话、仍在"潜水"中保持"观察与思考"的委员，以及对各主题读书群书目范围之外进行其他图书阅读的委员，提供一个交流平台。意在尽量动员委员多一起读书，一起交流，要让"书香政协""香"得更为芬芳、更为透彻。

"漫谈群"之"漫"，从形式到内容都不拘一格，顾名思义，当以"漫"为特色。但这"漫"，不是胸无点墨之辈的信口开河，更不是"小人长戚戚"的唠叨碎语，而是"读万卷书、行万里路"的委员们归来的心系天下之言，是各行翘楚、精英们的"聚会讲切"，自然常常是直抒胸臆而纵横捭阖，厚积薄发又信手拈来。

"读书漫谈群"从2020年7月10日开群，到2021年7月10日，正好一年。三月一期，连续四期。其间有五位群主（第四期是双群主）轮番上阵挂帅，诸多委员（包括全国政协领导）不断上线读书，好多专栏已经成为品牌，专题讨论常有风生水起，"委员风采"每天熠熠发光。在全国政协委员读书群中，构成了一道连续不断、天天好看、漫而不散、精品多多的靓丽的风景线。

2 読书漫谈群一年日记 (2020.7.10—2021.7.10)

全国政协委员、中国作家协会副主席、著名的文学评论家阎晶明先生有篇《漫谈群是个好地方》,这样写道:

网络手机时代,可交流的工具以及发布信息的平台太多了,花样不断翻新又互相交替存在,让人目不暇接。我开有新浪微博,十年累加的个人微博,竟然还整理出版了一本小书:《文字的微光》。也有腾讯微信,虽然不频繁,但时而也会发一发朋友圈。加入政协读书漫谈群还不到半年,越来越体会到它的特别之处。它具有其他媒介不具备的优势,值得珍视。

一,与在报刊上发表文章相比,漫谈群充分体现了新媒介的优势,一条信息、一篇文章一旦发布,即有反馈,这对于一个写作者来说还是充满了喜悦的,也充分体现了文字本是交流工具的性质。要知道我们在报纸或刊物上发表一篇文章,有时甚至激不起一点反响的涟漪。即使是同期或者同一个版面的作者见了面,也懒得提起或交流相关的事情。每个人都会有一种心理暗示,不就是发了一篇文章吗,有什么可得瑟的。然而漫谈群的朋友相遇,最津津乐道也最热烈"漫谈"的,似乎就是本群的各种大小话题,而且还滋生出、衍生出许多其他谈资。

二,与微博相比,漫谈群的交流对象都是具体的、可信的,实名制是必需的,不但实名,即使是完全陌生的名字,也后缀着所从何来,让人感到是见字如面的交流,亲切,踏实。我们在微博里虽然看上去有众多的所谓的粉丝,事实上,发布信息的有效性并不高,真正关注你的人是非常有限的,一些不着边际的留言、评论也颇显诡异,有时觉得远在天边,又难免怀疑近在眼前,还有时连有无"此人"都是个问号,僵尸粉甚多。由于渐渐缺少心目中的交流对象,所以很多话语也是碎片式地稍纵即逝,化为乌有。

三,与微信朋友圈相比,在漫谈群里发言,有一种既在新媒体平台上自由交流,又感觉是在从事一项有组织、有秩序的工作。到一个信息平台上去发布信息、发表文章,与认识的不认识的朋友(委员)交流也是一项工作,也是一种履职,参与多了还是优秀履职,这大概是只有政协的读书平台才会有的情形吧。

漫谈群里有专业讲解，也有问答互动。有诸如文物、古琴、交响乐的系列讲座，也有影视、综艺、戏剧的创作经验分享；有关于军事、外交、科技、社会文化的战略参考，也有易经、诗词、出版、阅读的感悟、故事。鼓励发言，也允许潜水，庄谐并行，促气氛活跃，包罗万象，又秩序井然。发言、交流、互动的表达方式不拘一格，长短不限，鼓励原创，欢迎推荐，链接也可。

这是一个开放的空间，天天在线被视作模范但不是所谓大V，新人路过打个招呼，同样有故友重逢、热烈欢迎的不亦乐乎。这里逐渐形成一种独特的交流格式"小文体"，但绝不强制要求成为"官方语言"，甚或排斥其他"语种"。

群主，漫谈群的新老群主，有点像一座公寓楼里的楼长，既是由组织指定，也得到群众认可；来自上级信任，发自内心热情；既是有一定掌控力的管理者，也是辛苦约稿，鼓励人、招呼人，甚至恳求人"入伙"的"店小二"；既有公共管理上的层级感和权威性，又有平等交流的亲切感和亲和力。群主这种认真负责、不领特贴的领导方式，也是一种值得推广的新媒体管理形态。我每在线上线下见到他们，总仿佛觉得其左臂上闪烁着红袖箍，既热情指路，也文明监督。

阎晶明先生说得好。即以我而论，我作为全国政协委员读书活动指导小组的一位副组长，其实也就是在这个漫谈群的"保障群"里打工。为了做好"保障"工作，要"全天候"天天盯住，时时加油，还要发点体会，做些点赞，不时凑几句半文半白、无韵无仄的"小文体"打油，每天送一道可看可不看的"下午茶"填空。在群主面前，在众位委员书友面前，我的角色，充其量就是个"大王派我来巡山，背起我的锣打起我的鼓"，到处转悠到处吆喝的"小妖"啊。阎晶明先生笑我每天唠唠叨叨，竟创造出一种"小文体"，并亲切地发了篇《"小文体"授奖辞》，如下：

> 作为"委员读书漫谈群"最活跃的表达方式，"小文体"让漫谈群从众多读书群中卓然而立。它亲切自然，不以身份讲求说话口吻，不以亲疏论对话远近。平等交流是它广受欢迎的重要原因。它既有亲切的勉励，又有善良的讥讽；它既不弃片言只语的"小文"，又不以已成

"体统"而自居自傲；它有发明人和首创者，但后来者在比学中大有赶超之势；它时而以轻度挖苦与善意讽刺同他人对话，然而它最杰出的品格，是操持者敢于、勇于、善于自黑。为了能博得群中友人一笑，小文体的主人常常大无畏地牺牲自己。它有格式，但从不强求格律，它从不因就范成规旧律而限制自己的表达。用平仄律令束缚小文体是徒劳的，自由是它的生命，刻意的格式是它笑对语词的胸襟。

　　有鉴于此，三任群主一致决定，授予小文体最佳流行语之金奖！

（摘自 2020 年 11 月 26 日日记）

　　因之于此，我就在群里连续发了一年有"小文体"之风的《漫谈群晨景》《漫谈群日记》，摇旗呐喊。

　　于是，也作为漫谈群群主之一的朱永新先生就在漫谈群里鼓励我，每天写一千字，坚持一年，也会出奇迹。他在《每日读书笔记：写读书笔记是督促自己认真阅读的一个好办法》中说，"不动笔墨不看书。这也是中国古人特别强调的读书方法。为什么叶圣陶先生如此强调用写读书笔记的方法来读书？因为真正的思考是从写开始的。学而不思则罔，思而不学则殆。如果没有思考的介入，阅读的效果就会打折，甚至毫无成效。叶圣陶先生以吃东西为例，如果没有咀嚼，囫囵吞枣，就很难消化吸收，甚至弄坏了肠胃。只有细嚼慢咽，才能充分消化吸收营养精华。写读书笔记，就是吃东西时的细嚼慢咽。通过写作，理清阅读的头绪，故事的情结、思想的逻辑，自然就能够更深刻地理解，更牢固地记忆。"

　　但是，每天要写出让自己有味道、让人家还看得下去、能够有以告人信息的一千字，也不胜其烦，要搜索枯肠啊。有时受群里委员读书讨论的激励启发，会思如泉涌，一千字打不住。有时也实在写不出来，就摘录一点书友的妙言金句。一年下来，凑在一起来看，竟也有 30 余万字了。

　　记得汪洋主席在启动全国政协委员读书活动的讲话中说过，政协委员是最善于读书的群体，是最能把书读好的群体。政协委员这个"最能把书读好的群体"如此持续大规模的读书活动，是可以载入史册的。因此我这本记录政协委员读书活动、"亲见、亲历、亲为"的书，或许也有"存史"价值。

　　与各位委员漫谈，饶有兴趣，诗情画意。我在漫谈群里与众委员交流，那些人，那些文，那些事，常萦系于胸。于是，我写过如下一段日记：

> 与陈薇院士对话，闻川普夫妇患病。
> 请王蒙大师导读，常学习能葆青春。
> 听克诚委员说诗，叹小文赋诗即兴。
> 看丁伟果然厉害，赞漫谈多少喜庆。
> 凡嘉极皆有嘉言，咏作君诗有余韵。
> 读将军大气磅礴，听来燕又报喜讯。
> 盼连珍多解易经，再增添文化自信。
> 张连起满腹经纶，说道理总思国运。
> 郭媛媛刻不容缓，做学问举重若轻。
> 吴尚之开群创功，集合起多少才俊。
> 不作诗也来抒情，米荣到意犹未尽。
> 最爱看刘广论画，听不够建国说戏。
> 王春法无尽国宝，陈红彦一堆古籍。
> 周树春一树春光，荐好书旁征博引。
> 杨小波时腾大浪，潜水员皆有后劲。
> 看邻家锅锅飘香，十二群处处鸣金。
> 为书友时时点评，阎晓宏笔笔传神。
> 说到底天下事多，道明白家命国运。
> 一辈子饱读诗书，关键时必有声音。
> 若诸位果欲学诗，补功课快找牛君。
> 得群主殷勤引领，漫谈群夜灯不息。
> 虽已是万籁俱寂，元竹又晨语声声。
> 看不完漫谈晨景，迎朝霞总见永新。
> 双节联本群联句，读书会再会群英。
> 酒不醉人人自醉，诗能迷人问克成。
> 一早来看漫谈景，楼梯已达月宫里。
> 将军纵论全球化，元竹开说共同体。
> 永新说书日日新，丁伟开店又早起。

从前一样窗前月，才有梅花便不同，

双节联句合掌时，且看秋山又几重……

开展政协委员读书活动一年，我已出过两本读书笔记，题为《书香政协百日漫游》（中共中央党校出版社）和《处处书友遍地书》（中国文史出版社，列入该社 2021 年重点图书目录中）。现在就一鼓作气，再出第三本，名为《读书漫谈群一年日记》。

末了，引曾任"国学群"群主的张连起委员的《七绝·诗词雅集》：

读书自有委员友，

近水楼台亦可求。

落雨牵花香里醉，

腾风携浪韵边游。

功不唐捐，玉汝于成；行而不辍，未来可期。读书是一种生活方式，政协委员读书需要绵绵不息、涓滴入海。就让我们政协委员的读思不断碰撞出炽烈的火花，化作网上网下的永恒星光。

是为序。

一、漫谈群掠影

2020 年 7 月 10 日

贺"委员读书漫谈群"开群

书香政协君尚之，① 信手拈来就有诗。

谈笑声中多鸿儒，春江水暖鸭先知。

漫谈形散神不散，不拘一格百花展。

细语轻声蕴惊雷，思想火花遍地闪。

7 月 11 日

清早入群看一看，漫谈苑中百花艳。

红兵论道十七本，忠梅谈书皆格言。②

克成从来有牛诗，③ 有驾钢琴你可知? ④

主席亲自来点拨，通宵达旦君尚之。

---

① 全国政协委员读书活动，在线上开设 11 个专题读书群的基础上，7 月 10 日又开设新的"委员读书漫谈群"，群主吴尚之。后面本日记中多处提到的人名，都是上线读书的全国政协委员，不再一一注释。

② 吕忠梅：读理论之书，打牢"基本功"；读经典之书，占领"制高点"；读大家之书，开阔"大视野"；读哲学之书，掌握"金点子"；读庙堂之书，知晓"当家难"；读草根之书，理解"民间苦"；读政协之书，明白"真履职"……

③ 牛克成委员精于格律，推敲再三。关于平仄、押韵、对仗、音韵，"辞赋文章能者稀，难中难者莫过诗。"（唐·杜荀鹤）有的甚至是"二句三年得，一吟双泪流"，"不愁白发千茎雪，只恨万药总无灵"。您又说，"前些日子我在小组会前听奇葆副主席的'宽韵'说，深以为然。"当时我也在旁偷听，不敢吭声。克成先生竟然和我这不谙仄韵的打油诗合和了一阕，足见大家之"宽韵"功夫了得。照录如下。我的诗是：

　　书香政协君尚之，（本群群主吴尚之）

　　信手拈来就有诗。（书友中好多诗词大家，或许来日能开"诗词群"）

　　谈笑声中多鸿儒，

　　春江水暖鸭先知。

克成《和小文委员开群诗》

　　书香文脉一贯之，

　　阔论高谈赋雄诗。

　　翰苑嘉苗初吐露，

　　他年蓊郁亦当知。

④ 政协礼堂里有一架当年周恩来总理特别叫人从德国买来的钢琴。

7 月 12 日

> 书友早上好热闹　　再搬一个小板凳
> 再吹一个小喇叭①　　再给大家献把花

7 月 13 日

早晨，尚之群主问，对漫谈群开展交流有何建议？

正好今天国学群线下交流会陈霞的发言，大意是讲委员读书交流的特点就是"审问、慎思、明辨、笃行"，很受启发。建议陈霞老师将发言稿贴出来。

我觉得漫谈的交流，也不都是各谈各的。也可以提出问题——"审问"、引人思考——"慎思"、发起讨论——"明辨"，有的还可进一步形成"知识咨政"的成果——"笃行"。

漫谈群开张三天，汪洋主席就连发数问，奇葆副主席再追问，引起讨论步步深入，就是"审问、慎思、明辨、笃行"的示范。

近期，戚建国将军每天连续"书评"中美关系，就是在提出问题——"审问"了。

漫谈群的线下交流会，则可在线上经过相当阶段的漫谈和相对集中的"审问、慎思、明辨"之后，再选择形成的焦点，面对面"明辨"之。

---

① "书香政协"从"试水"、开张，到现在第二阶段，其"书香"不仅早有"花香"之浓郁，也已有"果香"之四溢。如第一阶段"5G 群"中的建国体会 45 篇，作者新悟和书友导读各 13 章，结集出版，就是一本好书；如"铸牢群""创新群"……乃至"试水群"中的导读、发言，加以整理编辑，我以为已可出几本好书。

　　兹不揣浅陋，整理了一份《"书香政协"百日漫游——叶小文读书笔记》，计百余篇，18.5 万字，自我感觉虽多是急就章，时露浅薄相，但比个人出过的《小文三百篇》（人民出版社）等书相比，另有其分量，因这回很多是受读书群中委员启发，跟书友昼夜不息读书，与大家讨论切磋出来的心得体会。其中，围绕汪洋主席"世纪之问"的思考，我应《人民论坛》杂志之约整理一篇，已列为本期特稿重点推出（当然内外有别，不能提主席尊名及此论缘起）。"义利之辨"6 篇，由昌德群主推荐点评，与陈来老师的导读一起，在《博览群书》杂志专栏推出。感谢奇葆副主席勉励，晓宏副主任向出版社推荐，以及玉山委员等的关注支持。中央党校出版社已出版该书，扩充至 30 万字了。

7月14日

书香政协百日漫游，说"游"其实"夙兴夜寐"（借晓冰主任赞尚之群主语）。

漫谈群中一周漫谈，说"漫"常有"智慧之光"（借建国将军为漫谈群寄语），@漫谈群的群友及"潜水"之诸书友：

"委员读书漫谈群"开张一周，尚之群主已在思考怎么办得更好。

我想，"漫谈群"，看似信口开河谈，兴之所至谈，天南海北谈，其时是"心之官则思，思则得之，不思则不得也"的谈；是"先立乎其大者，则其小者不能夺也。此为大人而已"的"大人"之谈（《孟子·告子上》）；是建国将军所期盼的"漫谈群中灯火需要智慧之光照明"之谈。

政协委员是智慧云集的大宝库，书香政协是智慧淬炼的百花园，"委员读书漫谈群"就是智慧之光的发射场。

接着再爬楼梯，逸涛委员论"兴废系乎时序"，不仅是在谈文学；元竹说"人看我看人"（记得费孝通先生有《我看人看我》大作传世），不仅是在谈川普。

跟上尚之跑，才能得"精"；

跟上将军跑，才能有"气"；

跟上作君跑，才能至"神"。

到书香政协与书友一起读书、读诗，切磋讨论，同学同乐，才能得6G之"精气神"！

8月4日

"漫谈书群散步山荫道中"，（克成语）

"世界上正在发生的一切都与我有关"。（永新语）

"乡土中国"这片热土又孕育出打不死的"华为"，（元竹、建国、连起晨语）

"太阳的光洗着我早起的灵魂"。（晓宏语）

> 劝学之声涛声依旧　漫谈晨语切磋如故
>
> 挑灯夜读闻鸡起舞　跟上书友亦趋亦步
>
> 老了再次成为孩子　一切归零重新上路

8 月 5 日

析糖史，说新冠，论家族，
随读，随记，一起读，
季老，费老，加老舍，
都到漫谈群里游。
大国竞争归去来，
战略抉择早定局。
晓窗分与读书灯，
永新教育重美育。

8 月 6 日

群主书友声声唤，漫谈精品一大堆。
图文并茂迷考古，净评估在后面追。
名家专栏如期至，亦苦亦乐君尚之。
梁子读书也漫谈，边读边谈更相思。

8 月 7 日

考古系列慎终而追远，永新荐书越来越好看。
将军战略越来越深沉，乡土中国越来越规范。
漫谈群中越来越来神，爬完楼梯不用吃早饭。

转来燕此诗，正是写【漫谈群晨景】也

北宋程颢《秋日偶成》

闲来无事不从容，睡觉东窗日已红；
万物静观皆自得，四时佳兴与人同。
道通天地有形外，思入风云变态中；
富贵不淫贫贱乐，男儿到此是豪雄。

8 月 8 日

说是"漫谈"，谈出品牌，

"尚之小店"，"唯楚有才"。

战略参考，将军总参，

元竹晨语，乡土情怀。

名家谈书，每日笔记，

晓宏荐文，别出心裁。

克成牛诗，堪比王维，

群贤毕至，好戏连排。

考古论今，电影电视，

杂花生树，日出云开。

轻轻一问，皆大哉问，

侃侃而谈，春风扑来。

8月9日

今天早晨几个大咖的专栏所谈，都是纵横比较，文化"考古"，以"古"鉴今，值得深思的大问题。

无为而治依托农业社会，现代社会需要现代治理。

国际竞争的大博弈中，胜者要有如戚建国将军所推崇的"净评估"的大战略。

读书无定法，但书香政协有二法可为"定法"。一是有人"导读"。好比进到博物馆，琳琅满目，在有限的时间如何能得其精华？专家的引导和讲解大有必要。二是上线"群读"。跟将军读战略，跟元竹读费老，跟晶明读鲁迅，跟晓宏读美文，跟自成等读考古，跟永新读"读书"，跟尚之来"漫谈"……

如此"豪华顶配"的"读书专车"，还能不坐？

8月10日

几个专栏如期而至，几阵春风拂面又来。

绵绵用力久久为功，几声笑谈也见胸怀。

8月12日

预警频频，大雨要来未见大雨；

书声琅琅，专栏已至又会专家。

8月13日

乡土犹见费老　战略盯牢美国
君子终日乾乾　读书天天不歇

向建国、永新、元竹、晶明、晓宏、树春、连珍等等在尚之牌珠宝店已设专栏、终日乾乾的书友致敬！

8月14日

仿寒山子诗

读书听高论，漫谈群早晨。
践草成三径，瞻云作四邻。
助歌声有鸟，问法语无人。
今日婆娑树，几年为一春？

昨夜问生死

了脱生死，可问庄子。国学群里，风生水起。
未知有生，焉知有死？气散气聚，浑然一体。
安时处顺，参透命理，生而不喜，死而不惧。
花落还开，水流不断，生固欣然，死亦无憾。

书香政协里，到处是熟人。①
点头频致意，漫谈群早晨。
几个专栏开，每每能提神。
入夜好讲座，送君又几程。

---

① 朱永新引丘吉尔语云，如果书籍不能成为你的朋友，至少它们也应该是你的熟人；如果书籍无法走进你的生活圈，起码你也应该向它们点头致意。

8 月 15 日

> 子夜易经问尚之，晨起爬楼见乾卦：
> 作君永新戚将军，或潜或跃或飞升。
> 吟诗饮茶皆学问，元亨利贞都报春。

8 月 16 日

> 潜水艇不断出水，新专栏叠床架屋。
> 好文章爱不释手，汪主席一起读书。
>
> 怎么应对百年未遇之大变局？
> 不妨多想战略之定力。
> 怎么活到一百〇五岁？
> 不妨多听智者之常言。
> 怎么苟日新日日新又一新？
> 不妨多谈读书之永新。

8 月 17 日

> 漫谈群里风光好，树木蔚然已成林。
> 汪洋主席大哉问，总关安藏与安民。
> 战略晨钟天天响，荐书读书书成群。
> 永新常新一树春，凯雄领空亦晶明。
> 《劝学》《易经》争相至，大师来去皆无形。
> 连起来看看不尽，连珍说《易》无数珍。
> 花篮瑶里寻元竹，清华竹简蕴基因。
> 媛媛缓缓说数据，书友款款论古今。
> 作君克成一吟诗，路上行人欲断魂。
> 一片冰心在玉壶，十局个个皆晓冰。
> 长寿须得常读书，晓宏引你去东瀛。
> 尚之群主有神助，群贤毕至漫谈群。

8 月 18 日

无论"人种分析"①

无论"抗美援朝"②

无论"躲进书里"

无论"爱到天堂"

从《易经》到竹简

从小溪到大洋

从树木到森林

漫谈群，总迎着朝阳

8 月 19 日

清华简，珍连珍，

花篮瑶，根盘根，

陶行知，知无尽，

析战略，深又深。

两千字，说百岁，

吴尚之，有精神。

天安门，晨曦美，

漫谈群，总是春。

8 月 20 日

竹简三天说不尽，厚德载物在清华。

故宫珍宝看不完，一树春光万丛花。

建国永新日日新，华为越打越强大。

落水流花春去也，脱钩尤似自拔牙。

---

① 《花篮瑶社会组织》导读之二：瑶山调查的两个重点：人种研究和文化分析。

② 【战略参考】之 18《抗美援朝打出了民族自信心》。

8 月 21 日

子夜正圆故宫梦　　晨读入局花篮瑶

永新携手名家来　　春风杨柳万千条

蓦然回首见玉山　　等着将军谈内参

克成有诗意难尽　　漫谈群中皆新篇

8 月 22 日

昨日因事未爬楼　　一日不见隔三秋

高人大德相约来　　群贤毕至群中游

连诊易经珍连珍　　故宫国宝无尽头

克成嘉极夜歌里　　元竹晨语已啾啾

将军战略见永新　　永新读书有战略

一树春光春不尽　　书友挥斥义方遒

群主一语说得好　　"读书的集结号越来越早，
漫谈群晨景美不胜收。"

尚之群主

何等魅力

丁伟一呼

春风习习

都说群贤毕至

此地委员云集

作协主席

音协主席

更有文联三杰

一夜纷纷到齐

漫谈谈遍天下

学习，学习，再学习

8 月 23 日

> 昨夜国宝叹为观止，亚民带你走向永恒。
> 一树春光子夜书香，夜以继日又到清晨。
> 元竹永新接踵而至，建国晶明再来提神。
> 漫谈群里又开新篇，还有易经透彻乾坤。

8 月 24 日

> 走近"台湾群"　来到漫谈中
> 一起议大事　大江齐向东
> 秋雨秋不尽　切磋意无穷
> 抬头看晨景　毕竟东方红

> 悠然见为山，① 意与秋气高。
> 远集坊不远，② 心潮浪滔滔。
> 妙化可超群，神韵在今朝。
> 请来漫谈群，读书胜逍遥。

8 月 25 日

> 漫谈群主是尚之，漫谈风光君尚知？
> 一早专栏四五个，书友相约唤声声。
> 看似大咖随口谈，细细品来功夫真。
> 好书美文看不尽，易经解读珍连珍。
> 雕塑来自泥和土，为山能为诗和魂。
> 作君克成偶作诗，晓宏丁伟常点神。
> 入夜更到喝彩时，国宝一来满堂春。
> 叹为观止春不尽，读书不觉夜已深。
> 畅谈天下兴衰事，一枝一叶总关情。

---

① 全国政协常委、中国美术馆馆长、著名雕塑家吴为山。
② 全国政协威化文史学习委员会副主任，开办主持了一个读书沙龙"远集坊"。

转录为山大师"金口玉言"：

我们的读书群是玉质的，玉本是大自然造化，经时间及自然变化之化而成。文化经典乃文化之玉，是文化积淀，蕴含丰富，温润中见哲思，是思想与文化表现形式的完美结合。玉质读书群读文化之玉——经典作品，则创作与欣赏、历史与当代、东方与西方便构成玉性的文化生命共同体。我们的群，群贤各抒己见，各美其美，君子之言，口德媲玉，晨起闻馨，书声琅琅，友谊宾馆，草木花香，王者说玉，永新经典，小文美之，尚之尚之，为山仰之，晓冰点之。

续：

更有汪洋倡之，奇葆促之，多少委员，"潜水"观之，群贤毕至，"人人持瑾山之玉，个个握灵蛇之珠"，读书读书，念兹在兹！

8月26日

晨起第一事，先上漫谈群。

童子爱读书，方出王亚民。

为山见国宝，玉石本同行。

专栏如期至，新论尤永新。

一早充充电，一天有精神。

尚之善尚之，高人又入群。

8月27日

不去会尚之，好多东西无知。

不上漫谈群，好多精彩流失。

不去找建国，战略常有欠缺。

不去见永新，何以说古谈今。

不去听连珍，易经道理太深。

不去读元竹，费老好书白读。

不去问晶明，鲁迅奥义难明。

不去见为山，艺术缺了高山。

不去听亚民，国宝对牛弹琴。

不去找丁伟，知识也会缩水。

不去问晓宏，学问玄关重重。

不去见晓冰，学习未必入心。

窗前飞来燕，忽见百花争艳。

克成作君到，又吟几首好诗。

新朋老友至，此处最是相知。

……

不上漫谈群，好多精彩流失。

群主吴尚之，让你无所不知。①

8 月 28 日

一夜国宝，开花见佛。

一树春光，唤君晨读。

今晚走进 CCTV，今早代班漫谈群主。

漫谈谈出永新大咖，试水一度浪遏飞舟。②

8 月 29 日

何须寻花

漫谈群里万紫千红都是花

何须问柳

漫谈群中书友声声唤你走

何处到头

漫谈群里国宝奇珍到处游

何须操心

---

① 引了若干委员的名字。

② 永新曾为委员读书活动首个"试水读书群"群主，受过汪洋主席大会表扬。

漫谈群中代个群主也永新
每当别人问起他
你工作那么忙
怎么还有时间读那么多书
写那么多文章的？
朱老师说其实很简单
就是他有一个早起的习惯
他每天 5 点多起床
开始读书、写作

朱老师把早起的习惯
当作"父亲的礼物"
这也是他一生最大的一笔财富①

8 月 30 日

名家皆有出处，塑者何为为山。
又来七个省委，读书鉴往开来。
永新代行群主，CCTV 助阵。
故宫虽皆旧事，国宝怎能忘怀？

8 月 31 日

漫谈群中　诸多书友
今讲一例　代理群主

每天五时　开始晨读
闻鸡起舞　胜似跳舞

久久为功　功夫了得

---

① 详见今晚十点半央视一套，朱永新开讲啦。

天天用功　必见奇功

君若不信　昨已开讲
君若寻他　他正上岗

只说一例　数不胜数
米荣细赞　媛媛感叹

漫谈群中　多少书友
天心铸魂　政协书院

9月1日

中国文化是一座高峰
从哪方攀爬都能相逢
王阳明格竹七天未谙其理
王林旭画竹一生兼收并蓄
读前人读古人更读今人
谈雕塑谈绘画也谈读书
苟日新又一新日日出新
多读书再读书君亦永新

9月2日

克成解读"无情对",
方知玄关何重重。
"吴尚之"对"孙行者",
连起绝对真功夫!
作君作诗又作画,
永新永在读新书。
建国强国大韬略……
书友无穷意无穷。

9月3日

> 昨夜月尤明　似吟"无情对"①
>
> 行者对尚之　谁解其中味
>
> 今晨霞满天　夙夜未曾睡
>
> 心灯长烛照②　培根说得对③
>
> 尚之已回京　漫谈群中会
>
> 唤友读书去　将军正列队
>
> 莫道君行早　此地风光好
>
> 未见孙行者　常会吴尚之
>
> 朝朝复暮暮　尤念陶行知
>
> 到老也奔波　一路歌与诗④

9月4日

> 凡才子夜读子夜
>
> 是大家常说家常
>
> 树春子夜荐文
>
> 子夜读子夜
>
> 将军纵横捭阖
>
> 大家说家常
>
> 永新调研手记
>
> 马不停蹄

---

① 见克成昨解。

② 引克成入夜赋对之语。

③ 见早晨永新引培根语："读书足以怡情，足以博彩，足以长才。其怡情也，最见于独处幽居之时；其傅彩也，最见于高谈阔论之中；其长才也，最见于处世判事之际。"

④ 引自朱永远新解读：
　　朝朝暮暮，快快乐乐。
　　一生到老，四处奔波。
　　为了苦孩，甘为骆驼。
　　于人有益，牛马也做。
　　（《陶行知全集》第11卷，第668页）

尚之群主返京
今天上岗

9 月 5 日

与好书为伴　与机器人共舞
与书友同行　听毛主席读书

9 月 6 日

昨夜忆伟人读书　漫谈群霞光万道
今早又书声琅琅　漫谈群曙光初照

树春论脱钩脱轨　嘉极有嘉言嘉兆
为山又努力上线　将军再捧出参考

永新有洋洋万言　媛媛从不会迟到
在研究真理之时　不朽也不难做到①

天天来这里相会　漫谈群等你报到
群主正召唤召集　再吹响集结之号

9 月 7 日

有"平均分"
皆在高分
有了专栏
精彩漫谈
有了高峰
形塑高原
无论——

————————
① 参见前面永远新贴相互的《梭罗：阅读》一文。

永新说书
战略参考
连珍易经
晶明故事
元竹解读
连起来看
晓宏美文
丁伟点睛
……

还是——
为山雕塑
克成美学
作君作诗
林旭画竹
委员荐书
一树春光
群主点评
温润亲和
……

更有——
考古集萃
清华竹简
故宫珍宝
荀子劝学
元典解析
权威解读
名家讲座
纷至沓来

已见——

纵横捭阖

深入透彻

海阔天空

树木森林

疏星朗月

河汉灿烂①

9 月 8 日

三天连说毛主席　　昨夜讲座正热烈

汪洋主席又发言　　一起读书不停歇

丁伟之言说得对　　"读书小组"今又接②

讨论切磋亦读书　　互相交流有心得

今早哪里去充电　　漫谈群里从头越

9 月 9 日

瑰境佳诗昨夜　　专栏出新今晨

此群风光无限　　读书果然提神

刚赞永新　　又见永伟

漫谈群里　　永续活水

---

① 此段引刘奇葆副主席在漫谈群开张时的奇语。

② 陈晋主任介绍，毛主席读书，是"终生阅读——读有所得——得而能用——用而生巧"。他工作再繁忙，也不间断地大量读书。无论是延安时代还是新中国成立以后，他都亲自组织"读书小组"，选一本书来一起读，大家不断讨论切磋，互相交流心得，一起来当"联系员"和"评论员"。不过，常常是他老人家读得最快，理解最深，所得最多，用得最巧。

我们政协委员的线上读书群，可以说一定程度上，也是在接续和放大毛主席的这种读书方法。

9月10日

早晨　霞光　初露　漫谈群几个专栏如期而至
上线　爬楼　读书　漫谈群晨景有如拉萨晨曲①

克成诗满腹　作君满腹诗
朱笔写师魂　玉壶存冰心

连珍赞书友　倾注一片情
解经珍连珍　最珍是初心

青年爱鲁迅　鲁迅是真神
操场风雨后　仍可见晶明

9月11日

元竹晨语　读书永新
将军战略　纵横古今
群主鼓励　总是温馨
晶明故事　再来开心

人生不愁老，连起刘禹锡。②

———————————

①　参见昨天【我与五友同读书】之《与老友读书——东凡不凡》：那天清晨，从睡梦中苏醒的廖公隐隐听到外面传来阵阵歌声，推窗一看，他惊呆了，他发现拉萨城家家户户的屋顶都成了歌舞的海洋，每间房子的房顶上都站着一队队打啊嘎（每年为房顶夯一层新土称为打啊嘎）的人，他们穿着艳丽的服装踏着欢快的舞步唱着奔放的歌曲：
　　　　请看我的左手多强壮，
　　　　请看我的右手多强壮，
　　　　我要用我强壮的左手和右手，
　　　　把拉萨打扮得像待嫁的新娘一样。
　　　　多好啊，这如歌如诗的民族！那一刻，廖公在歌声中醉倒，在欢呼声中动容。
②　昨夜连起兄录唐代·刘禹锡《酬乐天咏老见示》示我，言"人生不愁老，岁月不言老"，今早还在耳边回响。刘禹锡诗云：
　　　　人谁不顾老，

再次当孩子，不必言休息。

政协又读书，学习再学习。

老骥虽伏枥，奋进蹄更疾。

9 月 12 日

美国昨天悼念 911

拨响火警电话 119

自己折腾死了 20 万

这事拉登再狠没法办①

晓宏丁伟

接踵而至

漫谈群中

风光无限

老去有谁怜。

身瘦带频减，

发稀冠自偏。

废书缘惜眼，

多灸为随年。

经事还谙事，

阅人如阅川。

细思皆幸矣，

下此便翛然。

莫道桑榆晚，

为霞尚满天。

① 据丁伟摘录：昨天，美国人沉痛悼念"9·11"19 周年时所思所言："19 年前，美国经受了巨大的灾难和痛苦，然而那时我们能团结一致，坚决反击恐怖主义。今天，美国正在承受大大超越'9·11'的死亡人数，然而，我们却失去了当年的团结一致和反击决心！""美国的新冠疫情死亡人数已接近 20 万，在今后三周，还会有 2 万人失去生命！""特朗普总统早在 2 月初就知道新冠疫情能通过空气传播，死亡率是季节流感的 5 倍！比我们的专家和媒体都早得多。然而却在此后持续误导美国人民！""特朗普是我们这个时代最具破坏性（most distructive）的总统！"

9月13日

> "稽古右文"留存《四库全书》①
> 艳阳高照池中一弯新月②
> "读书之美"令人无限遐想③
> 书香政协昼夜灯火不熄

9月14日

仿寒山子诗

> 读书听高论，漫谈群早晨。
> 践草成三径，瞻云作四邻。
> 助歌声有鸟，问法语无人。
> 今日婆娑树，几年为一春？

昨夜问生死

> 了脱生死，可问庄子。国学群里，风生水起。

---

① 《四库全书》的编纂成功是一代帝王"稽古右文"的伟业，体现了他对礼乐文明的追求，缔造了一个文化奇迹。

② 文津阁也有围墙环绕，坐北朝南，三面临水，从南往北为门殿、假山、水池、文津阁、碑亭。阁的东北部有水门与山庄水系相通，阁前池水清澈，人在阁前特定位置向池中望去，只见池中有一弯新月，随波晃动，而天空却是艳阳高照。

③ 范仲淹无论"居庙堂之高"还是"处江湖之远"，足迹所涉，无不兴办学堂，教泽广被；晚年又设义田、建义学，对族中子弟实行免费教育，激劝"读书之美"：
> 永新在奔跑
> 凯雄挖内涵
> 元竹正沉思
> 笔谈亦漫谈
> 将军说战略
> 群主已开店
> 晶明和连珍
> 好戏在后面

未知有生，焉知有死？气散气聚，浑然一体。
安时处顺，参透命理，生而不喜，死而不惧。
花落还开，水流不断，生固欣然，死亦无憾。

书香政协里，到处是熟人。①
点头频致意，漫谈群早晨。
几个专栏开，每每能提神。
入夜好讲座，送君又几程。

9 月 15 日

红彦细展古籍国宝，
令人叹为观止
姚珏又说香港弦乐，
真想一睹为快
元竹再探费老苦心
发展以人为本
永新带你遨游书海
天天可以提神
将军战略纵横捭阖
胸中全局在握
连珍说易通达简易
其中无限妙趣
树春荐书一树春光
多少委员放光
丁伟晓宏大咖纷至
点评画龙点睛
作君克成时来吟诗

---

① 朱永新引丘吉尔语云，如果书籍不能成为你的朋友，至少它们也应该是你的熟人；如果书籍无法走进你的生活圈，起码你也应该向它们点头致意。

让你读书快乐

为山大师亲赠大作

让你大有所获

尚之群主一如既往

漫谈群里真好

9月16日

每天线上去政协　书友恳谈声切切

退处林下还有笔[①]　萧然移日从头越

《梦溪笔谈》谈不尽　《东坡乐府》乐无穷

昨夜红彦说古籍　晨览秋山又几重

再闻元竹萧萧语　书友笔谈也有梦

费老之言关宏旨　明天人类欲何从[②]

9月17日

书卷常开灯不熄，昨夜红彦说昌黎。

神来之笔令人醉，晨咏好诗爬楼梯。

天街小雨润如酥，草色遥看近却无。

最是一年春好处，绝胜烟柳满皇都。

最是一年春好处，面谈笔谈加漫谈。

尚之丁伟正切磋，[③]绝胜烟柳开新篇。

[①]　沈括《梦溪笔谈》序："予退处林下，深居绝过从。思平日与客言者，时纪一事于笔，则若有所晤言，萧然移日，所与谈者，唯笔砚而已，谓之《笔谈》。"

[②]　后附文章《观察"人类的明天"的两条主线——以社会和人为中心的牵引现代化观》。

[③]　昨天当值群主尚之，与下任群主丁伟亲切切磋，面授机宜。时令虽已至金秋，漫谈群里总是春。

漫谈谈不完　国学学不休
天生两个群　读书正金秋

两个新群主① 丁伟和其成
实至名已归　大功必告成

9 月 18 日

一部《赵城金藏》　文化史上传奇②
红彦娓娓道来　启迪前仆后继
曾推藏经工程③　至今尚存记忆
迎着满天朝霞　再写新的传奇

9 月 19 日

技术保障出问题　进不了群干着急
昨夜讲座已收场　听惯红彦讲古籍

心中怅然若有失　只待漫谈再开张
卧听元竹萧萧语　永新永续好文章

总有好戏台连台　尚之丁伟正磋商④
总有委员天天读　技术保障要有方

---

① 下任漫谈群群主丁伟，国学群群主张其成，迎着金秋的晨光脱颖而出。
② 正如红彦馆长所说，《赵城金藏》的雕印，凝结着先贤的智慧，其保护传承的历史，体现了中国共产党对传承中华文化强烈的历史责任感，彰显了中华民族的守信重诺、敢于担当、无私奉献、众志成城的中国精神、民族精神和时代精神。《赵城金藏》的成书、存藏、抢运、抢救、保护、数字化复制历程是中国文化史上一个传奇。
③ 参见《推动"大藏经工程"——叶小文在大藏经编纂及电脑化研讨会上的发言》。
④ 现任群主尚之温润亲和，日以继夜操劳。继任群主丁伟亲和温润，操劳夜以继日。

漫谈群"夜"景

终于又开群，再吟作君诗。
切勿再停电，书友长相思。

9 月 20 日

防火防盗防停电　技术保障防断线
恰是周末读书时　书友切磋正漫谈

昨天待发好文章　一拥而上都放光
閒看门中月更亮　思耕心上田不荒①

閒看门中月　思耕心上田
作君集妙联　群友启漫谈

群主已上岗　每日倍精神
点评好亲切　漫谈在清晨

下任群主，正是谦卦②
姓谦一丁，名实至伟③

处处谦虚，绝不空虚
时时虚心，不会心虚

---

① 蒋作君委员引妙联故事云：清朝有个小学童叫史致俨，他 9 岁那年去县里参加考试，考官叫他试试对对子，出的上联是："閒（闲）看门中月"。"閒"，是"闲"的繁体字。是说，坐在院里，悠闲地从院门里看着那亮晶晶的月亮。这还是个拆字联，"閒"字可以拆成"門"[门] 和"月"，"月"正好在"門"里。上联从意思到文字技巧，都挺不错。史致俨稍微一琢磨，马上对了一句："思耕心上田"。
② 【张连珍谈《易经》】79《谈谦卦》。
③ 下任群主是丁伟。

尚之见他，眉开眼笑

且看来日，人欢马跳

9月21日

中华文化博大精深　王蒙讲座点根说魂

远集坊里书声琅琅　八十万众倾听京城①

一夜难眠还在回味　漫谈群里又到清晨

几个专栏接踵而至　与时俱化再开新春

@丁元竹 @戚建国 @朱永新 @刘晓冰 @吴尚之 @丁伟 @阎晓宏 @张连珍 @阎晶明 @刘广 @张连起 @张嘉极 @孙来燕 @郭媛媛 @米荣 @牛克成 @蒋作君 @周树春 @孙宝林 @叶建明 ……@@……@@……

停过一次电　尤见@亮

点点复点点　个个放金光

又逢好日子②　政协更书香

线上常相会　连起新篇章

9月22日

诗为政协而吟，歌为政协而唱，

心为政协所系，情为政协所动。

四句赞扬晓冰，③十分准确恰当。

如若展开来看，也是委员群像。

无论专题讲座，抑或几个专栏，

如诗如歌如吟，其情其心可鉴。

---

① 昨天《远集坊》王蒙先生讲座，阎晓宏先生主持，网络平台统计听众逾80万。

② 今天是人民政协成立71周年纪念日。

③ 此四句，为继任群主丁伟作诗赞副组长晓冰语。

尽职履责担当，个个堪为榜样。

诗歌心情四句，漫谈群里春光。

9 月 23 日

昨天领导小组会　主席表扬真提气

漫谈题散神不散　漫谈形散而神聚

群主一心求尚之　丁伟接力更有戏①

还有诸多潜水艇　聚精会神尤可期

莫道君行早

丁伟前面跑

问君何所言

——叮住，盯住，钉住

我答君之言

——伟人，伟事，伟业

尚之笑开颜

——叮伟，盯伟，钉伟

丁伟接群主

风光当更美

9 月 24 日

线上永新又发专栏文章　线下永新一起同赴湖南

丁伟叮嘱拜访微微主席　国庆节后湘军过来漫谈

"惟楚有材，于斯为盛"②

---

① 刘新成副主席率全国政协文化文史学习"推动中华传统优秀文化进课本、进课堂、进校园"调研组赴湘，我与朱永新委员等同是调研组成员。一路见永新见缝插针读书、继续上线讨论，今天一早又发专栏。

② 9 月 16 日至 18 日习近平总书记到湖南考察。总书记来到长沙岳麓书院，对大学生们谈起

"斯"为何地，"斯"乃何义？

"斯"指此地，湖湘大地
栋梁之材，代代传递

"斯"乃此时，新的时代
正逢其时，英雄常在

"斯"时"斯"地，于"斯"为盛
天时地利，"斯"更振奋

9 月 25 日

同行调研小组里　　委员个个在读书
日访边城沈从文　　夜连网线不糊涂

昨随春法访国博　　今览永新好栏目
新安要说交响乐　　千年玉笛声满屋①

周六不见，还有周日②

他对"惟楚有材，于斯为盛"这一名联的新解。他说，"于斯为盛"首先指的是湖湘大地代有人才出，涌现出许多报效祖国的栋梁之材。新时代是一个英雄辈出的时代，青年人正逢其时。总书记的新解，也是鼓励湖南在推动高质量发展上闯出新路子，谱写新时代中国特色社会主义湖南新篇章。

① 凌晨，在漫谈群里，我凝神静气，还在复听国博王春法副馆长讲座。有个问题再请教。春法副馆长说，"出土的贾湖骨笛笛孔数目有 5 孔、6 孔、7 孔、8 孔之分，通过系统测音和研究后，中国艺术研究院音乐研究所的学者将贾湖骨笛的历史分为三期：早期，距今 9000—8600 年左右，开 5 孔、6 孔，能吹奏出四声音阶和完备的五声音阶；中期，距今 8600—8200 年左右，开 7 孔的骨笛能吹奏出六声音阶和不完备的七声音阶；晚期，距今 8200—7800 年左右的 8 孔骨笛，能吹奏出完整七声音阶，外加一些变化音。"但从所选放的音频里，还只能听到五声音阶。能否再选一段 8 孔骨笛的音频？谢谢。

② 邻家【国学群】群主刘宁发布消息，耀南老师精彩的庄子连续解读，本周推迟一天，周日发布。

庄子会来，且待明日

谢谢耀南，废寝忘食

有你真好，朝花夕拾

9 月 26 日

停电方一日   漫谈若井喷

青山遮不住   国宝也鸣声

易经说新卦   趣联笑断魂

一早刚开门   专栏提精神

9 月 27 日

尚之当班还有三日   兢兢业业昼夜不息

丁伟接班虽在待岗   挥斥方遒游刃有余

9 月 29 日

读书即将转段，漫谈要开新篇。

尚之谆谆叮嘱，丁伟一马当先。

春法连发国宝，元竹晨语提前。

永新又来履新，此群山花烂漫。

昨天系统更新，晨景未曾看见。

今天爬楼再览，汪洋主席发言。

何为"协商文化"，请君参加漫谈。

思想火花频闪，个个畅所欲言。

9 月 30 日

读书转新段

群主会交流①

尚之和丁伟

一起来碰头

二期经验多

三期筹与谋

国庆开新篇

万众争上游

尚之群主告别

丁伟群主接班

二君此刻何感

《诗经·击鼓》遗篇

死生契阔，与子成说

执子之手，与子偕老

于嗟阔兮，不我活兮

于嗟洵兮，不我信兮②

---

① 昨天（2020年9月29日），全国政协第三期委员读书活动群主工作交流会举行，读书指
导组副组长潘立刚传达了汪洋主席等全国政协领导同志关于委员读书活动的批示，副组
长刘晓冰介绍第三期读书活动安排，组长刘奇葆副主席就推动委员读书活动持续向上向
好作了具有很强的指导性和操作性的讲话。会上，第二期读书群群主和导读委员代表分
享了工作经验和体会。漫谈群群主吴尚之和继任群主丁伟都有精彩发言。
② 其意用现代的话来说，就是
　　一同生死不分离
　　我们早已立誓言
　　让我握住你的手
　　同生共死上战场
　　只怕你我此分离
　　没有缘分相会和
　　只怕你我此分离
　　无法坚定守信约
　　群主交流会上漫谈群继任群主丁伟说，吴尚之群主与其执手散步，交代群主工作一
个多小时，其情其景，如《诗经·击鼓》"死生契阔，与子成说。执子之手，与子偕老"。
此乃实景，非抒情也。

10月1日

国庆加中秋　双节遇双雄
王蒙与陈薇　漫谈群中游①

连起不睡　连起永新
永新早起　永新连起

连起连起　永新永新
早起不睡　读书不累

这边正漫谈　邻家隔锅香
陈来讲《大学》　句句好文章

双节来双雄　湘军和浙军
书香遍中国　政协日日新

致敬"人民艺术家"王蒙先生（之一）

读书有艺术　心中皆人民
人民加艺术　读书就能行

学习"人民艺术家"王蒙先生（之二）

硬读、苦读、攻读
王蒙言者谆谆
心灵才能思维
敬畏、谦卑、感恩

致敬"人民艺术家"王蒙先生（之三）

我还在娘肚子里

———————————

① 湖南、浙江两省政协委员的读书群，将与全国政协委员的12个读书群会师！

就听妈妈在读《青春万岁》
我今已垂垂老矣
仍见王蒙文学之树常青

10 月 2 日

群主谦姓一丁　　履新其功至伟
漫谈群中风光　　果然上善若水

国庆继续建国　　创新向着永新
连珍连起晶明　　专栏灿若晨星

更有大师王蒙　　人民英雄陈薇
一天惊喜不断　　入夜好诗成片

读书转入新段　　漫谈再开新篇
书香伴着金秋　　元竹晨语又唤

邻家隔锅飘香　　掀开锅盖尝尝
更有酽茶醇酒　　国学春风荡漾

10 月 3 日

尚之丁伟晓宏　　今晨一起上班
这个豪华阵容　　请君参加漫谈

10 月 4 日

与陈薇院士对话，闻川普夫妇患病。
请王蒙大师导读，常学习能葆青春。
听克诚委员说诗，叹小文赋诗即兴。
看丁伟果然厉害，赞漫谈多少喜庆。
凡嘉极皆有嘉言，咏作君诗有余韵。

读将军大气磅礴，听来燕又报喜讯。
盼连珍多解易经，再增添文化自信。
张连起满腹经纶，说道理总思国运。
郭媛媛刻不容缓，做学问举重若轻。
吴尚之开群创功，集合起多少才俊。
不作诗也来抒情，米荣到意犹未尽。
最爱看刘广论画，听不够建国说戏。
王春法无尽国宝，陈红彦一堆古籍。
周树春一树春光，荐好书旁征博引。
杨小波时腾大浪，潜水员皆有后劲。
看邻家锅锅飘香，十二群处处鸣金。
为书友时时点评，阎晓宏笔笔传神。
说到底天下事多，道明白家命国运。
一辈子饱读诗书，关键时必有声音。
若诸位果欲学诗，补功课快找牛君。
得群主殷勤引领，漫谈群夜灯不息。
虽已是万籁俱寂，元竹又晨语声声。
看不完漫谈晨景，迎朝霞总见永新。
双节联本群联句，读书会再会群英。

10 月 5 日

酒不醉人人自醉　诗能迷人问克成
一早来看漫谈景　楼梯已达月宫里

将军纵论全球化　元竹开说共同体
永新说书日日新　丁伟开店又早起

从前一样窗前月　才有梅花便不同
双节联句合掌时　且看秋山又几重

10 月 6 日

"湖南主题周"今天进入第三天

都说湖南"霸得蛮"
湘军一来闹翻天
其实还有"湘妹子"
宛若天仙来下凡

10 月 7 日

双节一周假　漫谈群中游
王蒙和陈薇　英雄来开头

专栏接专栏　篇篇争上游
好诗连好诗　首首皆上口

家成展电视　不看不想走
克成说格律　戴镣铐跳舞

明天来湘军　读书日日新
惟楚尤有才　更可看当今

尚之立榜样　丁伟努力干
晓宏待出山　漫谈谈上天

明月挂夜空　主席来群中
嘱托浸真情　书友心相同①

---

① 此段为丁伟群主昨晚听克成说诗时，观书友斗诗，即兴之作。

10 月 8 日

> "惟楚有材，于斯为盛"
> "斯"为何地，"斯"乃何意?
>
> "斯"指此地，湖湘大地
> 栋梁之材，代代传递
>
> "斯"乃此时，新的时代
> 正逢其时，英雄常在
>
> "斯"时"斯"地，"斯"必为盛
> 天时地利，"斯"更振奋

10 月 9 日

> 浏阳河，
> 弯过了几道弯，
> 几十里水路到湘江。①
>
> 漫谈群，
> 出过了多少彩，
> 八天中精彩连精彩。
>
> 图们江，
> 流过了多少泪，
> 寸寸关山梦中碎。②

---

① 一大早，漫谈群老群主就发了一条呼唤 @ 叶小文 @ 刘晓冰 @ 丁伟：早晨好！爬楼梯看漫谈群湖南周交流，谈红色资源的开发利用，真是精彩纷呈，真知灼见。

② 刘晓冰副组长副主任国庆假期赴延边游。站在一眼望三国的防川瞭望塔上，看滚滚图们江水从我们脚下，经俄罗斯、朝鲜流入东海，仅仅差15公里，我们失去了入海口。咫尺东海，望洋兴叹：

漫谈群，
发过了多少文，
壮志未酬一程接一程。

10 月 10 日

昨夜好戏　还在回响
今晨启幕　已然永新

晓宏点评　日以继夜
争鸣首金　晚了半分

几个专栏　接踵而至
目不暇接　说古道今

将军战略　警钟长鸣
建国京戏　日日翻新

元竹开课　说共同体
尚之开讲　特别温馨

丁伟回眸　微微一笑
且待湘军　科技创新

图们江水何湫湫，
一碑断土涕泗流。
失臂忍看家国痛，
仆血志士几曾休。
雄狮忽醒长林啸，
傲立东方贯斗牛。
思绪蹁跹白云静，
寸寸关山绕指柔。

10 月 11 日

漫谈群里读书忙

遇到刘海来砍樵

——海哥哥 你在哪里罗

——我在咯里咧

——胡大姐 你在哪里罗

——我在咯里咧

今晨一大亮点，李微微主席一早就进漫谈群！@李微微 微微主席的参与，让湖南走出了《湖南周》，让《湖南主题周》的成果外溢进漫谈群晨景，让书友都想去湖南漫谈！

10 月 12 日

湖南主题周 好戏蹿上台

文化湘军到 长株潭又来

实践亦读书 惟楚皆有才

漫谈会群英 个个笑开怀

10 月 13 日

湖南省政协主席李微微，浙江省政协主席葛慧君分别率两省政协委员，在全国政协书院设"乡村振兴读书群"和"之江新语读书群"，其开门盛况，如读书指导组副组长刘晓冰所言：

@葛慧君 @李微微 两位主席群主引导组织有方，两个试点群比翼齐飞，发言都极为踊跃，十分火爆啊

刚跟微微游湘江 又随慧君去之江

漫谈群中风光好 政协处处有书香

天下谁人不识君（慧君）

微微主席率雄兵（湘军）

热烈祝贺浙江、湖南政协两读书群走进全国政协书院！

10 月 14 日

老乡见老乡　两眼泪汪汪
来到漫谈群　两眼放金光
湖南主题周　湘军杀进场
书香政协里　果然有真香

10 月 15 日

每日必读①　元竹晨语
说书听书　永新晨景
将军战略　远虑深谋
丁伟叮嘱　催你早醒

建国说战略　要讲一百集
建国说京剧　也讲一百集
建国大将军　建国演将军
一起来建国　委员有初心

10 月 17 日

每日必读　元竹晨语
说书听书　永新晨景
将军战略　远虑深谋
丁伟叮嘱　催你早醒

周六刚来汪主席，周日又来副主席，
漫谈群里同读书，两位领导没休息。

齐齐感谢付教授，共同思考大问题。
漫谈群中勤切磋，书友深深受教益。

---

① 　戚建国将军每天发【战略参考】，张建国院长每天发【建国说京剧】。

今天又到星期一，委员读书更积极。
元竹永新戚将军，通宵达旦开新题。

10 月 18 日

遥望兜率天宫　犹在漫谈晨游
主席一起浏览　普通身份加入

力倡委员读书　率先垂范带头
书声琅琅入云　众星拱着北斗

元竹最早吹号　永新已在疾走
丁伟夙兴夜寐　群友争先恐后

附【昨日夜景】

主席浏览漫谈群　表扬晓冰和晶明
栗子说到 DNA　再问巧妹把根寻

丁伟尚之好高兴　热情鼓励加点评
今夜回头爬楼梯　书声琅琅响入云

10 月 19 日

周六刚来汪主席，周日又来刘主席，
漫谈群里同读书，两位领导没休息。

齐齐感谢付教授，共同思考大问题。
漫谈群中勤切磋，书友深深受教益。

今天又到星期一，委员读书更积极。
元竹永新戚将军，通宵达旦开新笔。

群友跑得快　群主熬红眼
元竹不睡觉　晨语总当先

晓宏呼尚之　丹心君尚知
出版故事多　叫我长相思①

晨景说晨星　读书见永新
群主虽辛苦　一语总温馨

10 月 20 日

巧妹刚收笔　昨夜来田青
乐以和其声　古来有基因

绕梁音未散　读书会永新
晨竹语潇潇　又见满天星

10 月 21 日

晨兴于诗　日立于礼　晚成于乐

晨好读书　曰读书好　夜读好书

晨接着晨　日接着日　夜接着夜

昼夜不息　书卷常开　好花不谢

10 月 22 日

刚过深夜两点，漫谈已露晨曦。
嘉极彻夜高歌，元竹已开晨语。

---

① 昨天晓冰说，大家都在思念老群主吴尚之。

电脑本想喘息，怎奈教授早起。
群主夙兴夜寐，群中盈门双喜。

一张古琴
奏响《崖山哀》
一个田青
乐以和其声
几个专栏
天天读与思
一群书友
晨聚漫谈群

10 月 23 日

昨天三个"店小二"，聚在一起细商议。
如何办好漫谈群，人人殚精又竭虑。
讲座、专栏受欢迎，更盼新人开新题。
争论、交锋促深谈，协商文化出新意。
汪洋主席诲谕勤，书友一起再努力。
读书漫谈也有神，谈笑之中风雷激。

每日必读　元竹晨语
说书听书　永新晨景
将军战略　远虑深谋
丁伟叮嘱　催你早醒
建国说战略　要讲一百集
建国说京剧①　也讲一百集
建国大将军　建国演将军
一起来建国　委员有初心

---

① 　戚建国将军每天发【战略参考】，张建国院长每天发【建国说京剧】。

10 月 24 日

　　　　湖南主题周　好戏蹿上台
　　　　文化湘军到　长株潭又来

　　　　实践亦读书　惟楚皆有才
　　　　漫谈会群英　个个笑开怀

10 月 25 日

　　汪洋主席诲谕勤，书友一起再努力。
　　读书漫谈也有神，谈笑之中风雷激。

10 月 26 日

　　　　昨晚乐团忙演出　今早补课忙爬楼
　　　　漫谈群里好精彩　一日不见隔三秋

　　　　战略最是有定力　锲而不舍常读书
　　　　尚之丁伟又召唤　书香政协心如初

10 月 27 日

　　　　晓宏一问　问出宏论
　　　　丁伟一喊　喊出风采
　　　　潜水出水　援平再现
　　　　新人新论　有如快闪

　　　　迎着朝霞走　带着信息量
　　　　透着精气神　读书有榜样

　　　　专栏虽系统　进出可自由
　　　　老友和新朋　都来天天读

10 月 29 日

（歌词）
东方的朝霞又在升起啰
政协书院里静悄悄
弹起我心爱的古琵琶
唱起那动人的歌谣

"吾辈有责"震天响
漫谈群里多少宝
家成电视刚收工
永新说书又上场
惟楚有才斯为盛
微微来风起湘江

东方的朝霞又在升起啰
政协书院里静悄悄
弹起我心爱的古琵琶
唱起那动人的歌谣

10 月 31 日

一张古琴
奏响《崖山哀》
一个田青
乐以和其声
几个专栏
天天读与思
一群书友
晨聚漫谈群

11 月 2 日

今天有好戏　浙江周登台
最忆是杭卅　之江滚滚来
良渚古文化　再度放异彩
暮鼓催晨钟　且看百花开

凌晨四点五十六　晓宏主任开晨读
连赞三声妙妙妙　犹如翠鸟啼山谷

丁伟主持漫谈群，得政协学习神韵，
日日系列"联播"，期期引人入胜。
书院之旗帜，我等之驿站。①

前任群主尚之，
现任群主丁伟，
待任群主晓宏，
他们是前不仆，后也继，
殚其精，竭其虑。

11 月 3 日

深心讬豪素　怀抱观古今
线下聚丹宸　故宫会将军

良渚说文化　昨夜逢慧君
浙江主题周　丁伟最开心

连起也用"小文体"　晶明您还有何语
专栏尚之又永新　元竹高论共同体

---

① 引张连起语，连起了共鸣。

11 月 4 日

> 爬遍楼梯人未老　漫谈群中风光好
> 忙碌一生多少事　书香政协不能少

为美国政客画像

> 民生与我何干？病毒随它胡闹。
> 眼里只有选票，不惜举国乱套。
> 为了我能上台，折腾十分必要。
> 只要我当总统，一切都会变好。

> 两天不见丁伟　怅然若有所失
> 原来重任在肩　下去督查巡视
> 督查要睁大眼　一刻不能闪失
> 尚之又来代班　照样春水满池
> 如果尚之督查　晓宏踌躇满志
> 此公更是群主　不会姗姗来迟

11 月 5 日

> 今天政协有雅集　田青教授展古琴
> 漫谈群里风光好　枯木逢春若龙吟

上午 9 点，在政协举行"'让古琴醒来'——委员读书漫谈群线下交流暨文化艺术界界别活动"，此活动田青教授倡议，全国政协文化文史和学习委员会主办，中国艺术研究院承办。届时将由田青教授讲授中国传统音乐，6 位古琴艺术家用枯木龙吟、凤鸣、真趣、无名琴（蕉叶）、小递钟等希世奇珍老琴，演奏唐、宋名曲。

录一段田青教授著作《中国古代音乐史话》一书中"代序"的话，为今天漫谈群线下活动热身：

我要千倍万倍地赞颂华夏民族传统音乐的长江大河。

她在我们世世代代休养生息的辽阔领土上激起过无数绚丽灿烂的浪花。

她不择涓涓细流，百川归海那样地容纳吞吐着华夏各民族的汗、血、泪以及沁人肺腑的湿润气息。

　　她的深邃足以汲取异地远域的清泉而不变水质。她的乳汁哺育过我们多少祖先，还将在新时代喷放不已。

　　她的千姿百态，或作高山流泉，或作水云激荡，安如渔歌，静若春江，幽愤时广陵潮涌，咆哮时黄河怒吼！

　　　　　　此刻彼岸正起哄　　我们幽幽弹古琴
　　　　　　两岸猿声啼不住　　一叶轻舟已远行

11月6日

　　　　　　昨日古琴余音绕梁　　漫谈群下雅集共赏
　　　　　　高山流泉水云激荡　　安如渔歌静若春江

　　　　　　大洋彼岸嘈嘈切切　　病毒流窜一片乱象
　　　　　　百足之虫死而不僵　　天下大变我当自强

　　　　　　昨日线下交流　　晶明赐我大作
　　　　　　煌煌《千面足球》　可惜未曾见着
　　　　　　不读巨著也好　　小文方敢发落
　　　　　　问君意欲何往　　穿鞋也怕光脚①

11月7日

　　　　　　昨日到海南　　遇见一委员
　　　　　　连竖大拇指　　夸咱能漫谈

　　　　　　说我虽潜水　　时时在学习
　　　　　　天涯和海角　　书友若比邻

---

① 据俗语"光脚的不怕穿鞋的"，引申出"穿鞋的也怕光脚的"，改造中国足球，不妨先让其光着脚踢几场。

政协书院好　读书大家庭
上线就开心　开卷更有益

11 月 8 日

漫步"梦想小镇"　好想和人漫谈
到处打听丁伟　晨读君又开篇

良渚也从此出　梦想由此开端
历史擦肩而过　怎不浮想联翩

11 月 9 日

新安入夜　永新启晨

11 月 10 日

昨日新安开讲　彻夜都在交响
今天晨曦初露　又闻书声琅琅
语言尽头音乐　音乐又开新章
请君洗耳静听　金色大厅风光

11 月 11 日

【战略参考】满百期　美国新冠过千万
果然今天双十一　连起好戏到处看

11 月 13 日

清晨奋笔疾书为文化建言
夜晚心无旁骛享音乐盛宴
——委员的福利啊！①

———————

① 张妹芝委员语。

11 月 14 日

太阳的光洗着我早起的灵魂①

白首方悔读书迟　黑发不知勤学早
家庭教育有此条　习惯养成最重要
成家立业方知道　活到老要学到老
学习好，思考好　委员履职才能好

晨读永新大家谈家庭教育有感。兹事体大，人人有话。
最后两句，汪洋主席在政协常委会上也谈及！

11 月 15 日

全国政协委员读书活动指导组组长刘奇葆副主席，在日前研究读书活动的小组会上，按照汪洋主席的要求，特别提出一个响亮的口号："努力读书讨论，培养协商文化！"

11 月 16 日

专栏看不尽　讲座开新题
总有一款适合你　请君一睹漫谈群
群读群议，观点碰撞，头脑风暴，确有利于拓宽思维，吸取精华！②

11 月 17 日

元竹、永新、建国（双）、尚之、晶明、连珍、连起、媛媛、嘉极……
纪蓉：

晨读漫谈群　常见十专栏
犹如十仙子　交替来下凡

---

① 昨日晓宏主任语。
② 童玲委员语。

入夜接讲座　好戏唱不完
又来宋院长　国宝展新颜

11 月 18 日

建国大将军　晶明大作家
先后满百期　专栏人人夸

一个净评估　一个学与思
领域虽殊异　丹心皆可知

11 月 19 日

昨夜《血色湘江》　不觉热泪盈眶
触摸信仰温度　斧头镰刀发烫
上线又闻书声　犹如号角呜咽
湘江流淌忠魂　军中也有书生
湘江流淌忠魂　红军战士永生
湘江流淌忠魂　血色化作晨曦
湘江流淌忠魂　后来必有传承

11 月 20 日

高能量，调研团　线上线下连一片

高水平，入漫谈　元竹晨语响云端

高难度，文物院　纪蓉妙手能回天

11 月 21 日

克成又归队　诗家不沉思
斗胆呼主席　书友最相知
子夜，竟呼出久违的，曾于漫谈群首开诗歌讲座之大家——牛克成委员，喜出望外。连夜做了一梦，梦见奇葆副主席又以普通书友身份，入群来漫谈了。

> 昨夜克成诗云
>
> 纪蓉讲座，叹为观止。
>
> 连珍点评，亲切动人。
>
> 丁伟一来，处处温馨。
>
> 克诚旷课，归队在今。

11 月 25 日

> 爬楼梯时看时间标记：
>
> 现任群主丁伟
>
> 半夜一点还在点赞
>
> 待任群主晓宏
>
> 凌晨六点已在点评
>
> 前任群主尚之
>
> 不到七点开讲故事
>
> 漫谈群中"店小二"
>
> 如此开店
>
> 夙夜在群

> 连珍解着"革""鼎"卦　逸涛说戏到"骁勇"
>
> 媛媛天天存锦句　永新读书意无穷

> 今天是个好日子　连珍解易二百集
>
> 锲而不舍镂金石　篇篇都在开新题

热烈祝贺《张连珍谈易经》今天 200 集：衷心感谢连珍主席为漫谈群深度阐释《易经》精华！

11 月 28 日

提前三天预报。朱永新："昨天晚上开了一个筹备会。十二月一日晚上，漫谈群好戏开场，不见不散！"

> 有戏有戏　期盼期盼
> 永新永新　好看好看
> 还有三天　已然期待
> 谈啥话题　不见不散

11 月 29 日

> 神奇的漫谈群
> 连起班禅
> 连起好诗
> 连起连起
> 欢喜欢喜

张连起 @ 班禅额尔德尼·确吉杰布

向班禅额尔德尼·确吉杰布　委员致敬。

> 二十五年过去，弹指一挥间。
> 雪域格桑花，高路入云端。
> 扎西德勒！

张连起 @ 叶小文

> 二十五年前，　特派叶专员。
> 人生恒久远，　验签永流传。

11 月 30 日

> 正方，反方，谁说了算？
> 佛教"辩经"　就这样干
> 道虽归一　理一分珠
> 机锋棒喝　智慧无限
>
> 今天晚上　值得期待
> 隔代教养　也在其间
> 委员漫谈　举重若轻

开卷有益　多多益善

明天开场：家庭教育主题周七个专题（每晚一个专题）：

一、学校教育和家庭教育，哪个对孩子的影响更大？

正方：学校教育的作用大于家庭教育。

反方：家庭教育的作用大于学校教育。

二、寄宿制管理的利与弊？

正方：寄宿制对孩子的发展好处多。

反方：寄宿制对孩子的发展弊端大。

三、家庭教育中要不要惩罚？

正方：家庭教育不要惩罚。

反方：家庭教育需要惩罚。

四、中小学阶段出国留学的利与弊。

正方：中小学阶段出国留学好处多。

反方：中小学阶段出国留学弊端大。

五、隔代教育的利与弊？

正方：隔代教养好处多。

反方：隔代教养弊端多。

六、应不应该让孩子接触网络游戏？

正方：孩子玩网络游戏有好处。

反方：孩子玩网络游戏危害大。

七、成人与成才、幸福与成功哪个更重要？

正方：成人比成才更重要，幸福比成功更重要。

反方：成才比成人更重要，成功比幸福更重要。

12 月 3 日

昨夜激辩　家庭教育

步步深入　探讨寄宿

未必能插言　好戏有看头

高兴拍拍手　赞成跺跺脚

实在忍不住　上场踢几脚

线上来读书　争论和交锋
漫谈也有神　协商展新畴

12月5日

大师出手就是"牛"
"小文体"从此有由头
"山寨版"真是"升级版"
漫谈群常有神仙游

牛克成《拟"小文体"记漫谈群教育论战》

一向和谐书群，
骤然掀起波澜。
教育事非小，
观点分两边。
挑事者永新，
厮杀者一团。
家教校教，
孰为优劣？
寄宿利弊，
观点互反。
棍棒之下，
可出高才？
少年留学，
路在谁边？
唇枪舌剑，
一片狼烟。
时近子夜，

战事犹酣。
永新冲锋在前，
不忘总结谋篇，
打扫战场，
拣点收获，
一纸战况了然。
看热闹，
不怕事大。
瞎起哄，
激化硝烟。
潜水静观，
弱弱吐言。
若"小文体"，
可当教育个案。
小文体，
家教成之?
校教成之?
小文体，
一任自然，
家居寄宿两由便。
小文体，
可曾留学在少年?
小文体，
壮硕雄强，
肌肤坚韧。
面对罚单，
可知棍棒痛感?

噫! 小文体，
看似容易，

写来维艰。

纵然模仿，

得其体貌，

神趣差远。

奏请晶明，

高瞻远观，

鼓励众后进，

增设"山寨版"。

书友努力，

或可摘桂冠。

12月6日

25年前参加金瓶掣签的国务院特派专员叶小文，25年后的今天，为十一世班禅大师演奏《如歌的行板》。

12月7日

@牛克成

克成像个金字塔

小文使劲向上爬

"山寨一把小文体"

跟上书友乐开花

牛克成子夜发金字塔之图如下：

@吴尚之　谢谢鼓励！

@丁伟　谢谢鼓励！

@朱永新　谢谢鼓励！

@阎晶明　谢谢鼓励！评"山寨版"时请多关照！

@叶小文　谢谢鼓励！山寨了一下，有辱"小文体"，请海涵。

@多杰热旦　谢谢鼓励！

@刘晓冰　谢谢鼓励！时代造就传说。

12月8日

> 节令大雪未见雪　雄关漫道真如铁
> 诗书涌来无尽意　漫谈晨景又一阙①

12月9日

> 又闻晨竹萧萧语　却是元竹漫漫谈
> 社会文明新高度　漫谈群里温馨感

12月10日

丁伟群主拟

@ 丁元竹 @ 朱永新 @ 叶小文

@ 刘晓冰 @ 戚建国 @ 吴尚之 @ 阎晶明

@ 阎晓宏 @ 张连起 @ 张连珍 @ 吕逸涛

各位书友早上好!

> 东方欲晓,
> 莫道君行早。
> 踏遍青山人未老,
> 风景这边独好。

大家共同读书,漫谈晨景真好!

12月15日

> 昨晚有好戏　田青又登场
> 非遗故事多　六讲意味长

> 曾忆说琵琶　汪洋也赞扬
> 曾记听古琴　贵族非土豪

---

① 见黄树贤部长抄写毛主席咏雪诗。

　　三柱两层楼　　请君多思量
　　文化有自信　　培根筑魂忙

　　迈向现代化　　心定不能慌
　　民族复兴梦　　处处有文章

12 月 18 日

十明歌

　　昨天，全国政协委员读书活动指导小组组长刘奇葆副主席主持会议，研究推进第四期委员读书活动。会上见到丁伟、尚之群主，建国将军、晶明大作家、晓冰副组长等等诸位书友，从漫谈群线上下来，走进会场，倍感亲切。大家还点到了漫谈群。故以此歌记之。

　　连起来了，连着光明①
　　连珍走了，透彻晶明②
　　将军战略，心知肚明③
　　三十二度，看得分明④
　　政协书院，灯火长明
　　书友相聚，诸多高明
　　漫谈群里，耳聪目明
　　委员高论，也有英明
　　协商文化，正在昌明

────────────

①　日前在《光明日报》拜读连起文章。
②　委员中有两个大咖，一连珍，二晶明。
③　戚将军每天送你一则《战略参考》。
④　连珍谈"时中"一则，一口气列出 32 个度。

12 月 19 日

赞田青　颂青田

田青有梦　梦在青田

青田有石　温润斑斓

中国篆刻　印材首选①
中国非遗　自有人传②

梦有青田　田青在梦
田青有梦　梦在青田③

12 月 20 日

漫谈群中真善美

真善美，善真美，人间真情最宝贵；
真善美，自然美，层林尽染最深邃；
真善美，艺术美，超凡脱俗最精粹；
真善美，生活美，脚踏实地最智慧；
真善美，奉献美，无私心灵最光辉。④

---

① 青田石（qingtian stone）产于浙江青田县。青田石是青色为基色主调，名品有灯光冻、鱼脑冻、酱油冻、封门青、不景冻、薄荷冻、田墨、田白等。其质地温润，色彩斑斓，花纹奇特，硬度适中，是中国篆刻艺术应用最早、最广泛的印材之一。
② 丁伟群主说，田青老师的课，总有一点特别的东西：除了理性认识上的清醒和高度，他总是充满情感、充满激情、充满了爱，他深深地相信他所为之鼓与呼的事物和道理。难能可贵！
③ 此句倒过来读顺过去读都一样，非遗倒过来看顺过去看都是宝。
④ 抄自"连珍体"。

12月21日

> 又闻晨竹萧萧语　却是元竹漫漫谈
> 社会文明新高度　漫谈群里温馨感

12月22日

赞张连起"毛泽东诗词讲座"

> 漫谈读书群　谈出一奇才
> 连起说毛诗　天公也开怀
> 建国和作君　克成笑颜开
> 昨夜诗友会　山水入画来
>
> 连说主席诗　起敬伟人志
> 壮志凌云连　豪气冲天起①
>
> 丁伟接尚之　漫谈出奇兵
> 作君一激动　出口皆金句
>
> 笔落惊风雨　诗成泣鬼神
> 提阳明宇宙　倒海洗乾坤②
>
> 斯文重有力　崇高又尊大
> 伟人何所求　人民与国家
>
> 书生貌若容　倒海卷云峰
> 柔指千秋业　奇词万代功③

---

① 此段引作君句。
② 此段为作君《读毛泽东诗词有感》。
③ 此二段裁嘉极句。

三者连起看①　　晓宏阅诗阵
建国再挥笔　　皆是大写意

人人似牛君　　克成画山水②
连珍赞连起　　我的好兄弟

妙趣古风吹　　冬至团聚日
屏后读毛句　　奋起担当时③

政协多诗家　　书群美如画
大唐起新意　　古今生百花④

12 月 23 日

2020 年是极不平凡的一年。岁末年初，新冠肺炎疫情仍在全世界、特别是欧美泛滥。中国风景这边独好。在严格的防疫措施、逐人检查登记、确报安全的基础上，满天星业余交响乐团今晚在国家图书馆为广大读者举办的新年音乐会，仍将隆重举行，一票难求。

今晚新年音乐会　　再奏《如歌的行板》
不凡之年亦如歌　　新年稳步更致远

12 月 24 日

昨晚刚参加完满天星业余交响乐团新年音乐会演出，就上线，看到汪主席的发言，很激动：

"读主席诗词，温中共党史。委员漫谈再创佳章！"

---

① 群主丁伟点评：领袖人物的非凡气势，理想主义的浪漫情怀，古典诗词的深厚学养，三者如此完美地融合在毛泽东诗词的字里行间。
② 刘克成山水画展，12 月 27 日在中国美术馆开幕。我告："请连起兄去吟诗。"连起答："荣幸之至，欣然前往；吟诗不敢，飞舞我裳！"此段引连起句。
③ 此段引作君句。
④ 此段裁云翱句。

再创佳章之首功——丁伟，连起！

12 月 27 日

建国名旦通宵达旦　　元竹挺拔晨语萧萧

将军战略纵横捭阖　　永新大咖又见圣陶

12 月 28 日

告别千百年绝对贫困　　畅想新发展美好未来

——我在"2020 年第八届天下贵州人年会"高歌一曲

12 月 29 日

张连珍说：

小文教授、晓冰：尚之、丁伟群主做得好，发动委员有高招，自己辛劳细无声，读书群里感应到。晓宏心中有目标，哲学功底生奇妙，方寸之间时空大，道理潜移万物间。

"道理"二字是有区别的，道通为一：道主统，理主分。理的概念是韩非子提出的。

向尚之、丁伟群主致敬！对晓宏群主表示欢迎！并祝新年新气象。

祝全国政协领导和委员们：健康、愉快、幸福、平安，合家欢！

我说：

连珍说道：漫谈群群主尚之开道，丁伟载通，晓宏拓道；

连珍论理：漫谈群众多专栏有理，讲座说理，书友论理。

1 月 1 日

群主新年好！各位书友新年好！

鼠年过去了

每个人都了不起！

牛年如何牛？

发扬——

为民服务孺子牛

创新发展拓荒牛

艰苦奋斗老黄牛

——的精神

1月2日

即将接任丁伟群主的晓宏群主，和还在加班的丁伟群主一起，带领漫谈群三百多位群友，新年向汪洋主席报到了：

@汪洋 主席新年好！

向您送上新年的崇高敬意！

告别2020年，迎来2021年，读书、求真、务实，发扬好三牛精神。

据我研究，漫谈群中众书友皆牛，可设一"牛人榜"。推荐昨日首选之"三牛"的候选牛为：

牛是丁伟，他谦虚温和眼光大，是为民服务的孺子牛

牛是晶明，他辛勤耕耘有文化，是创新发展的拓荒牛

牛是连珍，她顺风顺水易理深，是艰苦奋斗的老黄牛

1月3日

"这一切，如果不去及时把握，它们就会烟消云散，了无痕迹；如果随时记录下来，虽然不一定是不朽之作，但是，因为是自己所想所感，在个人的生活史上一定会具有很大的价值。"[①]

我们正在创造历史　漫谈群应记下日记

昨夜建国京剧收尾　今晨建国战略开头

两个建国都了不起　为了建国日夜奋斗

1月4日

西谚：

上帝把人类分为男人和女人

---

① 朱永新录叶圣陶语。

不是要他们相互撕咬
而是要他们相亲相爱
男人，女人
只会咬人是什么人？

上帝把世界分为东方和西方
不是要他们战争不断
而是要他们合为一体
东西，东西，
合不到一起是什么东西？

1月6日

四位群主速描：

永新，日日新又日新苟日新。

尚之，虽不能尔，至心尚之。

丁伟，润物无声，温润可亲，板上钉（动词）钉。

晓宏，最晓读书，待展宏图，已在装台，好戏连台。

1月7日

告别了，迎来了，又来了

新任群主晓宏说，"晨读是靓丽的风景线。努力当好店小二，请多支持，多批评，多多包涵。各位大咖一定要像爱永新、爱尚之、爱丁伟那样，更爱我哟。"

告别了——丁伟群主，我们会像想念尚之群主一样想念您

迎来了——晓宏群主，我们会像热爱丁伟群主一样热爱您

又来了——新的群主，我们会像支持永新群主一样支持您①

---

① 朱永新曾是首任"试水群"群主。

1月9日

阎晓宏群主施政演说

第一部分：第三期漫谈群初步考虑

一、定位

增强"四个意识"，坚定"四个自信"，做到"两个维护"。

围绕全国政协中心工作，交流思想，平等讨论，汇聚智慧，凝聚共识，体现委员勤奋读书、思想活跃的特点。

以"漫"的广泛，"读"的精深，培育协商文化精神。

二、初步设想

（一）努力保持前两期漫谈群的好做法，设置主题，既欢迎个人观点表达，更鼓励开展互动讨论。

（二）晨读，不设定具体时间与主题，读书、荐书、评书，思考、心得，谈古论今、国际国内等，凡委员关注的或希望与大家分享的均可，期待委员更广泛地参与。

（说明：晨读是漫谈群的品牌，一道靓丽的风景线，既有栏目，期望继续进行，并期待更多的委员参加进来，增添新内容，注入新活力。）

（三）凡工作日，每天20:00—21:00点，开设《委员观点》栏目，设定主题，由主讲者扼要阐述，提出自己的看法与观点，期待委员参与讨论。

（四）凡双休日，每天的16:00—17:00，开设《委员风采》栏目，展示委员在戏剧、音乐、诗词、摄影、书法、绘画等多方面风采。

期待这个栏目受到委员的关注与参与。

（五）在符合防疫要求的前提下，春节前后举办两期线下漫谈分享活动。

第二部分：建议

一些熟悉的领导和委员及朋友们给予我热情的鼓励和勉励，也提出了一些建议，概括起来，有以下几点：

一是，网上读书，久久为功，考虑到手机阅读会比较疲劳，时间不宜过长，也不宜以时间长短作为衡量的标准；

二是，虽然网上讨论的人不是很多，但是潜读的人很多。有人讲，有人听，这样也很好。

三是，主讲者题目设置得窄一些好，以便能够谈深、谈透。

四是，既要谈情况，也要谈观点，以便进行互动和讨论。

五是，委员观点和委员风采，应使更多的委员在这里谈自己的思考，展示自己的风采。

六是，线上线下要结合进行。

第三部分：介绍明后天和下周的活动安排：

1月9日下午4点至5点，《委员风采》栏目，特别邀请到李前光常委，与大家分享他的摄影理念（500字以内）与摄影作品（含扼要创作说明）。

1月10日下午4点至5点，《委员风采》栏目，特别邀请到中国京剧院三团团长张建国委员，与大家分享他的京剧理念（500字以内），以及他专门为漫谈群带来的精湛的京剧表演。

1月11日至13日（下周一至周三）晚8点至9点，《委员观点》栏目，特别邀请到张勤常委，与大家分享他多年深入思考，对知识产权的理念与观点。

1月14日至15日（周四至下周五）晚8点至9点，特别邀请到商务部研究院院长首席研究员顾学明委员谈：城市的早餐问题。

1月11日

社会学大家谈社会（元竹你好）

战略学大家谈战略（将军你好）

教育学大家谈教育（永新你好）

漫谈群一早展宏图（晓宏你好）

前日最美景　前光说摄影

书友看不够　梦中入仙境

昨天最美剧　建国唱京戏

书友听不够　难舍难分离

来了新群主　晓宏展宏图
书友乐不够　此公爱"杀熟"①

美景实在多　"战略"、"国学"群
如桃之夭夭　似华之灼灼

1月12日

@ 张连起 @ 张连珍

连珍一语，必有易理
连起出口，就是诗经
桃之夭夭，连珍连起
灼灼其华，连起连珍

@ 戚建国 @ 张建国

建国战略，都是金句
建国一来，必有好戏
建国强国，初心不改
志在必得，建国大计

1月13日

跟连起学《诗经》

虽无伯牙，自抚琴丝。
谁谓山高，叶公登之。
人生逆旅，逝者如斯。
谁谓河险，一苇杭之。

---

① 晓宏上任漫谈群主，到处奔走动员熟人好友，到漫谈群展现"委员风采"。此举戏称"杀熟"。

喜逢书友，嘤嘤鸣之，

山高河险，若鹜趋之。

死生契阔，与子成说，

子在川曰，逝者如斯。

1 月 19 日

晶明一装台　满台是茅台

晓宏一出台　好戏就连台

连起连珍来　大家笑开怀

玉山书山玉　玉婉歌婉转——

嗓音甜美，音色圆润；

字正腔圆，清脆明亮；

声情并茂，灿烂怡人；

似饮甘露，韵味绵长。

似逢美玉，似饮茅台。

晓宏能展，委员风采。

百花齐放，百灵婉转。

晶明装台，忙不过来。

1 月 20 日

进入委员读书活动第四阶段，各书群高潮迭起，精彩纷呈，遍地金句，令人目不暇接。晨读爬楼，邻群漫游。比如，昨天的"战略思维读书群"，就实在太精彩了。

毛主席在总结抗美援朝战争时说："这一次，我们摸了一下美国军队的底。对美国军队，如果不接触它，就会怕它。我们跟它打了三十三个月，把它的底摸熟了。美帝国主义并不可怕，就是那么一回事。我们取得了这一条经验，这是一条了不起的经验。……帝国主义侵略者应当懂得：现在中国人民已经组织起来了，是惹不得的。如果惹翻了，是不好办的。"

1月21日

朝花夕拾：《易理人生》① 外传

连珍一语　皆是易理
连珍一说　你就快乐

可化腐朽为神奇　可让垂老者还童
可令快马再加鞭②　可与巴赫谈音乐③

可以清粥代酒喝④　可使漫谈起风波
可叫书友笑开怀　可让老牛再爬坡

说完早餐说阅读　说完饮酒说喝粥
委员风采还在闪　精彩专栏又来续

漫谈群里意无尽　层出不尽还在出

---

① 张连珍《易理人生》一书正在编辑中，将由文史出版社出版。
② 连珍 @ 叶小文：看到你奏大提琴了——
　　黙与神会
　　技近乎道
　　费心劳形
　　皆极精妙
　　定水清澄
　　一改风貌
祝小文取得更大成功！
晓冰、晓宏群主要细听弦外之音
尚之、丁伟老群主你们铺了马路
祝晓宏春风拂面马到成功！
③ 巴赫乃世界公认之乐圣。
④ 晶明畅论诗酒后，总言喝粥更好。

问渠哪得清如许　且看晓宏展宏图

1月24日

朝花夕拾，周末一笑。录晓宏群主前日的小诗一首——

酒中多乡情，粥里见亲情。

清茶带栗香，低头思晶明。

梦见小文君，手持大提琴。

悠然颂雅风，没你还不行。

我就接着晓宏诗——

牛年属牛，转眼即来，

克成姓牛，流光溢彩。

牛年一到，要唱诗经，

欢庆牛年，委员风采。

既然晓宏群主"梦见小文君，手持大提琴"，我就自告奋勇，应召带上大提琴，为牛克成委员今天下午精彩的【委员风采】暖场、站台、吆喝。兹不揣浅陋，以业余但努力之爱好，可听但不堪细听之水平，演奏一段柴可夫斯基的《如歌的行板》……

仿佛听到邻居又在打小孩了，说，"你再哭，隔壁的爷爷又拉琴了"，"这爷爷年已过七旬，差点都不给他打新冠疫苗了。"

1月25日

我们时代的"巨人"

克成昨夜——答谢书友，情深意切，感人至深。晓宏群主在漫谈群开设的【委员风采】专栏真好，光彩照人——照亮自己，照亮别人；山水相映，"景色"宜人。

从漫谈群里的这几期【委员风采】，我不禁想起了恩格斯在论及历史上的文艺复兴时所说的话："这是一次人类从来没有经历过的最伟大的、进步的变革，是一个需要巨人而且产生了巨人——在思维能力、热情和性格方面，在多才多艺和学识渊博方面的巨人的时代。"

中华民族的伟大复兴，应该是、当然是、也必须是人类史上又"一个需要在各方面产生巨人的时代"。

这个时代，"每个人都了不起"。这个时代，"巨人"就出自平凡，就来自我们身边。

"巨人"来了，在我们的时代，在我们的国家，在我们的政协委员中，在我们的政协书院，在我们的漫谈群。你看——

吴为山，牛克成，李光前，刘家成，戚建国，张建国，张连珍，张连起，朱永新，阎晶明，阎晓宏，吴尚之，魏玉山，刘晓冰，吕逸涛，郭媛媛，陈薇，陈来，傅巧妹，田青，茸芭莘娜，刘玉婉，丁元竹，"丁伟等"，等等等……

从政协书院，我看到这一串闪光的名字，这一个个"在思维能力、热情和性格方面，在多才多艺和学识渊博方面的巨人"，或正在成长中的"巨人"。

我们的时代，"巨人"真的来了！

1 月 26 日

入夜再爬楼梯　犹记丁伟好诗

小波又创新体　连珍也已相知

丁伟等的诗：漫谈群赞

一入读书群　满满企慕情

窗外寒风冽　群内暖气升

元竹谈社会　连起释诗经

永新劝读书　连珍论人生

刚慕小文体　又闻晶明声

尚之送温润　晓冰巧点评

战略大参考　寰宇笑谈中

晓宏善谋划　书友赞克成

抗美援朝热　小波诗意浓
欲晓天下事　尽在漫谈中
等等……

小波之诗：晨读

小文吹晨号，学友已早起。
讲座在延续，接着爬楼梯。
克成委员谈，群内众人议。
晓宏热情迎，元竹无穷意。
思想有追求，艺术多魅力。
投我以木瓜，报之以琼琚。
学友高人多，交流多谦虚。
笃行能致远，相伴同学习。
今日读书群，明天大学校。
主席明目标，委员更可期。

连珍的诗：点赞

小文丁伟出诗文，引得众人来点评。
调动委员积极性，欢乐读书漫谈群。
晓冰连起掌声响，多杰热旦快表扬。
尚之晓宏多欢畅，读书平台更兴旺！

1月28日

昼夜不息漫谈群

清早名家栏目眼花缭乱
上午大家议论热闹非凡
入夜【委员观点】精彩纷呈
周末【委员风采】金光闪闪

　　　　　晓宏群主再次亮出新牌

　　　　　下午【委员撷翠】又来相连

　　　　　《为山雕塑》世界艺术珍品

　　　　　《忠梅说法》令你流连忘返

　　群主预告：

　　为加强委员互动交流，拟在漫谈群已有【委员观点】【委员风采】栏目的基础上，增设《委员撷翠》栏目。

　　新栏目在 1 月 28 日（周四）正式推出，时间定在工作日的每天下午 3 点。先期拟推出三个分栏目：

　　【为山雕塑】，主讲人：吴为山，全国政协常委，中国美术馆馆长。

　　在本栏目中，吴为山委员将向大家介绍他创作的大量具有影响力的雕塑作品，请大家领略他首创的中国现代写意雕塑之风，感受中国文化精神在中国雕塑创作中的融合和表现。

　　【忠梅说法】，主讲人：吕忠梅，全国政协常委、社会和法制委员会驻会副主任。

　　本专栏将以讲故事的方式，展开法律条文背后的生活场景、天理人情、历史文化……让大家感受到民法典慈母般的关怀！

　　【小文一读】，主讲人：叶小文，全国政协文化文史与学习委员会副主任。

　　本专栏内容出自即将出版的《处处书友遍地书——叶小文读书笔记》一书。包括：神交化外、鸿雁飞来、读书为官、精神富有、成之于乐、众缘和合、美美与共、协商民主、为什么能、小文拜年、放眼未来、遍地皆书、朝花夕拾等若干辑。

2 月 1 日

　　昨天在【委员风采】专栏，晓宏请来孟飞讲《嫦娥五号探测器无人月面自动采样返回之旅》，漫谈群月光闪闪，通宵达旦。

　　　　　孟飞，梦飞，中国腾飞，

　　　　　晓宏，晓宏，月宫几重，

　　　　　精彩，精彩，委员风采，

漫谈，漫谈，天地循环。

月洒满地水，云起一天山。
遥看嫦娥美，梦圆举国欢。

书群无穷期，书友无尽意，
进了互联网，读书更有趣。

2月2日

谨录"小波体"之长长楼梯、近约千字的"三字经"一首：《红楼梦里风景多——阅读笔记》。信手拈来，小波腾浪。灵感来自"晶明体"，漫谈群中一奇葩。

红楼梦，风景多。
读经典，找正着，
未曾读，像读过。
每重读，又新得。
上网搜，出游戏。
很无语，却无过，
魅力大，都围着。
小说家，是书生。
实践少，特权多。
写人物，排人事。
赋权力，给计策，
定命运，决死活。
曹雪芹，笔中梦。
大观园，养尊阔，
富家女，结诗社。
人雅致，才艺多。
情愿信，却小说。

除夕时，尽奢华。
笑语喧，无比得，
既恢宏，又细节，
宁荣府，品位罗。
贾母赏，美璎珞。
慧娘绣，十八殁。
香消去，玉陨落。
传极品，贾府得。
绣花草，无匠比。
绣题字，品格卓。
知之多，得之少。
绣改纹，喻超绝。
红楼梦，能人多。
赋群能，不暇接。
深闺中，花园里。
艺精妙，人出落。
贾母尊，不怒慑。
管制严，自威着。
不作诗，不猜谜。
谙戏曲，知情节。
识唱腔，熟乐器。
数家珍，明戏格。

元宵节，摆夜宴。
戏间隙，说书妙。
贾母评，"俱老套：
书香门，尚书高，
得女儿，如珍宝。
知文礼，无不晓。
想终身，亲友抛。

鬼不鬼，贼不贼。
那样坏，如何好？"
中秋夜，赏明月。
贾母悦，鉴赏乐。
"音乐多，失雅致。
只吹笛，便不错。"
笛悠悠，声缓缓。
清风中，众危坐。
默相听，皆赞叹。
开心胸，摄心魄。
难自抑，音淌过。

谈艺术，融人情。
着事理，论对错。
居高傲，满不屑。
慎定位，恐犯着。
刘姥姥，尽自贬。
贾母乐，赏赐多。
被艳羡，荣耀播。
丫鬟孝，遭正色。
父母逝，亦缄默。
艺评里，透温度。
当事中，凉气彻。

王熙凤，血山崩。
久不愈，悲剧生。
虽今日，有周总。
药若到，病不同。
有微球，枉嗟空。
大千世，一人多病。

身心苦，终一生。

红楼梦，谁署名？
待解谜，有争论。
雪芹著，高鹗续？
泣血作，家族痛。
并列署，不平等，
狗尾续，貂难形。

影视剧，舞台剧。
古装戏，旧气息。
新元素，在书里。
天外天，颇有趣。
大观园，有缺口，
未有意，破封闭。
晴雯病，不见好。
嗅鼻烟，以通气。
扁盒里，洋珐琅。
赤身女，两肉翅。
天使图，只顾看。
头发疼，打喷嚏。
西洋药，贾府有。
宝玉信，熙凤济。
不经意，非闲笔。
金发女，通诗书。
讲五经，作诗词。
话题断，留洋笔。
大氅衣，哦啰斯。
孔雀毛，拈线织。
烧有洞，彻夜补。

晴雯执，费心力。

晶明讲，我笔记。

2月4日

昨天，汪洋主席参加漫谈群线下交流活动之音乐鉴赏——《从巴洛克到浪漫派——西方古典音乐风格概览》后的即席讲话中说，全面建设社会主义现代化国家，包括精神文明建设，要让14亿人的精神文明与物质文明都相协调，这的确是一件前所未有的难事。

我们有文化自信，中国的文化基因里，有精神文明的底蕴，但要去启发，去疏导。这件事做好了，有利于我们实现民族复兴的进程。

推动这件事，人民政协应该有独特的优势。

2月7日

今天丁元竹教授的晨语，提出了一个十分深刻的大问题。

几个世纪前的文艺复兴，为西方近代的现代化进程奠定了基础，但也出现了很多新问题。

当代中国14亿人要实现现代化，其实也需要一场新的，或"第二次"的"文艺复兴"为基础。它不仅限于"学科建设"，而是更广义、更深刻而又更必须有的"中国特色"。

2月8日

鼠年即将过去，牛年马上到来。

此刻"送鼠迎牛"，相伴《如歌的行板》。

献上一段大提琴曲。

2月9日

春节将至，年味弥漫，书香正浓。

昨晚侯光明委员的电影讲座，给漫谈群带来：一片光明，一群大咖，一堆大片；精彩纷呈，眼花缭乱，惊喜不断。大家感叹，晓宏群主安排的"春晚节目单"，真是好戏连台啊！

今日"漫谈群之保障群"有线下活动，三位群主将约请几位大咖一聚，面晤漫谈，征求意见，并自费喝粥，送鼠迎牛。

限于北京最新防疫规定，相聚原则上不宜超过 10 人，好多书友就只能"见字如面"了。一大早，还是先在线上会友吧。

其一，非常想念漫谈群日日相见之"丁伟等"诸书友。

转录连珍主席诗：

小文小波，大小冒尖

建国建国，文武强国

晓冰晓宏，春光觉晓

尚之逸涛，谦柔和顺

丁伟元竹，第一咬定

永新嘉极，读书娱心

连起其成，古今传承

热旦晶明，满天星辰

为山忠梅，规则坚硬

媛媛池慧，福慧生生

来燕福金，喜福临门

文化化人：大团结，心连心，耕福田，中国梦，中华兴！

其二，特别想念漫谈群里日日相见之戚建国大将军：

——凡聪明敏捷，能洞察秋微，又能妙计频出者，是为有智之人；

——凡天真恻怛、感愤人间之不幸、感慨国家之悲运者，是为有情之人；

——凡豪情勇猛、处事不惊，临大敌而无所惧者，是为有意之人。

以上有智、有情、有意三者，一人能兼具其二已属难得，而戚大将军却三者皆具。戚建国，虽列名在政协表彰决定的"丁伟等"之 108 名读书积极分子的"等"之中，实堪为众书友之楷模。

2 月 12 日（大年初一）

大年初一　正在歇息

进群一看　满篇嘉极

> 还有永新　永动不息
> 仍在路上　读书声急
> 牛运胜天　更有晶明

习总书记在春节团拜会上说："我们要认真回顾走过的路，不能忘记来时的路，继续走好前行的路。"

给群主（含现任、历任、待任、本群、友群、未来群）、嘉极、永新、晶明、建国、"丁伟等"众书友拜年，奏一段柴可夫斯基的《如歌的行板》。

2 月 13 日（大年初二）

献上一曲《牧歌》，给我们的群主阎晓宏。

奇葆副主席说，群主是雄狮，是头雁，是领头羊。我说，群主还是牧童，是"小放牛"。牛马年，好耕田，牛年到了，好想牧童。

2 月 14 日（大年初三）

大年初三，用巴赫的《大提琴无伴奏组曲之序曲》，给三位劳苦功高的老群主吴尚之、前群主丁伟、现群主阎晓宏拜年。

路漫漫其修远兮，跟着群主再学习。

2 月 15 日（大年初四）

大年初四，想起了漫谈群即将诞生第四任群主！

> 正月里来过大年，
> 二月更盼度春风。
> 献上一曲《萨丽哈》，
> 我们的群主在心中。

2 月 16 日

凌晨，朱永新解读《苏霍姆林斯基选集》。

苏霍姆林斯基说：一个真正的人应该在灵魂深处有一份精神宝藏，这就是他通宵达旦地阅读一二百本伟大的书。

青年时代的这种通宵达旦地读完一二百本书的阅读，纯粹，沉醉，通宵达旦，没有功利色彩，这种感觉如爱情一样深刻而影响一生。

大年已破五，开读五本书

——读古人书《诗经译注》《唐诗三百首详析》。

——读晶明书《千面足球》《箭正离弦》。

——读自己书（校核）《处处书友遍地书——叶小文读书笔记》（中国文史出版社即出）。

读书间隙，上线漫谈，交流心得，一起读书。多杰热旦主席说：

> 连珍主席一点评　拉琴也能出易理
>
> 哆来咪发唆拉西　再奏一曲表深意

我答：

> 今年春节好快乐　五天开读五本书
>
> 跟随晶明踢足球　伴着天鹅唱小曲

连珍、多杰两主席亲切鼓励，我给大家再演奏一首圣桑（法）的《天鹅》。

2月17日

认真回顾走过的路，不能忘记来时的路，继续走好前行的路。

记得大年初一，特别引用习总书记在春节团拜会上的讲话："我们要认真回顾走过的路，不能忘记来时的路，继续走好前行的路"。一路走好，行板如歌。我为书友音乐拜年，演奏了一段柴可夫斯基的《如歌的行板》。

今天，再奏《如歌的行板》第二主题。

2月18日

> 年假已过完　应该作小结
>
> 每天拉一曲　这首解心结

记得来燕兄曾引一位波兰钢琴家霍夫曼之语："音乐向人类揭示了未知的王国，在这个世界中，人类抛弃所有明确的感情，沉浸在无法表达的渴望中。"

书要一起读，乐要一起奏。

这首《威瓦尔弟G小调大提琴二重奏》，因为是在漫谈群的线下活动中，有机会跟着音乐家们一起演奏，尽管还有瑕疵，但瑕不掩瑜，还真的"沉浸在无法表达的渴望中"了。找晓冰副组长要来录音，这几天散步时，"自我欣赏"了几遍。果然是"古典音乐"，越听越好听。那天大领导还当众表扬了，现在想着都激动。

2月21日

> 几天度春闲　　怡然返家中
> 百花已入室　　顿悟要读书

2月23日

> 听完元竹讲社会，再跟将军学战略。
> 永新尚之古今谈，教你读书大方略。
> 群主晓宏细点评，大家温馨且快活。
> 漫谈群中书声朗，丁伟等等来上学。
> 最是晨读好风景，晓冰再来踢一脚。

2月25日

百年党史厚重辉煌　抓住总纲起步学习

三天之前，2月22日，委员读书活动指导组组长、全国政协副主席刘奇葆同志在"社会主义发展史读书群"有重要发言。余音绕梁，三日不散。隔日再看，仍然重要。兹再录如下，我们一起来"再接再厉，再创佳绩"：

@常信民群主：贵群学史活动日益深入，涌现出了一批学史骨干，也创造了许多读史学史的经验和做法，很是值得珍贵。2月20日，习近平总书记发出了在全党开展党史学习教育的动员令，全国政协党组也已作出部署，读书指导组也要对各书群学习中共党史作出安排。希望贵群及时跟进，踊跃先行，再接再厉，再创佳绩。当期做好穿插学习，下期及早系统安排，努力成为政协书院学习党史的头部书群，为全国政协党史学习教育活动作出积极贡献！

"头部书群"要"开头"。百年党史厚重辉煌，重新开始学习，如何开好头？我认为，要抓住党史的主题主线、主流本质。

近代以来，中国人民面临着争取民族独立、人民解放和实现国家富强、人民幸福两大历史任务，这两大历史任务就是中国共产党历史发展的主题主线。

党的历史的主流本质是：党的历史，是党领导全党同志和全国各族人民不断为实现民族独立、人民解放和国家富强、人民幸福而不懈奋斗的历史；是党坚持把马克思主义基本原理同中国具体实际相结合、不断探索适合中国国情的革命和建设道路，推进改革开放和社会主义现代化建设，推进马克思主义中国化、推进理论创新的历史；是党加强和改进自身建设、保持和发展党的先进性，不断经受住各种风险和挑战考验、发展壮大的历史。概括起来讲，就是"不懈奋斗史""理论探索史""自身建设史"。

把握了党的历史的主题主线、主流本质，就抓住了学习党的历史的总纲，就可以起到提纲挈领、纲举目张的作用。

学习参考：中央党校官微集中推送中央党校（国家行政学院）网络课程中共党史专题讲座系列。

3月14日

入夜，闻微微与晓冰对话，

清晨，听永新和元竹高谈。

接着，读建国的【战略参考】，

尔后，与连起论易学箴言。

一进漫谈群，"大家脸上都绽放出幸福的笑容，身体也不错，'读书养心'、'理'义修身。"①

今天"二月二，龙抬头"。飞龙在天，天行健，君子以自强不息；潜龙伏地，地势坤，君子以厚德载物。

3月18日

【漫谈群花絮】

---

① 录张连珍金句。

其一：政协委员读书活动正向广度拓展，向深度延伸。

上海市政协部分专委会和地区政协近期组织多场线上线下委员读书活动。浦东新区政协形成"天天学、周周读、月月讲、季季推、年年论"长效机制，将继续完善政协书香"苑""窗""角""三个平台"。

其二：

连珍主席字字连珍　　丁伟老兄字字珠玑
来燕小弟句句哲语　　晓宏群主声声动情
小文先生丝丝入扣　　尚之哥哥处处温馨
元竹晨语日日萧萧　　永新说书天天翻新
为山雕塑款款惊艳　　忠梅说法条条在理
晓冰妹妹时时鼓劲　　晶明作家亮亮晶晶

3 月 21 日

昨天委员风采　　新疆海霞满天
今晨漫谈群里　　又见朝霞一片

3 月 23 日

录张连起金句

从国际形势看，百年变局和百年疫情叠加，世界进入动荡变革期。中国崛起是一大变量，既是自变量也是因变量，"东升西降"是趋势，国际格局发展态势对我有利。美国遏制打压是一大威胁，既是遭遇战也是持久战。

中华民族伟大复兴的战略全局与世界百年未有之大变局，相互交织、相互影响，特别是百年不遇的疫情推动形势发生深刻复杂变化。我国发展仍然处于重要战略机遇期，但机遇和挑战都有新的发展变化。民族复兴道路上面临不少风险挑战，但危中有机、危可转机，"东升西降"历史大势不可阻挡。

4 月 1 日

委员读书活动第三阶段最后一天。明天，将转入第四阶段。大家热爱的漫谈群第三阶段群主阎晓宏，将把群主的大旗交给第四任"豪华顶配双群主"朱永新、吕世光。

连日来，漫谈群之群里群外，歌声不断。

向第三任晓宏群主致敬：

兢兢业业的第三任！

神通广大的第三任！

传承创新的第三任！

丰富多彩的三个月！

高潮迭起的三个月！

精彩无限的三个月！

漫谈群新老五群主赞：

春风一吹现满园秀色

漫谈群诞生过三个群主

吴尚之、丁伟，现任阎晓宏大展宏图

山重水复，水复山重

春雷一声响世纪之光

漫谈群将上任"豪华顶配"双群主

吕世光、朱永新强强联手

世纪之光，永在新途

新老五个群主中

一个获得全国政协委员"优秀履职"的表彰

一个受到"丁伟等"读书积极分子的嘉奖

真厉害，很光荣

新儿歌

一二三，三二一

三个群主再出席

三加二，二接三

五个群主都喜欢

在漫谈群上

红日照遍了东方
读书之神在纵情歌唱

看吧
千名委员　线下线上
读书的热浪席卷在漫谈群上
气焰千万丈

听吧
母亲叫儿接群主
妻子送郎上线忙

我们在漫谈群上
我们在漫谈群上
山高林又密　兵强马又壮
转段从哪里开始
我们就要他在哪里兴旺
转段从哪里开始
我们就要他在哪里兴旺

我们在漫谈群上
我们在漫谈群上
山高林又密　兵强马又壮
转段从哪里开始
我们就要他在哪里兴旺
转段从哪里开始
我们就要他在哪里兴旺

兴旺

4月2日

晓宏群主一展宏图　漫谈群中多彩栏目
三个月中无数精彩　点点滴滴美不胜收

第三期漫谈群栏目回顾：

一、晨读

《社会关系、社会文明、社会建设漫谈》　丁元竹

《名家谈读书》《每日读书笔记》　朱永新

《战略参考》　戚建国

《读书参考＊古人谈读书》　吴尚之

《哲人哲语》　孙来燕

《党史百年·天天读》　吕世光

《读与思》　阎晶明

《漫谈群晨景》《漫谈群日记》　叶小文

二、下午茶

《为山雕塑》　吴为山

《忠梅说法》　吕忠梅

《小文一读》　叶小文

三、委员观点

第一期　《对知识产权中财产权和精神权的理解》　张勤

第二期　《城市的早餐问题》　顾学明

第三期　《网络海量内容与读者的权利》　魏玉山

第四期　《人类命运共同体与新世界秩序》　杨光斌

第五期　《新冠肺炎的几个问题》　池慧

第六期　《漫谈全球治理中的中国话语权问题》　王树成

第七期　《漫谈音乐》　丁磊

第八期　《关于好好说话增强沟通力，讲好中国故事的思考》　白岩松

第九期　《五年规划研究的有关方法》　张首映

第十期　《漫谈电影》　侯光明

第十一期　《开展"深化中华文明探源研究工程"提案的考虑》　贺云翔

第十二期　《漫谈博物馆》　安来顺

第十三期　《新阶层画出最大同心圆》　黄西勤

第十四期　《毛泽东与中共早期领导群体》　陈晋

第十五期　《漫谈群线下学党史活动委员发言撷萃》　李洪峰、孙庆聚、张小影、田进、童刚、曹耘山

第十六期　《革命领袖的红色记忆》　曹耘山

第十七期　《"两点一存"——穿越时空的"南梁精神"》　严纯华

第十八期　《商务印书馆与中国现代文化的兴起》　于殿利

四、委员风采

第一期　《摄影理念与作品撷萃》　李前光

第二期　《京剧艺术赏析》　张建国

第三期　《歌唱让我快乐》　茸芭莘那

第四期　《关于30多年致力于"挖掘收藏整理中国民歌和地方戏曲"的分享》　刘玉婉

第五期　《图式风华——我的山水创作观》　牛克诚

第六期　《嫦娥五号探测器无人月面自动采样返回之旅》　杨孟飞

第七期　《书法六人谈》　戚建国、黄树贤、毕井泉、修福金、叶青、王正荣

第八期　《真有天然之趣——漫谈北京画院》　吴洪亮

第九期　《海霞委员和她的石榴籽》　海霞

第十期　《传承千年印刷文化——漫谈中国印刷博物馆》　孙宝林

夜读

《建国说京剧》

4月4日

昨夜，《弦动我心——中国音协弦乐学会成立音乐会》在北京音乐厅举行。委员读书活动指导组长刘奇葆、副组长刘晓冰、漫谈群三任群主吴尚之、丁伟、阎晓宏以及待任群主张小影悉数出席。台上音乐家群英会，台下

读书群群主会。

我作为特邀演员，参加了这个国内顶尖弦乐大师组成的乐团的演出。（我在大提琴副首席位上）

主持人王勇教授请我即席发表感言。我说，我们这个民族是爱好音乐的民族，"兴于诗，立于礼，成于乐"；我们这个民族当然也是喜欢弦乐的民族，弦动我心，动人心弦！

4 月 5 日

音乐点亮人生，我和我的祖国——满天星业余交响乐团 2021 视频（略）

4 月 10 日【漫谈群晨景】

阎晓宏前群主开创
朱永新现群主创新
【委员风采】专栏
成了漫谈群里的"星光大道"

昨晚胡卫放光
今夜妹芝登场

中国战略，要找建国（戚）
中国国粹，要问建国（张）
漫谈群里，流光溢彩
委员履职，志在建国

4 月 13 日

精彩啊！漫谈群

（一）再读昨天群主发布的"漫谈群菜单"

每天早晨的晨读、下午茶依然精彩不断。欢迎按时继续参与。每天晚上的【委员风采】与党史讲座安排如下：

12 日 【委员风采】（6）

盛小云委员：《苏州评弹、风雅江南》，浅析苏州评弹艺术之美及其创新发展（昨夜听了，真是"上有天堂，下有苏杭。苏州评弹，天籁之音"。苏州评弹大家，在苏州等大家！）

13 日 【委员风采】（7）尚勋武委员：《小土豆大产业》

14—15 日 【党史学习】

何继良委员：《在党的诞生地 讲好建党故事 感悟建党精神》《红色金融铸伟业 薪火相传谱新篇》

16 日 【委员风采】（8）

沈开举委员：《我的履职故事——带着学术研究成果参政议政》

17 日 【委员风采】（9）

谷树忠委员：《我的委员履职心得体会》

18 日 【委员风采】（10）

赵梅委员：《向世界讲好中国故事》。每天晚上 8 点，漫谈群不见不散！

（二）据悉，永新群主还在精心策划组织在漫谈群的三场主题大辩论。

世光群主配合"中国共产党党史学习群"的六次专题讲座、六个红色资源省讲党史，正在本群陆续展开。

精彩纷呈，好戏连台。来此读书，兴味盎然。

4 月 17 日

【小喇叭】

4 月 18 日，今晚 7 时，公益演出："满天星业余交响乐团、国家图书馆、中共海淀区委宣传部——2021 海淀区全民阅读活动启动仪式暨满天星业余交响乐团音乐会"

4 月 20 日，后天晚上 7：30，公益演出："满天星业余交响乐团、国家图书馆——2021 世界读书日庆祝建党百周年音乐会"

4 月 21 日

昨晚，2021 年 4 月 20 日，满天星业余交响乐团、银杏合唱团、国家图书馆，在国图艺术中心，举行了"2021 世界读书日 庆祝建党百周年音乐会"。全国政协副主席刘奇葆，文化文史和学习委员会主任宋大涵，副主任刘晓冰、孙庆聚、修福金、李玉赋，以及政协常委陈世炬，原文化部部长蔡武，原外文局局长周明伟等出席。

读书读到国家图书馆，不亦乐乎；

读书读到互联网上，读到书香政协、书香社会中，不亦乐乎；

读书读到音乐里，读出"乐以和其声"，不亦乐乎；

读书读到百年党史中，伴着启步新征程，奋进民族伟大复兴，"兴于诗，立于礼，成于乐"，不亦乐乎！

音乐会在《把一切献给党》的大合唱，以及《歌唱祖国》的全场大合唱中结束。余音绕梁，大家长时间起立鼓掌，依依惜别。

刘奇葆副主席握着我的手说："来日方长，后会有期！"

4月24日

昨天漫谈群里的感动

昨天是世界读书日，关于读书，关于书香政协，关于"网上政协书院"一周年，漫谈群里热议纷纷。全国政协委员读书活动指导小组组长刘奇葆副主席的发言，讲了五条。

一石激起千层浪，五条唤来万花开。

奇葆副主席的发言如下：

今天是世界读书日。建设书香政协，就是要坚持读书，多读书读好书。推动委员读书活动持续深入开展下去，要认真落实汪洋主席指示精神，把读书群办成高质量的大学校。怎么办成"大学校"，我体会需要从几方面着力：

一是更加突出大平台功能。发挥网上书院读书群读书、交流、资政的平台优势和作用，引导委员共读共学、同思同享，共同提高、共同进步，实现"人人参与、人人收获、人人贡献"的读书活动目标。

二是更加注重博学与专攻。立足委员实际设置读书主题和组织讨论交流，满足不同委员的不同需要，增强读书效果和读书群的吸引力影响力。

三是更加体现学以致用。以读书学习促进履职实践，通过读书理性建言、知识资政。注重做好读书成果的收集、转化、运用、溢出等工作，为委员知情明政、在线议政创造良好条件。

四是更加强调办学质量。把质量要求贯穿到领读导读、线上研讨、线下交流、成果转化等各环节，落实到政协书院建设、读书智能平台建设等各项工作中，努力做到读书有方向、讨论有目标、建言有质量、成果有价值。

五是更加发扬协商民主好学风。进一步弘扬平等包容精神，努力营造畅所欲言、各抒己见、理性有度、合法依章的协商氛围，鼓励委员知无不言、言无不尽，在深入读书充分讨论中培育协商文化。

宋代学者黄庭坚说，人如三日不读书，则义理不交于胸中，对镜觉面目可憎，向人亦语言无味。有委员说，人生最浪漫的事，莫过于与阅读长相厮守。希望各位委员更加努力地读书，共建书香政协，助力书香社会！

昨天，在【国学群】里主持毛泽东诗词讨论的张连起群主，写了一首诗，感人肺腑，照录如下：

一个诗人
赢了一个新中国

马背上纸烟沉吟
二万五千里
成为最长的诗行

他把初心收进风里
把使命收进身后的岩石
把山的高度收进一首诗

他只轻轻一捻
一座山
就成了胜利的节点

那些被风打开的事物
硝烟和枪声

　　草鞋和眼泪

　　统统刻进二万五千里的足迹

　　而那些把生命留在路上的人

　　他们用伫望的目光

　　打量着前路

　　打量着继续行进的脚步

　　天高云淡，望断南飞雁

　　红色的足迹一次又一次穿越雪线

　　穿越今天

4月25日

漫谈群里，如诗如歌

　　再读汪洋主席发言：

　　汪洋主席在党史群里，以一员书友身份的精彩发言，昨天才看到。细细品味，回味无穷。

　　他说："一年前，习近平总书记做出重要批示：全国政协开展委员读书活动很有意义。一年来，委员们以实际行动证明了总书记的重要判断。实现了总书记期望：多读书，善读书，读好书。提高了自己的思想水平和能力素质，并带动和影响了各界别群众开展读书活动。一个有着5000多年文明的国家，读书传承着历史，书写着今天，塑造着未来。让我们继续努力，以不负时代！"

　　　　看我文明

　　　　5000年

　　　　读书

　　　　传承着历史

　　　　书写着今天

　　　　塑造着未来

让我们

继续努力

不负时代！

贺"建国说京剧—200"：

建国说京剧　先唱"开锣戏"

随风潜入夜　唱到"送客戏"

洋洋二百则　好花任你折

客人不想走　出书要一册

扬州美食美　京剧更销魂

来到漫谈群　国粹可提神

读丁元竹"社会关系、社会文明、社会建设漫谈—93"：

社会学家的眼光

天行健

地势坤

不仅要构建

"人类命运的共同体"

还应该建好

"人民生活的共同体"

4月27日

昨日漫谈群交流一瞥

@ 戚建国：

将军早上好

战略大参考

读【战略参考】之259

"修昔底德陷阱"提出者，也提出要正视残酷现实，不能眼睁睁看着大家一起毁灭。

记得 2014 年 1 月 22 日，《世界邮报》刊登了对中国国家主席习近平的专访。针对中国迅速崛起后，必将与美国这样的旧霸权国家发生冲突的担忧，习近平在专访中就明确向全世界宣告，"我们都应该努力避免陷入'修昔底德陷阱'，强国只能追求霸权的主张不适用于中国，中国没有实施这种行动的基因。"

@ 丁元竹：

> 只看经济看不懂
> 只讲经济行不通
> 经济学十政治学 = 政治经济学
> 经济学十社会学 = 社会经济学

明天读您的晨语，都感受到社会学家的高瞻远瞩和"先天下之忧而忧"

@ 朱永新：

> 读一本书
> 种一亩田
> 书本合上了
> 心田打开了

> 沙叶新，一书痴
> 朱永新，一书斋
> 苟日新，日日新
> 好群主，朱永新

@ 阎晓宏：

> 白天走，干，讲　晚上读，写，想
> "修改"更必要　真理要寻找

@ 刘新成副主席带队调研：

> 夜行调研到南宁　凌晨线上又读书
> 调研日行万里路　漫谈群里万卷书

@ 徐连林 @ 葛慧君：

一早爬楼补课，徐院长讲得精彩！葛主席画龙点睛。尚之老群主的心得，特别温馨到位。

早期共产党人有理想信念、有理论武装、有文化自信，他们为着心中的信仰赴汤蹈火、筚路蓝缕，其九死而未悔。正是这样一批早期共产党人，他们以自己的言行诠释了共产党人的精神内涵。

4月28日

漫谈群中读书漫谈

漫谈群中谈读书，如朱永新、吴尚之、阎晶明、戚建国、"丁伟等"……众书友多有精彩论断，金句不断。虽挤在楼梯里，一闪而过，却也掷地有声，值得品味。

摘大家金句，受大家启发，我也从今天开始，在漫谈群日记中，陆续谈谈这个话题。共9条，包括：

——回顾一年"网上政协书院"

——关于"一起读书"（录自阎晶明）

——关于"线下深入思考"（录自张小影）

——关于"组建阅读共同体的价值"（录自朱永新）

——关于"读书只为自己高兴"（录自朱永新）

——关于"数字阅读、手机阅读"（录自赵梅）

——关于"大学四年中国学生能力全面下降"（录自朱永新）

——关于"读书之两怕"（录自吴尚之）

——摘阎晓宏金句

4月29日

漫谈群的节奏（截录片断）

01.47　戚建国【战略参考】之263

04.08　吕世光【党史百年天天读】

05.11　朱永新【名家谈读书】之254

05.24　张妹芝爬楼"夙夜在学"

05.52　丁元竹晨语【社会关系，社会文明，社会建设漫谈】之97

06.20　吴尚之【委员读书专题调研手记】之五

06.12　吕世光【委员风采】（15—16）预告

06.48　叶小文【漫谈群晨景】

5 月 2 日

　　度假正是读书时　处处书友遍地书
　　晨起线上漫谈群　有朋远来亦悦乎

5 月 3 日

　　五一长假正逍遥　元竹晨语仍萧萧
　　苏州一杯咖啡后①　永新早读声郎朗

5 月 9 日

漫谈群六晨曲

元竹的"元理论"越讲越深刻　永新的"读书谈"天天都出新
尚之的"史之鉴"古人也温馨　连起的"连起看"连起魂与神
建国的"大战略"精彩总纷纷　来燕的"哲思语"润物细无声

漫谈群"三剑客"

　　多杰，在高原上高屋建瓴的思考
　　连珍，在生活中贯穿易理的妙语
　　为山，在雕塑中感动人类的大师

5 月 15 日

听朱永新转述"读诗五乐"

陶冶性情之乐。诗是言志抒情的东西，古人说："诗者，持也，持人性

---

① 《悠悠假日，去苏州喝杯咖啡?》（三联生活周刊），https://mp.weixin.qq.com/s/mDdAtvvr
XYsmLg_pV6AzkQ。

情。"这话总有三分道理。

扩大知识之乐。孔子教儿子学诗，认为可以多识鱼虫鸟兽之名。因为诗是通过形象来反映现实的。从历史、地理，到一切知识，诗歌都可以从不同的侧面反映到。所以读诗可得到旁通各门学问之乐。

卧游山水之乐。旧诗中有大量山水诗，全部写到了国内名胜。古人谓"诗中有画"，事实确是这样。读诗便如对卧游国。

培养英才之乐。孟子所谓"得天下英才而教育之，一乐也"。

以文会友之乐。"学而时习之，不亦说乎？有朋自远方来，不亦乐乎"。

读诗五乐，其乐融融。委员视察团在南昌、贵州，听张连起读诗，引吭高歌，不亦乐乎！

5月19日

【夏日　读书　养颜】

老者能返童　心静自然凉

读书亦养颜　日日有晨光

附一　七律 // 立夏 // 霜凝

岁逢立夏日抻长，气偷翻小院墙。

池里蛙鸣春已走，帐前蚊扰热尤狂。

淮阴胯下当需忍，西楚江边莫逞强。

为问清风何处是，思来心静自然凉。

5月22日

赞"巧合"

朱永新群主说，漫谈群发生了两件很"巧合"的事情：前些天，黄璐琦委员讲中医药事业，当天总书记到河南考察中医药事业。昨天，刘林、胡卫委员讨论民办社会培训机构健康发展问题，总书记在深改委上就此发表重要讲话。说明，咱们漫谈群和党中央想到一起去啦！

这种"巧合"，来自漫谈群的书友们心系天下，"先天下之忧而忧"，"居庙堂之高则忧其民，处江湖之远则忧其君"。

5月24日

【读书：线上？还是线下？】讨论之三（共9条）

关于"线下深入思考"

读书，来到线上，互联网＋读书，在线上建立若干读书群，委员们读书随时上线，昼夜书卷常开、灯火不熄，无疑是"线上政协书院"的一道最靓丽的风景线。

但读书，归根结底还要个人思考。线上一起读书，绝不是取代，而是有助于线下深入思考。

本群的待任群主张小影委员，曾介绍过一篇《经济日报》刊登的中国上市公司协会会长、中国企业改革与发展研究会会长宋志平的文章。这篇文章值得收藏、细读。

宋提出，"现代知识大爆炸使得我们淹没在知识碎片的海洋里，如果我们不进行专业知识的选择，就会使得大量时间用于浮浅地了解方方面面的信息，什么都懂点，什么都不精，大家都浮在表面，无法深入下去。""互联网社交对人们的影响，尤其是智能手机的使用，手机微信的应用，占用了人们大量时间。"的确讲得很有道理。

我赞成宋的主张："深度学习应保证每天有1—2个小时的阅读，这种阅读最好在晚上9、10点钟。深度思考应是在每天清晨醒来后，进行1—2个小时的思考，每个月也应选一个周末的一天作为'思考日'进行深入思考，每年选一整周的时间作为'思考周'进行深度思考。"

如何使二者结合好，这其实是关系到政协委员读书活动深入开展的大问题。所以我说：

> 宋文果然写得好，
> 只是"深读"讲深了。
> 信息时代新读法，
> 这个问题要探讨。
> 读书不必求强同，
> 坐着沉思也是悟。
> 漫谈群中几专栏，

天天跟读亦深读。

比如，戚建国将军的【战略参考】，朱永新群主的【名家谈读书】都已发到300则，天天跟读，对在战略问题上开阔眼界、对在读书问题上深入思考，真是善莫大焉，功莫大焉。

附　宋志平《为什么我不建议"秒回"信息？》（略）

5月28日

一篇文　一首歌

连续三天，发完了《面对市场经济的考验》一文，五千言，有点累。如此复杂的问题，以一己之功，说不清楚。幸得有漫谈群，可以到这里来"冒泡"。有几百位群友潜水在看，不会"说了也白说"。特别是老群主吴尚之立即回应："@叶小文 早晨好！通读《面对市场经济的考验》全文，主题重大，意义深远，阐述深刻，发人深省，为之点赞"，于是释然、欣然。

漫谈可以"不说白不说"，

但也最怕"说了也白说"。

书友马上评论加点赞，

于是欣然"白说也要说"。

接着，又读到现任群主朱永新的"每日读书笔记：音乐教育也是德性教育和群性教育"，转录如下：

叶圣陶在《略谈音乐与生活》中说，"音乐可以说是群性最丰富的艺术。单就声乐来说，你唱一支歌，无论自编的或现成的，只要你认认真真地唱，当一回事儿唱，你就宣泄了你的某种感情。人家听了你的歌，声入心通，也引起了某种感情。你跟人家不但形迹上在一块儿，而且感情上也融和起来了……我相信音乐教育必须特别着重它的群性；而一般人了解音乐，享受音乐，也必须特别着重这个群性。因为个人跟人家共哀同乐，小己扩而为大群，与大群融和。这就是生活进入了更高更充实的境界。"

叶圣陶先生对于艺术教育高度重视，对于音乐教育的"群性"特点也格外重视。首先，音乐的群性表现在它的互动性，表演者（演唱者）与欣赏者（聆听者）之间，本身就有种情感的沟通与交流，从而达到"个人跟人家共哀同乐，小己扩而为大群，与大群融和"的效果。其次，叶圣陶在这里没有提到的是，音乐本身也是一个最需要合作的领域，最能够培养"群性"的艺术样式。无论是乐队的各种乐器，还是合唱的各个声部，如果没有完美精确的合作，都难以有很好的效果。所以，让学生学习音乐，不仅仅是艺术教育，也是德性教育，群性教育，对于主动与人合作能力的培养，具有重要意义。

朱永新群主在漫谈群中注明，此文专为我发。的确，音教真有群性，音乐点亮人生。圣陶虽是略谈，圣言言简意深。

我也专为群主演奏一首《牧歌》，"白说"说不清楚的，不妨唱给你听。附演奏录像，虽"叶公临老方学琴"，音基本还是准的。

日前中国弦乐理事会成立，我参与到艺术家中，演奏了这首歌：

> 我和我的祖国，一刻也不能分割，
> 无论我走到哪里，都流出一首赞歌。
> 我歌唱每一座高山，我歌唱每一条河，
> 袅袅炊烟，小小村落，路上一道辙。
> 我最亲爱的祖国，我永远紧依着你的心窝，
> 你用你那母亲的脉搏和我诉说。
> 我最亲爱的祖国，你是大海永不干涸，
> 永远给我碧浪清波，心中的歌。

5月31日

> 昨晚太热闹　网络发烧了
> 如要来漫谈　最好赶大早
>
> 凌晨五点半　战略大参考
> 尚之发电报　思维的体操
>
> 折腾了一夜　不曲又不挠
> 永新好群主　捧出叶圣陶

吴尚之：群主和各位书友好！今天向大家推荐"共和国勋章"获得者、

中国工程院院士袁隆平《常做思维的体操》一文。该文发表于 2021 年 2 月
14 日的《人民日报》。作者谈到的读书故事、读书意义和读书的方法，读来
亲切感人，给我们诸多启示。

　　附　袁隆平《常做思维的体操》（略）。

6 月 6 日

芒种日仿陆游《时雨》

　　"即今幸无事，际海皆农桑。
　　野老固不穷，击壤歌虞唐。"①

　　晨起第一事，漫谈群里忙。
　　永新固不穷，少年读书郎。

　　漫谈群中漫谈，其中多少瑰宝。
　　尚之鉴古知今，载入《新华文摘》②

6 月 11 日

　　凌晨 6 时

　　　　@ 丁元竹 晨语声声皆深剖
　　　　@ 吕世光 党史百年天天读
　　　　@ 戚建国 战略参考观天下
　　　　@ 阎晓宏 爬楼体现责任心
　　　　@ 马朝琦 今晚再道陕北情
　　　　@ 朱永新 漫谈群里日日新

---

①　陆游《时雨》句。
②　当期封面标题《古人谈读书十则》，吴尚之。

6 月 14 日（端午节）

> 端午多睡一小时　晨起仍当为书痴
> 漫谈群里声朗朗　永新建国有好词

> 党史专栏今尤长　潇潇晨语正当时
> G7 欲代 G20　气喘吁吁步已迟

6 月 16 日

> 学习百年党史　回顾三大法宝
> 汪洋亲上党课　政治站位极高
> 统一战线根基　凝聚人心力量
> 人民政协重要　专门民主协商
> 百年风华正茂　委员也有担当
> 弘扬优良传统　共筑新的辉煌

　　昨天下午，汪洋主席给全国政协的党员委员上了一堂大党课"学习党的统一战线历史，强化党员委员政治责任意识"。这在政协史上，还是第一次。

6 月 20 日

叶小文应邀为南艺师生作党史学习教育专题辅导报告
南京艺术学院

　　6 月 8 日晚，十三届全国政协文化文史和学习委员会副主任叶小文应邀来到南艺，以"中国强起来的文化支撑"为题，为两百余名师生作了一场精彩的党史学习教育专题辅导报告。报告会由校党委书记杨明主持。校党委副书记、校长刘伟冬为叶小文颁发南京艺术学院客座教授聘书。

　　叶小文从"聚合磅礴伟力""坚实文化支撑"两个方面深刻阐述了推动社会主义文化繁荣兴盛的重大意义及实现路径。他指出，中华优秀传统文化、革命文化、社会主义先进文化是中华民族迎来从站起来、富起来到强起来伟大飞跃的重要支撑，为推动中华民族伟大复兴提供了强大的精神力量。

他通过分享自己在国（境）外开展文化交流的亲身经历，为我校师生生动诠释了中国共产党为什么能、马克思主义为什么行、中国特色社会主义为什么好，让大家直观感受到坚定文化自信的魅力和作为一名中国人的志气、骨气、底气。报告会现场气氛热烈，多次响起热烈的掌声。

杨明指出，一百年来，我们党一贯高度重视文化建设，高度重视运用先进文化引领前进方向、凝聚奋斗力量。特别是党的十八大以来，以习近平同志为核心的党中央，站在新时代坚持和发展中国特色社会主义、实现中华民族伟大复兴中国梦的全局和战略高度，创造性地提出文化自信的时代命题，把我们党对社会主义文化地位作用和发展规律的认识提升到一个全新境界。全校党员干部和广大师生要深入学习领会习近平总书记关于文化建设的重要论述，坚定文化自信，自觉用中华优秀传统文化、革命文化、社会主义先进文化培根铸魂、启智润心，努力攀登艺术高峰，在社会主义文化强国建设新征程中成就一番事业，不断为实现中华民族伟大复兴中国梦作出新的更大贡献。

校党委副书记、校长刘伟冬向叶小文颁发客座教授聘书。

在报告会开始之前，叶小文教授还为大家带来了《萨丽哈最听毛主席的话》等经典曲目的大提琴演奏。

全体校领导、两委委员、中层正职、辅导员及学生代表参加学习。

6月21日

叶小文为清华大学"唐仲英计划"公共部门基础课程暨清华大学"林枫计划"、TMS协会"百年联学"讲座授课

6月19日上午，"唐仲英计划"公共部门基础课程暨清华大学"林枫计划"、TMS协会"百年联学"讲座在旧经管报告厅举行，本次活动邀请到中央社会主义学院原党组书记、第一副院长（正部长级）叶小文作题为《聚合磅礴伟力，强化文化支撑——与青年学子谈党史学习与公共服务》专题报告。本次活动由清华大学马克思主义学院副教授、"林枫计划"指导教师邓喆主持。

讲座伊始，叶小文向现场的同学提示了讲座的主要脉络。他指出，"站

起来"要"文化自信";"富起来"要"文化涵养";"强起来"要"文化力量"。由此开启他对"睡狮"醒来"不咬人"、我到美国说宗教、追问美国"心中贼"、深入台湾地区夺民心四个主题的叙述和分享。

叶小文认为当前世界的走向是现代化和全球化。疫情冲击下世界经济正在下滑，经济复苏步履维艰；逆全球化浪潮正在蔓延，且部分西方国家竟然首当其冲。人类从来没有像今天这样感受到共同的威胁、共同的挑战，但也必然理性地看到，新一轮全球化还会到来。当今世界正经历百年未有之大变局。突如其来的新冠肺炎疫情再次表明，人类是休戚与共的命运共同体。面对各种复杂严峻的挑战，人类比任何时候都更需要加强合作，共克时艰、携手前行。

叶小文指出，中国这只沉睡的狮子已经醒了，但醒来的是一只爱好和平的狮子。今天在实现民族伟大复兴征程上的中华民族，正是如此真诚宽厚、坦坦荡荡地立足世界，"己所不欲勿施于人"，"己欲立而立人，己欲达而达人"。最后他总结道，现在是部分西方国家遏制中国的窗口期，必须要沉住气，接下来的 15 年是关键，恰如一首诗所说的："两岸猿声啼不住，轻舟已过万重山。"

叶小文还分享了他给美国牧师讲中国故事的经历和与美国人视频对话"涉疆问题"的经历。在反恐问题上，他有三点建议：一是搞不得"双重标准"；二是来不得"吹毛求疵"；三是"破山中贼易，破心中贼难"。最后，叶小文分享了他到台湾与"台独"势力争夺群众的亲身经历，并发出"天若有情天亦老，中华民族要统一"的呼唤。

讲座中场休息时，叶小文为现场师生演奏了大提琴。演奏结束，"唐仲英计划"、"林枫计划"、TMS 协会的同学就香港发展、文化认识、学习经历等相关问题和叶小文展开互动，交流热烈。问答环节后，邓喆老师代表活动主办方向叶小文赠送纪念品。

丁元竹 @ 叶小文："站起来要有文化自信，富起来要有文化涵养"，精辟。

叶小文 @ 丁元竹："还有一句：强起来要有文化力量，复兴梦要有文化支撑。"

友谊宾馆正候会　群主将军好斗诗

漫谈晨景看不尽　　隔窗犹闻读书声

6月22日

济宁市政协党史学习教育专题报告会暨2021年济宁"政协讲座"举行，叶小文作专题报告

6月4日上午，济宁市政协党史学习教育专题报告会暨2021年济宁"政协讲座"在济宁圣都会议中心举行，邀请全国政协文化文史和学习委员会副主任叶小文作专题报告。

报告会上，叶小文以《聚合磅礴伟力　坚实文化支撑》为题，紧密联系政协工作和统一战线实际，从中华优秀传统文化的角度解读党史，对坚守政治圆心画好最大同心圆、聚合人民磅礴伟力作了深入阐释。并结合自己的工作经历，对如何正确处理好"一致性"和"多样性"的关系，找到最大公约数，画出最大同心圆，作了精彩讲解。叶小文指出，实现中华民族伟大复兴的中国梦，需要保持强大定力、聚合14亿中国人民的磅礴伟力。聚合，首先是"聚"，聚起来的领导核心就是作为中流砥柱和主心骨的中国共产党，要以党的坚强领导和顽强奋斗，激励全体中华儿女不断奋进；还要善"合"，坚持和而不同，求同存异，找到最大公约数，画出最大同心圆。要发挥好人民政协作为统一战线组织的功能和优势，加强思想政治引领工作，钉牢政治底线这个圆心，把包容的多样性半径拉长，凝聚起同心共筑中国梦的磅礴力量。叶小文指出，没有高度的文化自信，没有文化的繁荣兴盛，就没有中华民族的伟大复兴。"站起来"要"文化自信"，"富起来"要"文化涵养"，"强起来"要"文化力量"。要更加坚定文化自信，深入挖掘中华优秀传统文化蕴含的思想观念、人文精神、道德规范，从中华民族五千年绵延不断的历史文化中汲取营养，积极培育和践行社会主义核心价值观，更好地构筑中国精神、中国价值、中国力量。报告深入浅出、形象生动，思想深刻、内涵丰富，既有理论高度，又有很强的针对性、指导性，博得全场听众多次热烈掌声。

张继民在主持报告会时要求，要认真学习领会叶主任报告的深刻内涵和意义，深刻理解"聚合首先是'聚'，还要善'合'"，理解把握好"和而不同"的多重境界，深刻认识中国人民的力量、中华民族站起来、富起来到

强起来的伟大飞跃的真理所在，深刻领悟中国共产党为什么能、马克思主义为什么行、中国特色社会主义为什么好，进一步增强"四个意识"，坚定"四个自信"，做到"两个维护"，充分发挥人民政协重要阵地、重要平台、重要渠道作用，筑牢统一战线政治"圆心"，画好更大同心圆，引领各界群众坚定听党的话、跟着党走。要更加坚定自觉地加强习近平新时代中国特色社会主义思想武装，做到学思用贯通、知信行统一，更加卓有成效地开展政治协商、民主监督、参政议政，努力为中华民族伟大复兴更多担当，做出更大贡献。要深入扎实地开展好政协党史学习教育，抓实抓好专题学习、主题党课、主题党日学习活动，开展常委专题培训、委员读书活动，注重发挥好政协文史馆在党史学习教育中的独特作用，认真开展"我为群众办实事"实践活动，更好地践行人民政协为人民的初心使命，以优异成绩迎接中国共产党成立100周年。

市、县政协主席会议成员，住济省政协委员，市政协常委，市政协界别委员活动组组长，住济宁城区市政协委员，任城区、兖州区政协委员，市有关部门负责人、部分专家学者代表和市政协机关党员干部共500余人聆听报告。

6月23日

公益活动 | 满天星业余交响乐团·国图艺术中心——1921—2021庆祝建党一百周年专场音乐会
国图艺术中心

为庆祝中国共产党成立100周年，发挥国图艺术中心视听阅览服务阵地作用，创新服务方式，开展党史学习教育活动，国图艺术中心特别策划"七一"系列活动，邀请满天星业余交响乐团7月2日带来"满天星业余交响乐团·国图艺术中心——1921—2021庆祝建党一百周年专场音乐会"，7月3日特邀电影《白毛女》《党的女儿》主演、著名电影表演艺术家田华举办"致敬经典·艺术里的红色记忆"——公益讲座"永远做党的好女儿"；7月4日举办"致敬经典·艺术里的红色记忆"——电影展映《青春之歌》，特邀该片主演、中国电影金鸡百花终身成就奖获得者谢芳与著名男高音歌唱家张目夫妇到场与读者和观众现场交流，带领读者和观众追寻革命足迹，重温红色精神，献礼建党百年华诞。

活动信息

演出名称：满天星业余交响乐团·国图艺术中心——1921—2021庆祝建党一百周年专场音乐会演出时间：2021年7月2日（周五）19：30

演出地点：国图艺术中心·音乐厅

指挥：王琳琳（青年指挥家）

演出：满天星业余交响乐团

曲目单

1.《红旗颂》｜吕其明作曲

2.《我的祖国》｜刘炽作曲　曹鹏编曲

小提琴二重奏　演奏：叶志明、段轮一

3.《雷电波尔卡》｜[奥]约翰·施特劳斯作曲

4.《浏阳河》｜徐叔华作词　朱立奇、唐璧光作曲

　　　　　女声独唱　演唱：沈杰

5.《珊瑚颂》｜赵忠、钟艺兵、林荫梧、单文作词

　　　　　王锡仁、胡士平作曲

　　　　　竹笛独奏　演奏：韩长赋

6.《唱支山歌给党听》｜焦萍作词　朱践耳作曲

　　　　　　女高音独唱　演唱：陈思曼

7.《映山红》｜傅庚辰曲　桂习礼改编　陈丹布配器

　　　　　扬琴独奏　演奏：刘月宁

8.《如歌的行板》｜[俄]柴可夫斯基作曲

　　　　　　大提琴独奏　演奏：叶小文

9.《天鹅》｜[法]圣桑作曲

　　　　　　大提琴齐奏　演奏：叶小文、夏德仁、张克萍等

　　　　　　钢琴伴奏：盛聪

10.《井冈山上太阳红》｜夏宗荃编曲　江友正配伴奏

　　　　　　　小提琴齐奏　演奏：一、二提部分演奏员

　　　　　　　钢琴伴奏：盛聪

11.《崧泽亚拉》| 丁晓里改编

12.《北京喜讯到边寨》| 郑路、马洪业作曲

* 注：所有参演人员、节目及顺序均以现场演出为准

6月27日

叶小文来晓庄学院做专题辅导报告

晓庄学院是陶行知先生创办的。

6月11日下午，我校在九教国际学术报告厅举行砚湖讲坛第九期人文素质讲座，中国人民政治协商会议第十三届全国委员会文化文史和学习委员会副主任叶小文应邀来校作题为"中国强起来的文化支撑——学习百年党史的体会"的报告，全体在校领导、全校处级干部、师生代表参加学习，讲座由校党委副书记孙文主持。

报告会开始前，叶小文副主任同我校传播科学与艺术学院陈佳子老师合作演奏《天鹅》《萨利哈之歌》《如歌的行板》三首名曲。叶小文的大提琴与陈佳子的钢琴二重奏，时而深沉、时而激荡、时而细腻、时而铿锵。大提琴和钢琴声余音绕梁，为我校师生呈现了一场精彩纷呈的视听盛宴。

报告会上，叶小文自身工作经历和经验，用生动的案例，从"站起来"要"文化自信"、"富起来"要"文化涵养"、"强起来"要"文化力量"三个方面进行了全面系统深入的讲解，深刻阐述了"文化自信"在国家民族发展进程中，在社会生活以及国际大舞台上发挥的重要作用。讲座充满浓厚的人文情怀，立意高远、旁征博引、论述精辟，既富于激情，又充满情趣，深入浅出，讲解幽默风趣，既充满理性智慧，又饱含家国情怀，深深感染了在场聆听的每一个人。

最后，孙文在总结中就如何坚定文化自信提出三点意见：一是要把百年党史中孕育的红色文化作为党史学习教育的重要内容，教育引导全体党员干部和广大师生发扬红色传统、传承红色基因。二是要在坚定"四个自信"中凸显文化自信，做好立德树人文章。三是要进一步发挥高校文化传承与创新的重要职能，贯彻落实好习近平总书记关于加强和改进国际传播工作重要论述。

本次报告会为我校师生把握正确方向，坚定文化自信，自觉用中华优秀传统文化、革命文化、社会主义先进文化培根铸魂，启智润心提供了很好的辅导和强有力的指导。与会师生纷纷表示，这样形式丰富的讲座很有吸引力，要进一步坚定文化自信，推动社会主义文化繁荣兴盛，为实现中华民族伟大复兴的中国梦不懈奋斗。

6月28日

喜迎百年七一抒怀

千载一时　一时千载
翘望七一　青春永在

百年建党　千年兴邦
人民江山　万年辉煌

6月30日

爬楼补读昨晚张震宇委员关于科研体制改革，优化创新环境的思考与探索，抓住了科研体制与科技创新的关键问题，引起了大家的共鸣。朱永新群主的主持，阎晓宏老群主和金永伟、陈贵云、丁元竹、沈开举、马萧林、王济光、祁志峰等各位委员的讨论，非常精彩，击中要害。

我们的社会主义制度，我们的举国体制，都有极大的优越性，但要具体到深入进行科研体制改革，大力优化创新环境，解决好那些"卡脖子"的问题，才能真正把这些优越性用出来、发挥好，"使好人充分做好事"。正如邓小平同志的名言，"这些方面的制度好可以使坏人无法任意横行，制度不好可以使好人无法充分做好事，甚至会走向反面。"

7月1日

七一抒怀

清晨，迎着朝阳，

我奔向天安门广场。

"为什么我的眼睛常含泪水，
因为我对这片土地爱的深沉。"

为什么昨天彻夜无眠，
因为今天是党的百年诞辰。

伟大的党，永远"人民至上"，
每个党员，崇尚"人格高尚"。

党的力量，来自"人心所向"，
党和人民，万寿无疆，前程无量！

党和人民
——学习七一讲话

历史和人民选择了中国共产党。
中国共产党不负历史，不负人民。

中国共产党始终以史为鉴、开创未来；
中国共产党坚持人民为上，代表人民。

中国共产党永载青史，永垂青史，
立志于中华民族千秋伟业，百年恰是风华正茂！

伟大、光荣、正确的中国共产党万岁！
伟大、光荣、英雄的中国人民万岁！

人民至上　人格高尚　人心所向
——学习习近平总书记七一讲话

在党的百年诞辰之际，习近平总书记在天安门城楼上庄严地向历史、向中国、向世界宣布："中国共产党一经诞生，就把为中国人民谋幸福、为中华民族谋复兴确立为自己的初心使命。一百年来，中国共产党团结带领中国人民进行的一切奋斗、一切牺牲、一切创造，归结起来就是一个主题：实现中华民族伟大复兴。"

历史和人民选择了中国共产党。中国共产党不负历史，不负人民；始终以史为鉴，开创未来；坚持人民至上，代表人民。

我谈三点体会：中国共产党坚持"人民至上"，每一个党员都崇尚"人格高尚"，党的力量来自"人心所向"。

中国共产党坚持"人民至上"

中国共产党人的初心和使命，就是为中国人民谋幸福，为中华民族谋复兴。这个初心和使命是激励中国共产党人不断前进的根本动力。中国共产党永远与人民同呼吸、共命运、心连心，永远把人民对美好生活的向往作为奋斗目标，以永不懈怠的精神状态和一往无前的奋斗姿态，朝着实现中华民族伟大复兴的宏伟目标不懈奋进。习近平总书记说，"中国共产党根基在人民、血脉在人民、力量在人民。中国共产党始终代表最广大人民根本利益，与人民休戚与共、生死相依，没有任何自己特殊的利益，从来不代表任何利益集团、任何权势团体、任何特权阶层的利益。"立党为公、执政为民，以人为本、以民为重，中国共产党全心全意为人民服务，把最广大人民根本利益作为党全部工作的出发点和落脚点，不断实现好、维护好、发展好最广大人民根本利益。

每一个党员都崇尚"人格高尚"

中国共产党有 9500 多万党员。党要求每一个共产党员，都要坚定信念，不忘初心、不移其志，以坚忍执着的理想信念，以对党和人民的赤胆忠心，把对党和人民的忠诚和热爱牢记在心目中、落实在行动上，为党和人民事业奉献自己的一切乃至宝贵生命，为党的理想信念顽强奋斗、不懈奋斗；都要对人民饱含深情，心中装着人民，工作为了人民，想群众之所想，急群众之所急，解群众之所难，密切联系群众，坚定依靠群众，一心一意为百姓造福，以为民造福的实际行动诠释共产党人"我将无我、不负人民"的崇高情怀；都要把许党报国、履职尽责作为人生目标，不畏艰险、敢于牺牲，苦干实干、不屈不挠，展示共产党人无私无畏的奉献精神和坚忍不拔的斗争精神；都要保持共产党人艰苦朴素、公而忘私的光荣传统，不以功臣自居，不计较个人得失，不贪图享受，守纪律、讲规矩，明大德、守公德、严私德，清清白白做人、干干净净做事，做到克己奉公、以俭修身，永葆清正廉洁的政治本色。

这就是共产党人的高尚人格，是每一个共产党员都崇尚和努力践行的高尚人格。共产党人因此拥有人格力量，共产党必然赢得民心，共产党之所向，就是人心所向。

习近平总书记说，"全体中国共产党员！党中央号召你们，牢记初心使命，坚定理想信念，践行党的宗旨，永远保持同人民群众的血肉联系，始终同人民想在一起、干在一起，风雨同舟、同甘共苦，继续为实现人民对美好生活的向往不懈努力，努力为党和人民争取更大光荣！"党中央的号召，再次重申了每个共产党人都要崇尚和践行的高尚人格。

党的力量来自"人心所向"

这是人民的党，这是有人格力量的党，这必然是人心所向的党。中国共产党的力量，来自14亿人民的"人心所向"。

中国共产党始终是中国工人阶级的先锋队，同时是中国人民和中华民族的先锋队。两个先锋队体现的先进性，也是共产党千锤百炼的优秀品格。一百年来，中国共产党团结带领人民在中国这片古老的土地上，书写了人类发展史上的壮丽史诗。一番番"障百川而东之，回狂澜于既倒"的历练，证明党的先进性，证明无数优秀共产党人始终在实践这种先进性。

成就辉煌、历史确证、人民拥戴、世界瞩目，但党却异常清醒地告诫自己：保持"人心所向"，就要守住人心。守住人心，就是守住人民的民心，就要守住自己的初心。"江山就是人民、人民就是江山，打江山、守江山，守的是人民的心。""初心易得，始终难守"，不忘初心、牢记使命不是一阵子的事，而是一辈子的事，每个党员都要在思想政治上不断进行检视、剖析、反思，不断去杂质、除病毒、防污染。先进性也不是一劳永逸、一成不变的，过去先进不等于现在先进，现在先进不等于永远先进。不能让鲜花掌声淹没群众意见，不能让成绩数字掩盖存在问题，不能让发展成就麻痹忧患意识。要常怀忧党之心，恪尽兴党之责。

中国特色社会主义进入新时代，我们比历史上任何时期都更接近、更有信心和能力实现中华民族伟大复兴。我们千万不能在一片喝彩声、赞扬声中丧失革命精神和斗志，逐渐陷入安于现状、不思进取、贪图享乐的状态，而是要牢记船到中流浪更急、人到半山路更陡，要把不忘初心、牢记使命作为加强党的建设的永恒课题，作为全体党员、干部的终身课题。"勇于自我革命是中国共产党区别于其他政党的显著标志。我们党历经千锤百炼而朝气蓬勃，一个很重要的原因就是我们始终坚持党要管党、全面从严治党，不断应对好自身在各个历史时期面临的风险考验，确保我们党在世界形势深刻变化的历史进程中始终走在时代前列，在应对国内外各种风险挑战的历史进程中始终成为全国人民的主心骨！"

习近平总书记说，"过去一百年，中国共产党向人民、向历史交出了一份优异的答卷。现在，中国共产党团结带领中国人民又踏上了实现第二个百年奋斗目标新的赶考之路。"

时代是出卷人，我们是答卷人，人民是阅卷人。"路漫漫其修远兮，吾将上下而求索"。中国共产党不忘初心、继续前进，永远保持谦虚、谨慎、不骄、不躁的作风，永远保持艰苦奋斗的作风，勇于变革、勇于创新，永不僵化、永不停滞，与时俱进、与民同在，继续在这场历史性考试中经受考验，努力向历史、向人民交出新的更加优异的答卷！

习近平总书记说，"一百年前，中国共产党的先驱们创建了中国共产党，形成了坚持真理、坚守理想，践行初心、担当使命，不怕牺牲、英勇斗争，对党忠诚、不负人民的伟大建党精神，这是中国共产党的精神之源。""一百年来，中国共产党弘扬伟大建党精神，在长期奋斗中构建起中国共产党人的精神谱系，锤炼出鲜明的政治品格。历史川流不息，精神代代相传。我们要继续弘扬光荣传统、赓续红色血脉，永远把伟大建党精神继承下去、发扬光大！"

精神之源，代代传承。精神谱系，川流不息。中国共产党坚持"人民至上"。每一个党员都崇尚"人格高尚"。党的力量来自"人心所向"。这就是伟大的人民的党，永远有人格力量的党，人心所向、百年恰是风华正茂的党。

"此心光明，亦复何言"。党和人民，万寿无疆。民族复兴，前程无量。

7月2日

红旗颂　吕其明　满天星

今天晚上，19:30，满天星业余交响乐团将在国家图书馆艺术中心，举办庆祝中国共产党百年诞辰交响音乐会。开场曲，演奏七一勋章获得者吕其明同志的《红旗颂》。

吕其明同志为此专门发来祝贺，请中国音乐家协会韩新安副主席转交乐团（见微信视频）。

又来信如下：

尊敬的叶小纲主席，韩新安书记，你们好！刚刚得知你们发来祝贺，十分感谢！同时有那么多老领导、老首长（三高乐团）都发来祝贺，真是受宠若惊，也麻烦您向他们问好致谢！他们能演奏我的《红旗颂》是我的荣幸，祝他们演出取得圆满成功！身体健康、万事如意！

吕其明

吕其明，男，汉族，1930年5月生，1945年9月入党，安徽无为人，上海电影制片厂艺术委员会原副主任。新中国培养的第一批交响乐作曲家，著名电影音乐作曲家，坚持歌颂党、歌颂祖国、歌颂劳动人民。70年来先后为《铁道游击队》《焦裕禄》《雷雨》等200多部（集）影视剧作曲，创作《红旗颂》《使命》等10余部大中型交响乐作品，300多首歌曲，《弹起我心爱的土琵琶》等歌曲广为传唱。荣获"全国离退休干部先进个人"等称号和"中国音乐金钟奖终身成就奖"。

2021年6月29日，习近平总书记为吕其明等颁授中国共产党的最高荣誉——七一勋章！

7月10日

日记漫谈群　今天已一年

委员读书漫谈群是汪洋主席亲自倡导、刘奇葆副主席亲自指导设立的。从去年7月10日开群，到今天正好一年。已连续五期，有六位群主（第五期是双群主）轮番上阵挂帅，诸多委员（包括全国政协领导）不断上线读书，好多专栏已经成为品牌，专题讨论常有风生水起，【委员风采】每天熠熠发光，昨天永新群主谢幕余音绕梁。在全国政协委员读书群中，构成了一道连续不断、天天好看、漫而不散、精品多多的靓丽的风景线。

我在这个读书群的"保障群"里打工。为了做好"保障"工作，要"全天候"天天盯住，时时加油，还要发点体会，做些点赞，不时凑几句半文不白、无韵无仄的"小文体"打油，每天送一道可看可不看的"下午茶"填空。在群主面前，在众位委员书友面前，我的角色，充其量就是个"大王派我来巡山，背起我的锣打起我的鼓"，到处转悠到处吆喝的"小妖"啊。于是，在群里发了一年的《漫谈群晨景》《漫谈群日记》摇旗呐喊。

朱永新群主鼓励我，每天写一千字，坚持一年，也会出奇迹。今天一大早，朱永新又在《每日读书笔记：写读书笔记是督促自己认真阅读的一个好办法》中说，"不动笔墨不看书。这也是中国古人特别强调的读书方法。为什么叶圣陶先生如此强调用写读书笔记的方法来读书？因为真正的思考是从写开始的。学而不思则罔，思而不学则殆。如果没有思考的介入，阅读的效果就会打折，甚至毫无成效。叶圣陶先生以吃东西为例，如果没有咀嚼，囫囵吞枣，就很难消化吸收，甚至弄坏了肠胃。只有细嚼慢咽，才能充分消化吸收营养精华。写读书笔记，就是吃东西时的细嚼慢咽。通过写作，理清阅读的头绪，故事的情结、思想的逻辑，自然就能够更深刻地理解，更牢固地记忆。"

每天要写出让自己有味道、让人家还看得下去、能够有以告人信息的一千字，也不胜其烦，要搜索枯肠啊。实在写不出来，就摘录一点书友的妙言金句。一年下来，凑起一看，竟也有36万字了（不含"下午茶"的30余万字）。敝帚自珍，整理编辑，或许还能编出一本书呢。

开展政协委员读书活动一年，我已出过《书香政协百日漫游》《处处书友遍地书》两本书。现在"一鼓作气，再而衰，三而竭"，争取能出第三本。

第六期委员读书已经开张，我再来唠唠叨叨，就是狗尾续貂，让人心烦了。就此打住。

我当过国家宗教事务局局长，比较喜欢佛经。特选择"如何守住初心，不妨参考佛经"，并引第五期国学群群主张连起的如诗如歌的小结，作为结语。

如何守住初心？不妨参考佛经，有如是言：

应以善法，扶助自心；应以妙法，沉静自心；应以精进，坚固自心；应以忍辱，卑下自心；应以禅定，清净自心；应以智慧，明利自心；应以平等，广博自心；应以无所畏，明照自心。

附《戚建国将军引佛经谈"初心"》（略）

7月10日

【湖南民歌新唱】

新一期漫谈群开张，张小影女士新任群主。

在线上见到尚之、丁伟、晓宏、永新、世光等一堆老群主蜂拥而至。

现任群主：妹妹要过河，哪个来背我嘛？

众老群主：还不是我来背你嘛！

二、与书友对话

11 月 1 日

在 10 月 16 日《朗读者》第三季启动仪式上，全国政协文化文史和学习委员会副主任叶小文在致辞中曾说："新一季的《朗读者》从一档电视文艺节目进化为跨媒体传播的内容矩阵，先声夺人，着实不得了。有谁没有过书声琅琅的生命记忆呢？就像德国诗人海涅的一句话，思想走在行动之前，就像闪电走在雷鸣之前一样。那个闪电就是朗读。让我们一起来朗读，读出人类的智慧，读出生命的意义，读出时代的火花！"[1]

11 月 22 日

清早，遥望将军敬一个军礼
是当兵人的习惯
清早，上漫谈群读几个专栏
是读书人的爱好

这里有战略家的战略参考
这里有大变局的敏锐信号
这里有"文化之树"的"复杂枝叶"[2]
这里有数不尽的奇珍异宝

从《易经》元典到《易》卦密码
从家庭教育到民族兴旺
从人工智能到人类明天

---

① 详见《叶小文：让我们一起朗读，读出时代的火花——CCTV 光华锐评》。
② 丁元竹教授的一则读书笔记："许多人及学界都认为，东西方文明包括东西亚文明起源不应是一个标准，应像是一棵树上的树叶既各个相似又各个不同。"出生于德国的著名人类学家兼语言学家、普通人类学的创始人、美国描写语言学的先驱弗朗茨·鲍阿斯（Franz Boas，1858—1942）受到了拉策尔的启示，把人类学与历史看成一株"文化之树"，这个文化之树有着复杂的枝叶，它们互相联结并产生新的"分枝"："第一分枝"代表一个独特的而不同的文化整体，要了解这个文化整体必须从其本身所特有的文化区位入手，探索各地的文化与制度。人类历史上有几大古代文明，包括中国古代文明、古印度文明、古希腊文明等，都类似鲍阿斯所说的"第一分枝"。

漫谈群里真是百花齐放

11 月 23 日

　　各位大家关于卦爻是不是文字的讨论，观点犀利、见解深刻，尤其是立定所见、攻坚如石、火石电光一般的磋切，也恰是协商文化的真实体现。我作为问题的提出者深受启迪，也颇为感奋。这也说明，政协书院既是课堂也是论坛，并且是高水平的课堂和论坛。①

> 人猿相揖别
> 只几个石头
> 磨过小儿时节
> 文字从何起
> 卦爻是否字
> 文明何以断
> 标准如何定
> 火石电光
> 磋磋切切
> 漫谈群中争辩热
> 思无尽
> 夜已深
> 歌未竟
> 东方白
> 协商文化
> 政协文明
> 由此也可一瞥

---

① 摘录刘奇葆副主席语。

11 月 26 日

"小文体"授奖辞
（阎晶明撰辞）

作为"委员读书漫谈群"最活跃的表达方式，"小文体"让漫谈群从众多读书群中卓然而立。它亲切自然，不以身份讲求说话口吻，不以亲疏论对话远近。平等交流是它广受欢迎的重要原因。它既有亲切的勉励，又有善良的讥讽；它既不弃片言只语的"小文"，又不以已成"体统"而自居自傲；它有发明人和首创者，但后来者在比学中大有赶超之势；它时而以轻度挖苦与善意讽刺同他人对话，然而它最杰出的品格，是操持者敢于、勇于、善于自黑。为了能博得群中友人一笑，小文体的主人常常大无畏地牺牲自己。它有格式，但从不强求格律，它从不因就范成规旧律而限制自己的表达。用平仄律令束缚小文体是徒劳的，自由是它的生命，刻意的格式是它笑对语词的胸襟。

有鉴于此，三任群主一致决定，授予小文体最佳流行语之金奖！

11 月 27 日

多杰热旦 @ 叶小文：赞同给小文体定标。

认证颁奖：小文体符合漫谈语言形式，生动活泼亲和力强，在调侃诙谐之间表达思想，调和关系，点评切磋，引领学习；在轻松愉悦的氛围中促进交流，增长知识，形成共识，协商文化的色彩浓。

叶小文 @ 多杰热旦 @ 阎晶明：

晶明奖辞"小文体"　主席定标"小叶体"
主席亲切又准确　其实小文本无"体"

漫谈群里书友多　人人一身好武艺
无论老叶和小叶　跟着学习好欢喜

读戚将军转载日本学者评美国大选言论有感

川普加速美国衰落　拜登延缓美国衰落

不管换人还是换马　　止不住的惯性衰落

回光虽然还会反照　　日本学者也如是说

流水落花春去　　大势美国衰落

12 月 11 日

【培育协商文化：引导和指导】

12 月 10 日，刘奇葆副主席发言摘录：

@丁伟群主：朱永新副主席主持的【家庭教育主题周】读书讨论，议题为大众所关心，讨论为大家所关注，议题设置有针对性，讨论交流有锐度，相信参与者都会有收获。这是一次成功的读书讨论活动，希望多开展一些有主题的讨论，丰富读书形式，培育协商文化，把读书资政引向深入。

书友点评摘录：

奇葆主席亲切鼓励　　漫谈群中正开奇葩

永新主持专题讨论　　探索培育协商文化

奇葆副主席在肯定【家庭教育主题周】研讨成功的同时，对今后加强高质量的读书活动提出了明确要求。我们一定认真落实奇葆主席的指示，不断提高读书学习的水平，使网上读书活动与培育协商文化更好地结合起来！（丁伟）

感谢 @刘奇葆 主席对【家庭教育主题周】读书活动的鼓励。我们将按照您的要求，继续努力，培育协商文化，把读书资政引向深入。（朱永新）

@刘奇葆 感谢奇葆主席对【家庭教育主题周】读书活动的肯定和鼓励。这既是一次读书活动的深入交流，也是一次培育协商文化的有益尝试。（吴尚之）

@刘奇葆 谢谢奇葆主席对漫谈群的关心和肯定。奇葆主席对教育高度重视，对读书活动与议政关系提出了新要求，为读书活动指明了方向。

奇葆主席提出要结合更多的话题和读书形式，丰富读书活动，进一步把讨论引向深入，给我们提出了新任务、新要求，我们一定要努力探索新形式、新要求，进一步做好读书工作。（丁元竹）

12月16日

"天时"漫谈——时间已经站到了中国一边

前两天有委员在群里说，一位易学家称，美大选还有变数。昨天终于"尘埃落定"，"变"不了了。别了，川普！

但当今世界的确正面临百年未遇之大变局，黑天鹅，灰犀牛，层出不穷，很难说从美国还会飞出什么幺蛾子。

那位易学家此次未能测准，毕竟美国的政治太复杂。但易学中常谓之"天时"，却是测得准的。

昨《张连珍谈易经》已收笔，但树贤尚在续谈。晨又读将军【战略参考】，取其题，也仿谈一段，如下：

川普开启了
"不靠谱"的
美式进程
虽然大选
尘埃落定
但这样一个大国
已是"动静皆失其时"
充满凶险之变数
难逃衰落之劫数

天之道
损有余而补不足

天之理
就在元典之中

天理在
君子坦坦荡荡

天机到
君子当机立断

天行健
君子自强不息

天时，正助我中华
且看我，如何迈步

12 月 17 日

不说告别珍连珍

政协神奇读书网　引出主席张连珍
中共之中一高干　攻读易经研学深

双双瓦雀行书案　点点杨花入砚池
闲坐小窗读周易　不知春去几多时

口若悬河吐莲花　妙解二百四十一
极高明而道中庸　时中之道亦称奇

不说告别珍连珍　今日连珍要收笔
预报出书好消息　连珍说易要结集

一石激起千层浪。众书友纷纷点赞，如丁伟群主的点赞：

从 8 月份开始，四个多月来，张连珍主席为漫谈群精彩讲授《易经》思想 241 期，为大家了解《易经》，学习《易经》提供了极佳的引导、指导和启迪。谨代表漫谈群所有书友，向您真诚地说一声：谢谢！

戚建国将军的点赞：

深入浅出的解疑释惑，富有哲理的人生感悟，
充满善美的良知祝语，蕴涵初心的家国情怀。

多杰热旦主席的点赞：

感谢张连珍主席从 8 月份以来，在委员读书平台上连续精彩讲解《易经》思想 241 期，讲授内容之博大精深，授课方式之生动活泼，联系实际之与时偕行，今人影响极为深刻，唤醒了我们对国学知识的热爱，强化了对中华智慧的敬崇，极大地增强了文化自信。在此，对张主席的博大精深和无私奉献表示崇高的敬意！

刘晓冰副主任的点赞：

虽然已经知道 @ 张连珍 主席将于近期结束《易经》的讲解，但是今天真的看到张主席在第 241 期的最后充满感情的告别辞时，还是很不舍和感动！从盛夏 8 月到岁末寒冬，从金陵古城到西南边境，张主席一字一句亲笔写下的《易经》解读伴我们走过了夏秋冬！张主席解的是《易经》，悟的是人生。天地万象、广大精微，目光高远宏阔，落笔却从不虚空。家国情怀、人生哲理，世事洞明。谢谢张主席，跟着您开启了我的《易经》学习启蒙，不仅学到了真经，更学到了您从不懈怠、严谨求实的精神！量子纠缠不能停啊。

张其成大师的点赞：

赞连珍说《易》

一画开天地，阴阳贯古今。

开启中华源，铸就民族魂。

易贯儒道禅，道统天地人。

古智能今用，解说有连珍。

黄树贤部长的点赞和联想：

祝贺张连珍主席讲《易》成功。连珍主席连续讲《易》，体悟深刻，见解精辟，结合现实，运用自如，每日阅之，受益匪浅。

我就《易经》中的万物交感思想谈一点学习体悟。万物交感思想，内涵丰富，博大精深，包罗万象，回味无穷。

万物交：交流，交换，交易，交往，交谈，交心，交代，交通，交道……

交则感：感觉，感受，感情，感谢，感恩，感怀……

感则应：应答，应对，应付，应用，应变，应当，应急，应聘，应酬，应邀……

应则通：通过，通途，通知，通用，通道，通往，通明……

通则和：和平，和气，和好，和睦，和顺，和风……

和则安：安全，安心，安好，安慰，安静，安稳……

安则定：定心，定神，定情，定制，定格，定位，定理……

万物交感思想是《易经》的核心要义，存在于一图二仪四象八卦六十四卦之中，体现了世界万事万物的相互关系。试以夫妻相互关系为例，夫妻交感往往表现为：相遇、相约、相感、相亲，相恋、相爱、相知、相信、相处、相应、相通、相和、相安、相融、相守……

夫妻交感的最佳境界是：

互相平等，互相尊重；

互相理解，互相信任；

互相关心，互相体贴；

互相安慰，互相鼓励；

互相爱护，互相帮助；

互相学习，互相砥砺；

互相适应，互相欣赏；

互相谦让，互相包容；

互相依靠，互相感恩。

@@@@@……

12月20日

协商文化一瞥

汪洋主席一直在和我们一起读书、一起讨论。他昨天又在漫谈群里发言了：

断断续续地看了《装台》，与诸位有同样看法。那种生活的气息扑面而来，那么熟悉、亲切。群众的勤劳、善良、无奈，还有面对困难的奋斗和小狡黠，展现了生活的真实！尤其是演员的选择，尊重剧情内容的需要，而没有弄许多靓仔靓女的小鲜肉。现在的一些电视剧，让我无法不换台，实在看不下去。演农民的脸都抹得那么光鲜，身材都是那么苗条。像菜一样，一看就没了胃口。导演没有定力，不是引导观众，而是为了迎合某些观众庸俗的口味。我这算是"吐槽"吧！

> 汪洋主席也"吐槽"　百姓中间有舜尧
> 多少平凡家常事　一台好戏都知晓
>
> 田青讲座说装台　晶明妙语串成排
> 汪洋主席亲点评　家成电视火起来
>
> 漫谈群里风光好　三个群主笑开怀
> 线上一起读与思　协商文化放异彩

12月26日

昨夜的收尾，连起常委的收尾诗：

> 眼底惊风雨，笔落有雷声。
> 唤醒蛰龙起，挥剑斩长鲸。
> 天章作云锦，壮怀世纪情。
> 红梅傲霜雪，流咏唱复兴！

今早的开头，戚建国将军收集：

毛泽东生于1893年12月26日，逝世于1976年9月9日。今天是毛泽东诞辰127周年！

看看美国这些总统是如何评价毛泽东的，我们就知道毛泽东的历史地位了！

1.艾森豪威尔："毛泽东是一个极难对付的人物，恐吓、威胁对他没有用。"毛主席第二次出访莫斯科时同赫鲁晓夫发生过关于核战争的辩论。针对赫鲁晓夫惊恐核战争爆发的恐美情绪，毛主席讲话："原子弹并没有什么了不起，我看它也是纸老虎，决定战争胜利的根本因素是人，而不是一两件新式武器。原子弹也是靠人去掌握的，打核战争肯定要死不少人，即便那样我们还是能最后赢得战争。"赫鲁晓夫吃惊地半张着嘴巴，没有听懂毛主席的话。当时的美国总统艾森豪威尔却听懂了，他叹息说："原子弹的最大威力是在发射架上，而不是飞出去之后。毛泽东是一个极难对付的人物，恐吓、威胁对他没有用。"

2. 肯尼迪："调查不够不决策，条件不备不行动。"1965 年 7 月 20 日李宗仁夫妇回国。毛泽东在周恩来陪同下接见了李宗仁夫妇和程思远。在交谈中程思远说，美国总统肯尼迪生前办公桌上总摆着一部《毛泽东选集》，看来他是要研究中国。一位国民党朋友介绍，肯尼迪也用毛泽东思想办事，肯尼迪把毛泽东思想概括成两句话："调查不够不决策，条件不备不行动。"

3. 尼克松：流泪赞扬毛主席"高瞻远瞩"："毛主席是充满思想活力的伟人，无论人们对毛有怎样的看法，谁也否认不了他是一位战斗到最后一息的战士"，"毛泽东是一代伟大的革命领导人中的一位出类拔萃的人。他不仅是一个完全献身的和重实际的共产党人，而且他是一位对中国人民的历史造诣很深的富有想象的诗人"，"历史学家将会对他的事业和他对中国人民和世界的影响作出估价。毫无疑问，他只争朝夕地为了他所看到的前景和他那样强烈信仰的原则而努力。"

4. 福特："毛主席是中国现代史上的一位巨人，他对历史的影响将远远超出中国的国界"，"在任何时代成为历史伟人的是很少的，毛主席是其中的一位"，"他的著作给人类文化留下了深刻的印记"，"他对历史的影响将远远超出中国的国界"，"美国人不会忘记，正是在毛主席的领导下，中国同美国一起采取行动结束了一代人的敌对情绪，在我们两国关系上开创了一个新的和比较积极的时代。"

5. 卡特：一生之中最佩服的人就是毛泽东。他在中美座谈会开场白中说："9 月 9 日是毛泽东逝世 34 周年的日子，这位从湖南走出来的智者改变了中国，也改变了全世界。"

6. 克林顿："毛泽东无愧于世界级领袖，毛泽东热在中国内部乃至国外不降反升现象，更令人不可思议，美国人应当研究他的思想精髓。"克林顿写道："毛泽东说'若想了解梨子真滋味，就必须亲口尝尝'，这句话真让我欣赏。"

7. 小布什："毛泽东是中华人民共和国的主要缔造者，他在中国人民心中的位置是无法取代的。"他在耶鲁大学研讨会向众人发问："大家知道世界上哪本书发行量最大？看的人最多？"众人摸不着头脑，片刻宁静后布什从笔记本下抽出《毛泽东选集》向众人展示说："就是这本书——《毛泽东选集》！毛泽东是中华人民共和国的主要缔造者，他在中国人民心中的位置是无法取代的，大家都知道我父亲70年代当过驻华大使，深深感受到中国人对毛泽东的崇敬和爱戴，他的思想影响了几代中国人，并还在继续影响着现在中国青年一代。这本书是我父亲当年从中国带回来的，已经收藏了几十年。"小布什继续说："每个民族都有自己的英雄和伟人，一个没有英雄和伟人的民族是悲哀的民族！我们美国的青年不仅要知道华盛顿和林肯，也应该知道毛泽东。我的父亲曾经跟我说，中国青年对于我们的华盛顿和林肯都非常了解，甚至超过我们的青年，英雄和伟人是没有国界的。"

8. 奥巴马：他是毛主席的粉丝。奥巴马执政百天演说引用毛泽东的话，称"只是万里长征才走了第一步"，并在白宫的圣诞树上挂出毛主席像。奥巴马高度赞扬毛泽东的内政外交："什么是外交？外交就是内政，这两者绝不是两码事，不是。也就是说，一个国家，国民要使自己成为国家的主人，这种愿望是民主主义的根本。在这同时，大政方针，天下兴亡，匹夫有责。民众的政治责任感的强弱，也就在相应程度上决定了国家外交的强弱。在这个意义上，外交难道不就是内政吗？曾有毛泽东这样的政治家，是好是坏历史会有说法。毛泽东作为一位没怎么出过国的政治家，他在中国获得了压倒性支持后，在外交领域他使中国在世界上存在感变得非常卓著。曾经有一段时期，毛泽东毫不畏惧与我们美国对峙并一路走来。可见执政党在自己的国内获得毫不含糊的支持，国民以天下为己任，在某些场合为了保家卫国、为了国家的未来，不惜付出些许代价，一个国家有了这样的力量，外交才会有根本的力量。国之力在民，民之力是外交之力、是外交最基本的原理。这是我对毛泽东的外交感触最深的地方。"

12 月 30 日

漫谈群书友礼赞

岁末回首

漫谈群里

谈笑皆鸿儒

往来无白丁

精彩之论

神来之笔

信手拈来

都可礼赞

俯拾即是

就有佳话

书友直抒胸臆

白话也是传奇

兹录连珍之自述大白话如下：

我出书不着急，按程序走，慢工出细活，《易经》中有"渐卦"，卦序排53，循序渐进，持中守正。

我很平常，平淡，不知为什么就喜欢上研读古典，华东师大我读的生物系，特别是在1983年到1985年我又考上中央党校，全脱产读书，给了研究生学历，期间我请教了任继愈研究员，《易经》是不是宗教？他说："《易经》不是宗教。它是我们中华文化的源头之一，三玄之冠，五经之首。"从此我就胆子大了一点，开始研究八卦六十四卦，当然，还是偷偷地研究，不敢放到书桌上，不让人见到。任老师的一席话使我"一闻千悟"。直到1989年，我在徐州做市委副书记时，协助我工作的市委副秘书长朱浩熙是北京大学中文系毕业的，后又读研究生，我经常要他查一些生僻的字，他就感到我在研究一个重要学术，不久，在我身边工作的处室同志也知道我研究《易经》了。我请他们保密。1993年后我调入北京，到全国妇联工作，身边也有几位同志知道我在研究《易经》，并支持鼓励我研究下去。90年代中期我调任江苏省委常委、副省长，2003年任省委副书记，2008年任省政协主席。从1983年以来，我一直没有放弃对《易经》的研究，几十年间，我请教了若干名家高人，如星云大师、南怀瑾、李学勤、唐明邦、王蒙、冯骥才，还有多位院士、国医大师，如樊代明、王琦等等，还有许多各行各业著名专家，都是我多年交往的良师益友。当然也有叶小文在内的老朋友！真是"谈笑有鸿儒，往来无白丁"！

　　但我也一直坚守底线，正道做人。因为研究《易经》几十年，被许多学者知道了，南京大学老书记韩星臣多次邀请我到南大讲《易经》，我都未答应，当时自己还吃不准，后南大党委书记洪银兴又一再邀请，我又看到中央电视台百家讲坛讲这方面内容，我就有所考虑了，计划 20 讲《〈易经〉与人生智慧》，给博士生研究生开系列讲座。万万没想到，工夫不负有心人，有耕耘就有收获，第一次讲座就大获成功，引起强烈反响和欢迎！接着就不定期地讲下去了。在南京大学 110 周年校庆时，书记校长邀请了中外学者 6 人作《思想之光》大型学术报告，热情发函，邀我作一次学术报告。我在南京大学已经举行了 14 次系列讲座，因疫情暂停，待后续讲。

　　今年，汪洋主席、刘奇葆副主席在全国政协开办了委员读书平台，让我们拓展渠道，发挥委员履职作用，交流读书心得体会，理义娱心，我特别开心，向领导和委员汇报我几十年研读《易经》的体悟即随想，共 241 篇（则）。

　　在此我还要感谢副组长叶小文、刘晓冰，老群主吴尚之、群主丁伟付出的辛劳与智慧！尤其是叶小文千方百计真诚动员我在读书群中谈《易经》，真诚难却，我从 8 月开始谈《易经》。感谢多杰热旦一天一期不少的阅评！感谢建国、永新、晓宏、元竹、嘉极、其成诸多委员的指教！①

12 月 31 日

漫谈群群主礼赞

　　全国政协委员读书活动指导小组会议确定读书第四阶段各群群主。漫谈群群主的大旗，将在下一阶段由丁伟交给阎晓宏。

　　　　漫谈群第一任群主尚之

　　　　温馨的目光，

---

① 张连珍在"委员读书漫谈群"发完 241 篇后，说了一段充满感情和哲理、令人依依不舍的告别话。我读到《易理人生》这本书，想说一句：人生之中多易理，不说告别珍（张）连珍。

　　《易理人生》一书，由人民艺术家王蒙先生题写书名，文史出版社作为"书香政协——政协委员读书笔记"系列丛书之一，正式出版。

有如叶圣陶先生，

总是一往情深，

注视着漫谈群里各位书友

漫谈群第二任群主丁伟

亲切的叮嘱，

有如清早的晨钟，

总是声声入耳，

呼唤着漫谈群里各位书友

漫谈群第三任群主晓宏

时时地点评，

有如点点的春光，

已然绚丽多彩，

在等待漫谈群里各位书友

还有若干"群主候选灵童"（古语称"呼必勒罕"）

正列队等待"金瓶掣签"①

看谁光荣入选"第 N 任群主"

定然层出不穷，

再服务漫谈群里的 N 位书友

群主是雄狮

群主是鸿雁

群主是领头羊

群主的能量有 N 次方

群主的大旗

---

①　25 年前，笔者是曾任参与主持"金瓶掣签大典"和"十一世班禅坐床大典"的"国务院特派专员"，故建议可用"金瓶掣签"法再选接任晓宏的群主。新年将至，一笑。

一代传一代

总是一往情深，
总是声声入耳，
已然绚丽多彩，
定然层出不穷，
必然书香常在……

1月8日

五体六则

一、录昔日"尚之体"一则

暮鼓晨钟，读书声声；

群主点评，日日温馨；

栏目不断，用心用情：

道声辛苦，以表我心。

二、录昔日"福金体"一则

不忘尚之创群人　记住丁伟承接人

期待晓宏未来人　你们都是读书人

三、录昔日"宗信体"二则

漫谈群里　慧星云集

慧光闪烁　慧语妙珠

真是智慧的海洋！

居功至伟的群主，
您在 @ 吴尚之群主开创的基础上，
将智慧的火焰燃的很旺，
温暖了隆冬。
有理由相信 @ 阎晓宏群主
会将智慧的火焰燃的更旺！

从寒冬到新春!

四、录昔日"晓冰体"一则

今天是个特别值得纪念的日子!在此致敬 @丁伟 群主!感谢三个月的殚精竭虑,温润引领,漫谈群在 @吴尚之 老群主奠定的基础上硕果累累,人气更加旺盛。期待依然温润的 @阎晓宏新群主的正式亮相,一定能再创辉煌

五、录昔日"连珍体"一则

小文、晓冰我们要衷心感谢老群主尚之,丁伟群主,他们劳苦功高,把握读书群基调,满是正能量。两位谦和聚人,委员们积极性高,再加上小文每天几句口头表扬点赞,群中八卦相荡,波起涟漪,水花火花既济。

向尚之、丁伟表示诚挚的敬意,向你们老黄牛精神学习!时间快得惊人,一晃农历节气小寒了,小寒大寒在十二辟卦中为临卦,地泽临卦,上卦坤为地,上卦三爻皆为阴爻,下卦兑卦为泽,下卦三爻上一阴下二阳,地中已升起二根阳爻阳气了。天气寒冷,快进"三九、四九"了。大家要注意保养、营养啊!春生夏长秋收冬藏,《黄帝内经》曰:春天谓发陈、夏天谓蕃秀、秋天谓容平、冬天谓蛰藏。冬天要学会藏,松静自然,不要扰动阳气,早卧晚起,避寒就温,如果违反这个道理,肾会受伤,冬天的闭藏基础差,供给春季生养力就差了。英国雪莱不是有句诗吗?"如果冬天来了,春天还会远吗"?大家都知道的。实际上冬天也是为春日买单。

如说"春蚕作茧,自缚其身",从阴阳观来看,它也是一个保护机制。茧一蛾一籽一蚕吗。

晓宏你要耕耘心田,你登台了吗?祝你大获丰收!(张连珍)

1月10日《漫谈群晨景》

其一,读晶明《读与思之一三五》后所思:

> 丁兄得所憩,美酒聊共挥……
>
> 我醉君复乐,陶然共忘机

(丁伟交班后终于得所憩,饮美酒,仿李白《下终南山过斛斯山》)

> 十觞亦不醉,感子故意长
>
> 彻夜未曾眠,漫谈群里忙

（仿杜甫《赠卫八处士》）

　　且与丁伟少年饮美酒，
　　往来晓宏射猎西山头
（仿高适《邯郸少年行》）

　　座中醉客延醒客，江上晴云杂雨云
　　美酒群中堪送老，当垆仍是阎晓宏
（仿李商隐《杜工部蜀中离席》）

其二，读《建国说京剧—120》有感：

　　"角色无大小"
　　"配戏不配人"
　　换了阎晓宏
　　群主更有神

　　"只有小演员，
　　没有小角色"，
　　冒泡与潜水
　　处处皆高人

　　"满台精气神，
　　满台都是戏"
　　进了漫谈群
　　天天看好戏

其三，读戚建国【战略参考】之160有感：

美国国家安全政策核心智库——新美国安全中心（CNAS）发布的《应对中国崛起的跨大西洋路线图》报告称："行动的紧迫性。中国已在AI、5G等领域居全球领先地位，量子计算和基因组学领域中国也具有竞争力。美欧应迅速做出反应。"

他们注意没有，AI、5G这两个问题，早成为书香政协中讨论、建言的热点！

1 月 14 日

委员读书活动指导组办公室通知，今天下午 3 时召开"全国暨地方政协委员读书经验网上交流会"，通过交流经验、改进工作，发挥人民政协制度整体效能，推动委员读书活动走深走实。全国政协领导同志出席交流会，届时在"委员读书漫谈群"同步文字直播。

在对这次重要会议的期待中，想起了新年伊始，汪洋主席在群里的发言，鼓励书友以"三牛精神"读书；想起了刘奇葆副主席在群里的发言，希望"在昨天的基础上把今天的书群办得更好"……

走深走实　政协书香

其一：

朴实一语　语重心长

谆谆嘱托　殷殷期望

昨天很好　今天更好

基础不易　巩固提高

如何巩固？全员读书

如何提高？协商文化

如何"更好"？　"三牛精神"

走深走实　政协书香

其二：

领导说

在昨天的基础上
把今天的"群"办得更好

晓宏说
前边的高度太高了
可能要有点下坡

书友说
晓宏的劲头太大了
又见风生水起，高峰迭起

我想说
漫谈群高手太多了
潜水的还等着冒泡

大家说
"三牛精神"一弘扬
有什么不能办到？

走深走实
政协书香

1月15日

今天下午的"全国及地方政协委员读书经验网上交流会"，在漫谈群里文字直播。

一石激起千层浪，众书友讨论高潮迭起，高论迭出，高见迭现，目不暇接，美不胜收。

政协委员在一起读书，在一起创造历史。历史在瞬间一闪即过，如果此刻李光前委员来用手机摄影，会留下多少精彩和永恒。

照录入夜（23：00之后）讨论片段。

黄玲：

@叶小文 这个群人气旺的重要原因之一就在于充分体现了"漫"和"谈"的特色——内容广泛，形式多样；人人都有话可以谈，人人都可以不受约束地谈。

张嘉极：

读完下午会议内容，十分受到鼓舞，感动感激。

全国政协和汪洋主席，各位领导为全国政协委员提供了这么现代、迅速、零距离、高度扁平的学习、交流、提高、履职、凝聚的平台，而且政治边界这么清晰，讨论内容这么宽松包容。

今后：一定要注意政治上不偏行，思想上不极端，履职中提问题，讨论中有交锋。多出思想火花，多产利国良方。

再表感激感恩。

李微微（湖南省政协主席）：

@丁伟 今天下午的全国政协及地方政协读书经验交流会，您第一个介绍经验，我受教育，我自豪！

张兴赢：

现场仔细聆听各位大神的读书心得。

丁伟：

@李微微 微微主席好！今天下午的全国政协及地方政协读书经验交流会，您是压轴大戏，介绍湖南经验，条条过硬，字字珠玑。想起漫谈群湖南主题周盛况，亲切，温馨，自豪！！

李微微：

@丁伟 漫谈群形散神不散，凝心又聚力。湖南委员上线期间，不少进入学习，线下交口称赞。提示我们政协云要认真学习借鉴。欢迎部长来湖南指导！

丁伟：

@李微微 谢谢主席鼓励！上次去湖南是十年前了，希望有机会再去感受湖湘文化，学习湖南政协活力。

历史在瞬间一闪即过，如果此刻李光前委员来用手机摄影，会留下多少精彩和永恒。此刻，零点的钟声敲响，新的一天又开始了，让我们读书去。

1月17日

天鹅图腾

——朱永新前日【每日读书笔记】摘记

读《天鹅图腾》近日读完姜戎先生送我的签名版新著《天鹅图腾》。这本书是《狼图腾》的姊妹篇，也是他继前一本书之后耗时16年，呕心沥血创作的重磅新作。

《狼图腾》曾经创造了图书销售的许多奇迹，在中国的销量超过500万册，同时翻译为23种语言，在110个国家与地区发行。但据说盗版的数量就超过了1000万册。我在姜戎老师的书房里看到了盗版书的陈列柜，差不多摆满了半个书橱。更神奇的是，在姜老师家里的樟子松木板墙面上，有各种天然形成的图，其中竟然有很多狼头的图像，千姿百态，惟妙惟肖。我开玩笑对他和抗抗说，你们生活在狼群之中啊！据说，在《狼图腾》的读者群体中，青少年占了绝大多数，那么，对于读过《狼图腾》的青少年朋友来说，再读一下《天鹅图腾》，自然就显得非常必要了。

在我看来，《狼图腾》与《天鹅图腾》是一块银币的正反面，是一个完整故事的上下两部。正如姜戎说的那样："狼图腾是黑色的，天鹅图腾是白色的。狼图腾象征着自由与刚勇，天鹅图腾象征着爱与美，两个图腾像太极图般交融。补上了这个空缺，总算了却我一生的梦想与追求。"是的，如果说前者呈现的是在刚勇之美，那么，后者呈现的则是柔爱之美。在书中，作者不吝笔墨讲述了天鹅对美和洁净的追求，对爱情忠贞不渝的厮守，对救助恩人的真挚情感，讲述了"对于草原动物来说，情感比食物更重要"的许多细节，也讲述了巴图、萨日娜、巴格纳之间纯洁、无私、坚定的爱情故事。书中有浪漫，也有激烈；有行云流水的舒缓，也有撕心裂肺的离别，更有许多感天地泣鬼神的动人场面。天鹅、狼与人和谐相处，人与人的肝胆相照，构成了草原上最美丽的风景。这种歌颂人性之美的作品，是值得推荐给青少年阅读的。正如有评论指出的那样，《天鹅图腾》深藏着一股原始的生命力，"我们太久没有遇到这样一部能让人卸下心防，尽情领略率真、坦荡的生活之美的小说了"。这本书刚刚出版不久，就占据了2020年的各种年度排行榜，前不久又荣登2020年《亚洲周刊》2020年十大小说榜单，相信这本书会与《狼图腾》一样创造新的奇迹。

因为，在天鹅身上，我们每个人都想看到自己最好的模样："一生高傲，一生自由，一生相守。在漫天风雪中舒展翅膀，自在歌唱。"

读《天鹅图腾》的读书笔记，我为天鹅的意境而深深感动。按晓宏群主的吩咐，我用业余爱好之大提琴，献上一曲法国圣桑的《天鹅》。既然是图腾，也就不苛求艺术水平了。并不揣浅陋，为今天下午【委员风采】栏目中将闪亮登场的茸芭莘娜委员——她就是天鹅，作一个前奏，暖一暖场子。

1 月 22 日

学习《中国共产党统一战线工作条例（试行）》总则中第三条关于"统一战线工作的指导思想和主要任务"中，有关"坚持大团结大联合的主题，坚持正确处理一致性和多样性关系的方针，积极促进政党关系、民族关系、宗教关系、阶层关系、海内外同胞关系和谐，巩固和发展最广泛的爱国统一战线"的阐述，想起了戚建国将军在读书群里说的金句：

中华文明、天下为公的大同理念，是建构同心圆的共识基础；民族复兴的家国情怀，是调动积极性的情感纽带；不偏不倚的中道精神，是包容各种力量的方法原则；和而不同的多元一体，是处理五大关系的中国智慧；得道多助的政治理念，是汇聚人心力量的精神底色。不懂中华文明，就不懂得统一战线的中国特色。（录自【战略思维读书群】）

2 月 3 日

今天立春，春光明媚，来燕啾啾，琴声悠悠。发一则练琴笔记。

今天的"晨景"也如"小波腾大浪"，有点"断崖式"。

——

为了准备参加漫谈群即将举行的一次线下活动——西方音乐鉴赏会：《从巴洛克到浪漫派——西方古典音乐风格概览》，这几天急用先学，紧急练琴。在青年大提琴家杨娣老师的带领，以及著名的"琥珀四重奏"、青年钢琴家王天阳的协奏下，一起练习著名的维瓦尔第的 G 小调双大提琴协奏曲。虽我已达"七十而从心所欲，不逾矩"之年，但要以业余之训练，演奏规矩极为严谨、对位极为精准的巴洛克音乐，还真是挑战。没有童子功般的基本功，很难达到那样纯美的音乐境界。

20世纪，人们开始重新认识巴洛克音乐。当在复兴巴赫的运动中发现维瓦尔第对他耐人寻味的影响时，音乐界开始关注这位大师，他的音乐魅力也越来越多地被揭示出来。

维瓦尔第的最大成就在于他把自己对形式的精通运用于协奏曲的发展，并把大协奏曲定型为三乐章形式：快—慢—快。在维瓦尔第的创作中，大提琴得到了应有的重视，这种乐器的独奏地位由此得以确立，不论在当时还是今天看来，维瓦尔第的这一贡献都是无人可比的。或许它是维瓦尔第谱写的最深沉的音乐。

维瓦尔第留下的宝贵的音乐遗产已日益受到音乐界的注意，维瓦尔第音乐中那意想不到的重音、直率而热烈的风格以及突如其来的主题，也逐渐为音乐会听众所熟悉。

由于意大利从文艺复兴以来积淀了深厚的人文主义传统，因此维瓦尔第的作品里并没有太多的神迹，而是经常洋溢着清纯的气息，就像亚平宁半岛的阳光一样，给人以温暖和快乐。远在德国的巴赫对他也钦佩有加。

维瓦尔第一生的作品如同取之不竭、用之不尽的音乐宝库，启发了当时无数的作曲家，从巴赫、亨德尔，到意大利、法国、德国的其他各个角落，并且开启了法国重优雅、华丽，德国重悲情、伤感的两种性格。极端的华丽，巴洛克风格的思路，为后期音乐史的发展起到了不可磨灭的关键作用。

致敬，维瓦尔第，您是天主教的神父，可我也当过多年的宗教局长。演奏您的作品，我能感受到您的心跳。

二

从维瓦尔第以及后来的巴赫的巴洛克音乐，想到人类的文化精品——西方古典音乐，尤其是交响乐。

但交响乐就只能属于西方吗？《礼记·乐记》曰："地气上齐，天气下降，阴阳相摩，天地相荡，鼓之以雷霆，奋之以风雨，动之以四时，暖之以日月，而百化兴焉。如此，则乐者，天地之和也。"这可以说就是我们的先人对交响乐的描述和想象，这也是中国文化对交响乐的认同和赞赏。

正如戚建国将军考证，从众多中国古代绘画来看，至少这种演奏形式一千多年前就在中国存在了。比如一张唐代的敦煌壁画：吹、拉、弹、打击乐器，一应俱全。这会是中国古代的交响乐吗？中国传统音乐中，最宏大的非宫廷音乐莫属了，而唐朝的燕乐大曲则是古代宫廷歌舞艺术的最高成就。唐朝是人类文化臻于顶峰的时期，包容并蓄，万国来朝，其文化艺术亦是大气而不失精巧。唐朝承隋朝的"七部乐"到九、十部乐的出现，以致后来专职宫廷演奏的"坐部伎""立部伎"，选子弟180人，以奏"霓裳一曲千峰上"——180人的演奏规模、不同乐器的编制，甚至超过今天的交响乐团了。

交响乐不光属于西方，也属于中国，且早就属于中国。正在实现伟大民族复兴的中华民族，应该有交响乐来为她"鼓之以雷霆，奋之以风雨，动之以四时，暖之以日月，而百化兴焉"！

三

通宵达旦，都在练琴。此情此景，有点像宋代秦观的《满庭芳·红蓼花繁》所言了，"时时横短笛，清风皓月，相与忘形。任人笑生涯，泛梗飘萍。饮罢不妨醉卧，尘劳事、有耳谁听？江风静，日高未起，枕上酒微醒。"

其实，我们曾经欣赏古琴，漫谈群举办过"'让古琴醒来'：委员读书漫谈群线下交流暨文化艺术界界别活动"。高山流水觅知音，古琴一醒遇高人。古琴新声，穿越千年，来到了全国政协的大雅之堂。虽古拙朴素却又精美绝伦，虽饱经风霜却又历久弥新。因为找到了知音，枯木逢春若龙吟，穿山越海达汪洋。我们今天站起来、富起来、强起来了。但有着五千年甚至可能一万年不曾中断的文明史的中华民族，本来就不是"土豪"，而时"贵族"。记得冯骥才先生说过，历史上我们也曾富过。中国是文明古国，书香门第再富也不能浮躁。沉静、从容、大气、平和，有其境界，是文化大国的气质。不应该有了钱就狂了、疯了，不知道该怎么办了。

现在，我们又来欣赏"从巴洛克到浪漫派——西方古典音乐风格概览"，向往交响乐，是因为不仅已经自立于世界民族之林，而且正在实现伟大复兴的中华民族，更加广为吸纳人类的一切优秀文明成果，更要特别致敬那个文艺复兴的伟大时代。恩格斯在论及历史上的文艺复兴时说过，"这是一次人类从来没有经历过的最伟大的、进步的变革，是一个需要巨人而且产生了巨人——在思维能力、热情和性格方面，在多才多艺和学识渊博方面的巨人的时代。"中华民族的伟大复兴，应该是、当然是、也必须是人类史上又"一个需要在各方面产生巨人的时代"。

2月10日

新春寄语

2021年，开启全面建设社会主义现代化国家新征程，中华民族伟大复兴将向前迈出新的一大步！

中华民族近代一百多年来历经磨难，现在终于离民族复兴的目标越来越近，距离已可以丈量。

但也正是因为越来越近，再往下走，每一步都是惊险一跳，都是从量变到质变的巨大飞跃。历史上，一步走错满盘皆输、功亏一篑、积重难返的教训不少。国际经验表明，人均GDP在3000美元—1万美元的阶段，既是中等收入国家向中等发达国家迈进的机遇期，又是矛盾增多、爬坡过坎的敏感期。这一阶段内外挑战严峻，机遇不容丢失。从历史兴衰规律来看，一个国家往往在两个时期面临的压力最大，一个是积贫积弱之时，一个是发展振兴之时。

今天的中国，处于由大到强的关键阶段，面临的内外压力越来越大。船到中流浪更急、人到半山路更陡，愈进愈难、愈进愈险，而又不进则退、非进不可。习总书记说，"中华民族伟大复兴，绝不是轻轻松松、敲锣打鼓就能实现的，实现伟大梦想必须进行伟大斗争。在前进道路上我们面临的风险考验只会越来越复杂，甚至会遇到难以想象的惊涛骇浪。我们面临的各种斗争不是短期的而是长期的，至少要伴随我们实现第二个百年奋斗目标全过程。"我们必须统筹中华民族伟大复兴战略全局和世界百年未有之大变局，必须深刻认识我国社会主要矛盾变化带来的新特征新要求，必须深刻认识错综复杂的国际环境带来的新矛盾新挑战，必须牢牢抓住和用好我国发展的重要战略机遇期。

重大机遇往往伴随重大考验，伴随着可以预见、不可预见的种种风险和挑战。如果说辛亥革命前的一百年，中华民族陷入悲惨沉沦之境，那么辛亥革命后的这一百年，中华民族则是在艰难曲折中昂扬奋起。这一百年来，中国共产党带领各族人民缔造新中国，开辟中华民族复兴的崭新纪元，在历史新时期开辟中国特色社会主义道路，创造了世人惊叹的传奇成就，迎来民族复兴的光明前景。而最后成功之一日，就在今后的这一百年里；成功的密码，就在于这两百年来一代代中华儿女前赴后继、矢志不移的民族复兴追求与梦想。

我们高唱着共和国国歌，前进，前进，前进，进！

2月17日

【读书笔记】

建立现代市场经济的社会学基础

今天一早，漫谈群里信息量好大。点赞一番后，再爬楼细品，丁元竹教授的《社会关系、社会文明、社会建设漫谈》（37）中，引施蒂格利茨的话，说得很深刻，值得一读。

事实恰恰相反，我们在另一路上走得太远了——创造一个物质高于道德的社会；在这个社会中，我们获得的经济快速增长是以环境和社会问题为代价的，是不可持续的；在这个社会中，我们没有团结起来解决大家的共同需求，一定程度上是因为极端个人主义和市场基要主义令集体感荡然无存，导致一部分人疯狂剥削不受保护、容易上当的弱势群体，令社会鸿沟加剧。

这是很多经济学家、社会学家一直在探讨的大问题。

古典经济学家亚当·斯密的《国富论》重点在于探讨市场经济的经济学基础，那么其《道德情操论》就重在探索市场经济的伦理学基础。在《国富论》中，斯密把人性本恶作为经济学的前提假设，把个人利己主义的利益追求当作人类经济行为的基本动机。他说，"每个个人都努力使其生产物的价值达到最高程度……他通常既不打算促进公共的利益，也不知道他自己是在什么程度上促进那种利益，他只是盘算自己的安全；由于他管理产业的方式目的在于使其生产物的价值达到最大程度，他所盘算的也只是他自己的利益。"在《道德情操论》中，斯密又基于人性本善的假设，把源于人的同情的利他主义情操视为人类道德行为的普遍基础和动机："无论人们会认为某人怎样自私，这个人的天赋中总是明显地存在着这样一些本性，这些本性使他关心别人的命运，把别人的幸福看成是自己的事情，虽然他除了看到别人幸福而感到高兴以外，一无所得。这种本性就是怜悯或同情，就是当我们看到或逼真地想象到他人的不幸遭遇时所产生的感情。""人总是以利己为出发点，但是，如果每个人都毫无节制地发挥自己利己心的话，社会必将混乱，最终导致毁灭。所幸的是，人的感情是多样的，利他心、慈善心、爱心……它确立了法与统治的一般原理的基础——正义。"斯密的论述，实际上触及了市场人的经济理性与伦理理性的"二律背反"问题，但他无法解决这个问题。此即所谓"斯密悖论"。

著名的社会学家马克斯·韦伯试图解决这个问题。他的晦涩难懂的《新教伦理与资本主义精神》一书，被哈佛大学百名教授奉为经典。尽管我们认为，"资本来到这个世界，从头到脚，每一个毛孔都滴着血和肮脏的东西"（马克思语），韦伯却赞美"资本"，主张通过资本运作使钱生钱，赚钱光荣。但赚钱是讲伦理、有美德的：一要勤勉劳动，二要依诚信赢得信任、以合法方式赚钱，三要节俭以积累资本并进一步以钱生钱，这就是韦伯说的"资本主义精神"。韦伯说，"它的基本内容包括：人人应承担'诚实交易'、'遵守承诺'和'守时'等义务和责任，并且以'刻苦'、'勤奋'、'忠诚'等态度来对待各自的职业，以精确的理性计算，来使资本和劳动的组织合理化，小心而又有远见地追求经济成功。"问题是"人的天性"，总是趋向于既要"富起来"，又要少干活；满足"人的欲望"，是有钱就要花，有水要快流。韦伯认为，资本主义的衰落，恰是因为这种"人的天性和欲望"导致"资本主义精神"的缺失。但他惊喜地发现，16世纪脱离罗马天主教的新教各教派，却"伴随"有这种"资本主义精神"。马丁·路德提出了"劳动是唯一取悦上帝的方式"。加尔文的"预定论"则进一步说明，辛勤劳动取得工作成就是被证明是得到上帝恩宠、列为上帝选民的唯一手段。而财富全是上帝的，人，只是代上帝管理和使用财富，因此"富起来"之后只有节制消费和热心公益，才能得到上帝的青睐。韦伯说，"圣徒们为了证明自己获得上帝的救赎，就要积极地勤劳致富，那么就要把现世的生活彻底理性化，完全受增添上帝的荣耀这个目的支配，他的一切言行都为着上帝的荣耀。"因此，资本主义发展与新教发展聚集区便高度重合，两者"伴随"发展。这里，他用了"伴随"一词，有意回避了"因果关系"的提法，但又忍不住说，"新教伦理不但赋予经济活动以伦理的意义，而且恰恰是由于把经济活动伦理化，而使经济活动理性化，从而导致'资本主义精神'"。韦伯断言，"一个人对天职负有责任乃是资产阶级文化的社会伦理中最具代表性的东西，而且在某种意义上说，它是资产阶级文化的根本基础。""没有企业家阶层就没有资本主义的发展，没有道德宪章就没有企业家阶层，没有宗教信念就没有道德宪章。"

我们当然不会去照搬什么"新教伦理"。从来就没有什么救世主，也不靠神仙皇帝。但韦伯确实也给我们提出了"终极问题"：为什么富起来，靠什么富起来，怎么富起来，富起来怎么办？他其实也回答不了、解决不了这些问题，所以，只能以"新教伦理"来回答，靠"上帝"的威严来解决。

应该看到，市场经济中的每一个"经济人"都追求利润最大化，由此演出了一部部激烈竞争的活剧，优胜劣汰，效率大增。在大力推进市场经济的过程中，就必须面对在资本营利和个人谋利这两个"起点"被启动、激活后，人们如何提高自我约束力和道德水平的实际问题。如果一切向钱看，就会把精神、信仰一概物化，把诚信、道德统统抛弃。手持利益这把"双刃剑"，身处社会这个共同体中，需要坚守底线，明晰边界，有所为，有所不为。而一个有效率的市场制度，诚如诺贝尔经济学奖得主诺思所言，除了需要一个有效的产权和法律制度相配合之外，还需要在诚实、正直、合作、公平、正义等方面有良好道德的人去操作这个市场。为此，必须建立现代市场经济发展所需要的"市场伦理"，把"资本"的冲动与"诚信"的建构成功结合，形成勤勉做事、平实做人，守信光荣、失信可耻的社会氛围，构建适应社会主义市场经济的道德和行为规范。

正如丁元竹教授所指出的，无论如何，"我们必须时刻记住，如果所有的社会事务都要通过市场展开，个体的人就会变成一个个孤立的经济人，社会就会变成一个原子化的社会，这样的社会的基本偏好是追求个人利益最大化……反过来说，提高社会发展水平就是要探索在经济社会发展过程中那些市场不能解决，必须通过社会来解决的问题，以及解决这些问题的方式方法。这个问题解决了，提高社会发展水平方向的目标也就明确了。利己主义的破坏性影响在各个社会中屡见不鲜，关键是看不同社会中的人们是如何抑制它的。"

另，关于社会学，请参见我在 1982 年《中国社会科学》杂志发表的论文《社会学否定之否定的进程及其内在矛盾》，1984 年此文获中国社科学中青年优秀论文奖。（见《读书漫谈群一年日记》一书附录：四篇论文）

2 月 19 日

晓冰副组长在书群名单里徜徉。我也回味这个春节假期，漫谈群里热闹非凡，趣谈多多。录一则《何以成"体"》之说，一笑：

阎晶明问 @ 叶小文 @ 丁伟：

凡可称体者，须有惊艳之美，并在特定时期、特定范围内可领风气之先，吸引众人目光并产生大量仿者，仿者中又有可乱本尊之真，甚至偶有青胜于蓝之佳构者。以此为标准，本群之内，唯小文体可成体也！如小文体之名句：这就是标准！［得意］［得意］

另，现任群主已经说了，使用"吾等"是不可以的。

叶小文答 @ 阎晶明 @ 丁伟等（不是"吾等"）：

"晶明体"乃一号航母之编号。为何称航母，因为有母体，乃众"体"之"母"，非"母"无"体"。战机再能干，也须从母体弹跳起跃。空天一体战再惊艳，也得回母体加油充电喝碗粥。凡可称"体"者，仿者可乱本尊之真，不可触"母体"之神。即使偶有"小感触"，也自知"成何体统"？非礼勿视，非"母"无"体"。

二月盼春风，"吾等"也想冲。

一旦成航母，"体"必在其中。

2 月 20 日

清早，永新主席解读星云大师的一段话，读过的书。走路时想一想，和别人谈论、分享，都能够加深记忆与理解。年轻时这样过，有体会。晓宏群主专门把这段话再摘出来分享。

春节期间，我打电话给台湾的星云法师拜年，祝愿他保重身体，待疫情缓解再相见。

星云法师请他的弟子妙士法师送我一幅字"不忘初心"。

星云法师还忆及几年前，也是春节前，他在北京钓鱼台国宾馆举行的两岸各界人士座谈会上讲过的一番话。

我找出来，再与大家分享。

尊敬的俞主席、连主席，各位领导、各位嘉宾，大家吉祥！

星云这次有幸能随连主席再次来到北京拜访习总书记和各位领导，无任荣幸。习总书记近年所倡导的"中国梦"以及现在两岸都强调的"弘扬中华文化"，可说异曲同工，我觉得对国家社会都有重大贡献。对此，我有以下四个意见，提出来就教于各位：

一、弘扬中华文化要加强软实力的建设

在我个人认为，"中国梦"就是要团结，就是要进步，就是创新，就是发展。讲到中华文化，一直以来，大都强调大好锦绣河山、历代宏伟的建设、丰富的文物宝藏等，但我建议，当今弘扬中华文化的重点，更要加强软实力的建设，例如推动诗书礼乐等。

因为诗书可以言志，可以提升人的思想境界，礼乐可以陶冶人的性情、人的品格，尤其现在最需要培养中国人的气质和志节。过去的圣贤如孔子、孟子、老子、庄子，以及数千年来许多文人学者、国家栋梁、忠臣烈士，他们忠君爱国的情操，都成为历史典范人物。现在，我们更要加强诗书礼乐的内涵，把国家建设为"礼仪之邦"，泱泱大国，无论走到任何地方，让世人对华夏民族刮目相看。

二、两岸和平要以五和为基础

我认为，现在两岸的问题是急不来的，两岸都是中国人，自然有"血浓于水"的情感，只要假以时日，自然就会一家亲。二千六百年前，佛陀建立佛教"六和僧团"，在我的想法里，"五和"可以帮助两岸之间有序地和平发展。所谓"五和"：

首先是"自心和悦"。台湾与大陆之间要像兄弟情谊，人民要从心里相互尊重友爱，台湾人喜欢大陆人，大陆人喜欢台湾人，彼此心里和悦，和平自然水到渠成。

其次是"家庭和顺"。由于时代的改变，几十年来，固有的家庭伦理已经有所改变，甚至日渐式微，现在，我们要恢复家庭的礼节，重视伦理的建设。家庭和顺，就是和谐社会的前提。

再者是"人我和敬"。现在两岸之间交流愈来愈密切，无论是朋友之谊，商贸互惠，都建立了正向的关系。希望双方重情义、讲诚信，彼此和敬互爱，加强来往，来来往往，往往来来；你来我往，我往你来，到最后两岸一定一家亲。

能做到"自心和悦""家庭和顺""人我和敬"，就能"社会和谐"，进一步追求"世界和平"。两岸人民携手并肩，行走在国际之间，都会受到肯定与尊重。

三、心灵富足要实践三好四给

现在，我们除了中华文化在世界上独占鳌头，在士农工商、科技、经济的建设上，也逐渐凌驾世界各国。不过，我们并不希望人民百姓只追求财富的增加，成为暴发户，尤其士农工商各界，更应共享共有，除了改善社会经济，提升生活品质，也希望人民在心灵上获得富足安乐。

因此，我鼓励"三好"与"四给"，希望人人做好事，人人说好话，人人存好心，政府与人民都要相互"给人信心、给人欢喜、给人希望、给人方便"，懂得不仅自己拥有，并且乐于与人分享，这就是心灵富足的良方。人心祥和富有，人民幸福快乐，便能建设美丽芬芳的社会。

四、人间佛教有益于国家社会

过去太虚大师、赵朴初居士主张"人间佛教"，我一生也致力推动人间佛教，倡导入世、慈悲、和谐、宽容的价值，因为人间佛教有益于国家、社会、人心的建设。

所谓"人间佛教"，和过去的佛教稍有不同，现在的人间佛教，已经从山林走向社会，从寺庙走入家庭，从僧众走到信众，从谈玄说妙走向实践服务。

翻开历史册页，佛教从未与政治对立，人间佛教更可以辅政治心，帮助国家稳定社会次序、改善社会风气、净化社会人心，以及建立正知正见的信仰，让人民的身心获得安顿。我们希望政府加强佛教人才的训练，让中国的佛教徒都能"以戒为师"、树立道德，让人间佛教的因果观、业力观，以及禅文化的精神，成为中国人普遍善美的教育。我相信，人间佛教可以丰富中国梦的内涵，我也深信，只要每个人都为社会广植善因与福田，带给人民幸福的中国梦一定会早日实现。

　　以上四点，是我此来北京的一点意见，敬请酌参。在此至诚为各位祝福，新年平安吉祥、诸事如意。

2月21日

【读书笔记】

"文明探源工程"与文化觉醒之"顿悟"

漫谈群里一起读书，给人很多启迪。

　　春节假期后"开工"后的第一个讲座，是南京大学文化与自然遗产研究所所长、历史文化研究中心主任贺云翱委员的"开展'深化中华文明探源研究工程'提案的考虑"。讲座引起热烈的讨论，介绍时群主晓宏总结：

　　谢谢贺云翱委员今晚上的精彩讲述。中华文明的起源与传承是一个具有重大现实意义的重大课题。中华文明与古埃及文明古巴比伦文明古印度文明，以及古玛雅、古希腊、两河流域文明的比较研究，特别是研究中华文明的起源从何而来，为什么中华文明没有断裂？云翱委员介绍并阐述了近年来的我国考古学界和史学界考古和研究的重大成果，分析的中华文明与其他文明不同的特征，包括制度文明先导、无真正宗教、天人合一、重集体主义、文化的包容和融合能力。同时也指出在中华文明形成过程中还有许多问题需要进行深入研究，考古界和社会科学界等多学科联合攻关，以习近平总书记关于中华文明和中华优秀传统文化的重要论述为根本遵循，建设中国特色、中国风格、中国气派的考古学。这是这个重大提案的初衷也是目的。贺委员关于这一提案的考虑与提议得到了刘玉珠、叶小文、戚建国、丁元竹、郭媛媛、谭跃、张连起、吴尚之、刘晓冰、张自成等多位委员的一致赞同，补充了自己的意见和建议，并纷纷表示希望作为联署提案人，希望尽一份自己的力量。快到结束的时间了，今晚漫谈群的读书活动，与以往不同，不仅在讨论中凝聚共识，培育协商文化精神，而且与建言资政直接紧密地结合起来。在讨论中我们得知这个重大项目一直得到刘奇葆副主席的高度关注和指导，让我们向刘奇葆副主席表示衷心的感谢。向关心和支持中华文明探源工程的国家文物局中国社会科学院中国科学院以及各方面领导、各位专家学者表示衷心的感谢。相信中华文明探源这个功在千秋利在当代的重大项目，一定会得到有关部门的高度重视。再次感谢贺云翔委员，感谢各位委员的参与和互动。

热议远未结束。丁伟、王震中、马萧林、张嘉极四位又从不同角度的深刻思考，发表了很有分量的意见，正是"深化探源"精神的体现。

正如丁元竹教授所说，新年开工从"探源"开始，在博物馆中推进，让历史告诉未来，让未来走得更好。

记得数年前我去台湾参访中台禅寺的博物馆，惊叹其怎么收藏了这么多文物。惟觉法师对我说，佛教讲"利乐有情"，文物是有灵性的，它会向着有情者走来。考古是去发掘未知的文物，博物馆是陈列走来的文物，有情者是真正享有了文物。

习近平总书记多次强调，"文化自信，是更基础、更广泛、更深厚的自信，是更基本、更深沉、更持久的力量"，"中国有坚定的道路自信、理论自信、制度自信，其本质是建立在 5000 多年文明传承基础上的文化自信"。从国家科委设立夏商周断代工程（1996.5.16—2000.9.15），到国家文物局主导的中华文明探源工程（2001—2016），再到今天委员们讨论的"深化中华文明探源研究工程"，把我国文明起源和发展以及对人类的重大贡献更加清晰、更加全面地呈现出来，背后隐藏的其实是中华民族走向伟大复兴进程中的一种文明自觉，一种文化自信，是对原由西方主导的现代化和全球化进程正在发生重大变化时的一种深层思考和回应。历史文化遗产不仅生动述说着过去，也深刻影响着当下和未来；不仅属于我们，也属于子孙后代。我们要丰富全社会历史文化滋养，塑造全民族历史认知，提高全民族的文化自觉，这是坚定文化自信的重要源泉。

说起文化自觉，又想起了年前田青教授在漫谈群里的讲座。他说："在大多数情况下，'文化自觉'不会自然发生，它常常是在灾难或巨大的民族危机甚至'国破家亡'之后的一种深刻甚至痛苦的反思与觉悟。"在与日本、韩国的文化自觉历程比较之后，我们会发现，"文化自觉"常常是弱势文化在异文化以强力侵入时的应急机制，是弱势文化自我保护的一种反映。就像生物体对待暴力侵袭与"温柔抚摸"的自然反应不同一样，一种文化和另一种文化遭遇、碰撞的时候，强势文化、外来文化对弱势文化、本土文化的态度，常常是造成后者对前者是接受还是抗拒的关键因素。

这段话讲得深刻透彻。我也试举一例加以佐证。

土耳其，这个横跨欧亚非三大洲的、有过奥斯曼帝国辉煌的大国，本属于地道的伊斯兰文明，但在现代转型中却以最大的决心彻底与伊斯兰文明断绝关系，力图成为西方文明的一分子。结果如何？不管土耳其如何自我阉割改种，西方国家和西方人从来都没有把土耳其看成一个西方国家。亨廷顿指出，这种不愿意认同自己原有文明属性，又无法被它想加入的另一文明所接受的自取其辱状态，必然会在全民族形成一种文明上、精神上无所归宿的极端沮丧感。

"自取其辱"就难免"恼羞成怒"，"极端沮丧"必酿出"极端主义"。现在对我国新疆一度构成威胁的"泛突厥主义"旗帜下的宗教极端思潮和暴力恐怖势力，其文化基础，可以追溯到土耳其民族的在文明上、精神上无所归宿的这种极端沮丧感。

文化的根，维系着民族精神。无论历史多么遥远、岁月如何蹉跎，无论社会怎么变革、如何转型，都不能除了根、丢了魂，都必须把根留住。根脉切断不得，根深才能叶茂。

所以我认为，"文化自觉"，乃是泥土对根的眷念，实质是"文化觉醒"。而觉醒，有"顿悟"的"幡然醒悟"，如田青教授列举的日本、韩国；也有我们在站起来、富起来、强起来过程中的"渐悟"。

"顿悟"也好，"渐悟"也罢，关键是能"悟"，要害是真"悟"。

现在我们开展"深化中华文明探源研究工程"，其实正关系到了全民族"文化自觉"的"渐悟"和"文化觉醒"的"顿悟"。

2 月 22 日

【重大提案　兹事体大】

晓宏群主的表态，说出了我们的心里话：@ 贺云翔 感谢云翔委员为中华文明探源付出的努力，非常赞同修改后的提案。也非常感谢奇葆副主席的关心、指导与推动。

贺云翔委员昨晚在漫谈群发布：《关于准备提出"开展'深化中华文明探源研究工程'提案"的考虑（修改稿）》，全文如下：

2020 年 9 月 28 日，习近平总书记在中央政治局第二十三次集体学习时强调，要高度重视考古工作，努力建设中国特色、中国风格、中国气派的考古学，更好认识源远流长、博大精深的中华文明，为弘扬中华优秀传统文化、增强文化自信提供坚强支撑。总书记同时指出，要继续探索未知、揭示本源，要求实施好"中华文明起源与早期发展综合研究"。

虽然此前中华文明探源工程已于 2001 年开始预研究，2004—2016 年完成了预期 4 个阶段的研究工作，取得了丰硕的成果。但从整体来看，此前的研究还处在前期阶段，在东亚现代人起源、中华文明探源等重大方向上的考古及研究仍很不够，探索空间仍然很大，对于文明认定标准的理论探讨还有很多的文章可做。在国际视野下的文明起源比较研究方面做得也不够，无法全面展示中华文明起源的特色。在做好释读、用中华民族辉煌历史增强文化自信方面还需进一步加大力度。

为此建议：由国家文物局牵头，中国社会科学院、中国科学院等单位共同参与，开展"深化中华文明探源研究工程"，进一步阐明中华文明要素形成、中华文明起源及文化共同体形成等重大问题，并加快推动实现中华文明探源研究的国际化。

一、开展中华文化及中华文明要素起源研究，即距今 10000 年左右至5000 年前后时期。重点围绕中国现代人起源、农业起源两个中心及城市、礼仪等文明要素起源问题开展研究，分析中国—东亚早期人群遗传结构及对现代族群的遗传影响，揭示万年前后至新石器时代早期社会状况及文明基因和文明要素；研究旧、新石器时代转型时期的社会组织、中国农业起源、新石器时代早期及中期社会发展阶段演变等问题，揭示中华民族的文化多样性、文明基因及相关文明要素发展的连续性。

二、开展中华文明早期发展研究，即距今 5000 年前后至先秦时期。重点围绕中国社会复杂化进程及区域性国家文明诞生后到华夏国家形成，开展夏文化及夏文明研究、中华文明早期发展进程研究和先秦时期各区域文明演进历程研究，梳理黄河流域、长江流域、西辽河流域等在这一时期从多源到一体的文明历史进程；建立中国边疆地区考古学文化序列和框架，探索边疆地区早期社会发展、人群流动、经济生业模式演进、资源开发与流通的基本情况，分析中华文明核心与边缘地区的汇聚和辐射影响因素，阐释从西周

"封邦建国"到秦统一的政治、经济、文化基础及其演进，研究华夏民族从"自在民族"到"自觉民族"的形成过程。

三、开展国际合作与文明比较研究。积极开展中华文明与古埃及文明、古苏美尔文明、古印度文明、古玛雅文明、古希腊文明等古代世界文明的比较研究，开展亚洲地区考古合作与文化遗产保护行动，进一步探讨中华文明的文化基因和文明特质，探索、凝练符合历史实际的人类文明特别是中华文明的认定标准，说明古代中国的思想、科技、艺术、制度等对世界文明进程的深刻影响，揭示中华民族对世界文明的重大贡献和世界文明多样性的运动规律。

四、组织多方面多学科力量开展研究。将"深化中华文明探源研究工程"作为国家考古及科技攻关重点工程，在国家自然科学基金及社会科学基金等设立专项，组织考古学、古人类学、历史学、古文字学、人类学、古生物学、古环境学、历史地理学、社会学、农史学、艺术史学、古中医药学等多学科、多领域专家学者共同深度参与，同时积极邀请更多的国外有关专家学者加入，以更好开展国际学术交流与合作，也更有利于研究成果获得国际认可。

五、加强相关考古成果和历史研究成果的传播。及时向社会大众展示"深化中华文明探源研究工程"最新成果，教育引导广大干部群众特别是青少年认识中华文明起源和发展的历史成就，不断增强民族凝聚力、民族自豪感和民族文化自信。

2月27日

略谈市场经济中的"理性选择"

丁元竹教授前日在漫谈群里发布的【社会关系、社会文明、社会建设漫谈—43】说：

市场扩张是导致利益格局变化和公共空间形成的重要因素。市场在其扩张过程中会塑造着非市场社会关系。而非市场关系又为市场关系创造一个社会环境。二者互为因果，只是在实际的政策执行过程中，人们如何来对这种关系进行设计罢了。一旦市场支配了人们的社会行为，渗透到人类社会发展的深层，会导致人类的社会行为屈从于经济行为。社会领域的过度市场化就是典型例证。马克思在其《1844年经济学哲学手稿》讨论的异化问题也许就是对这种结果的一个预见。因此，在社会发展的背后，利己主义和利他主义、市场化制度和非市场制度的关系的具体表现是由特定历史环境决定的。转型国家如何处理这两对关系，取决于他们的理性选择程度。

这段话，言简意赅，十分深刻，谈到了一个不可回避，但实践中有很多困惑、理论上有很多模糊的大问题。且西方发达国家已有前车之鉴，我们应该研究如何避免重蹈覆辙。

在市场经济中，每一个"经济人"都追求利润最大化，由此演出了一部部市场竞争的活剧，优胜劣汰，效率大增。但追求利润难免导致金钱至上，甚至出现把精神、信仰物化，抛弃诚信、道德的倾向。面对利润这个"聚宝盆"，手持利益这把"双刃剑"，身处市场这个逐利场，同居社会这个共同体，如何坚守伦理底线，明晰道德边界，有所为，有所不为？如何把经济冲动与道德追求、把物质财富与精神境界成功结合起来？一句话，如何在市场经济中保持有效的道德调节？这历来是个难题。

市场经济中的道德调节，存在着"二律背反"：一方面，资本追逐利润，个人追求利益，导致拜金主义泛滥，排斥道德；另一方面，社会追求公平、整体要求正义，导致市场要求自律，呼唤和遵守道德。亚当·斯密在《国富论》之外，还写下了《道德情操论》，而且后一本书他费的力气更多，改了多少稿，至死还在不断琢磨。如果说《国富论》探讨市场经济的经济学基础，那么《道德情操论》就在探索市场经济的伦理学基础。在《国富论》中，斯密把人性本恶作为经济学的前提假设，把个人利己主义的利益追求当作人类经济行为的基本动机。他说，"每个个人都努力使其生产物的价值达到最高程度……他通常既不打算促进公共的利益，也不知道他自己是在什么程度上促进那种利益，他只是盘算自己的安全；由于他管理产业的方式目的在于使其生产物的价值达到最大程度，他所盘算的也只是他自己的利益。"在《道德情操论》中，斯密又基于人性本善的假设，把源于人的同情的利他主义情操视为人类道德行为的普遍基础和动机："无论人们会认为某人怎样自私，这个人的天赋中总是明显地存在着这样一些本性，这些本性使他关心别人的命运，把别人的幸福看成是自己的事情，虽然他除了看到别人幸福而感到高兴以外，一无所得。这种本性就是怜悯或同情，就是当我们看到或逼真地想象到他人的不幸遭遇时所产生的感情。""人总是以利己为出发点，但是，如果每个人都毫无节制地发挥自己利己心的话，社会必将混乱，最终导致毁灭。所幸的是，人的感情是多样的，利他心、慈善心、爱心……它确立了法与统治的一般原理的基础——正义。"斯密的论述，实际上触及了市场人的经济理性与伦理理性的"二律背反"问题，但他无法解决这个问题。此即所谓"斯密悖论"。

马克斯·韦伯试图解决这个问题。他的晦涩难懂的《新教伦理与资本主义精神》一书，被哈佛大学百名教授奉为经典。尽管我们认为，"资本来到这个世界，从头到脚，每一个毛孔都滴着血和肮脏的东西"（马克思语），韦伯却赞美"资本"，主张通过资本运作使钱生钱，赚钱光荣。但赚钱是讲伦理、有美德的：一要勤勉劳动，二要依诚信赢得信任、以合法方式赚钱，三要节俭以积累资本并进一步以钱生钱，这就是韦伯说的"资本主义精神"。韦伯说，"它的基本内容包括：人人应承担'诚实交易'、'遵守承诺'和'守时'等义务和责任，并且以'刻苦'、'勤奋'、'忠诚'等态度来对待各自的职业，以精确的理性计算，来使资本和劳动的组织合理化，小心而又有远见地追求经济成功。"问题是"人的天性"，总是趋向于既要"富起来"，又要少干活；满足"人的欲望"，是有钱就要花，有水要快流。韦伯认为，资本主义的衰落，恰是因为这种"人的天性和欲望"导致"资本主义精神"的缺失。但他惊喜地发现，16世纪脱离罗马天主教的新教各教派，却"伴随"有这种"资本主义精神"。马丁·路德提出了"劳动是唯一取悦上帝的方式"。加尔文的"预定论"则进一步说明，辛勤劳动取得工作成就被证明是得到上帝恩宠、列为上帝选民的唯一手段。而财富全是上帝的，人，只是代上帝管理和使用财富，因此"富起来"之后只有节制消费和热心公益，才能得到上帝的青睐。韦伯说，"圣徒们为了证明自己获得上帝的救赎，就要积极地勤劳致富，那么就要把现世的生活彻底理性化，完全受增添上帝的荣耀这个目的支配，他的一切言行都为着上帝的荣耀。"因此，资本主义发展与新教发展聚集区便高度重合，两者"伴随"发展。这里，他用了"伴随"一词，有意回避了"因果关系"的提法，但又忍不住说，"新教伦理不但赋予经济活动以伦理的意义，而且恰恰是由于把经济活动伦理化，而使经济活动理性化，从而导致'资本主义精神'"。韦伯断言，"一个人对天职负有责任乃是资产阶级文化的社会伦理中最具代表性的东西，而且在某种意义上说，它是资产阶级文化的根本基础。""没有企业家阶层就没有资本主义的发展，没有道德宪章就没有企业家阶层，没有宗教信念就没有道德宪章。"

我们当然不会去照搬什么"新教伦理"。从来就没有什么救世主，也不靠神仙皇帝。我们之所以不厌其烦地关注韦伯的这些说法，乃因为他提出了涉及"富起来"的"终极问题"：为什么富起来，靠什么富起来，怎么富起来，富起来怎么办？他其实也回答不了、解决不了这些问题，所以，只能以"新教伦理"来回答，靠"上帝"的威严来解决。我们 14 亿人"富起来"，是不是也涉及这些问题？我们当然不靠根本不存在的什么上帝，不靠以取悦上帝为基础的"新教伦理"。那我们靠什么来回答和解决有关"富起来"的这些既是"终极"更是现实的问题呢？

我们搞市场经济，也要面对在资本盈利和个人谋利这两个"起点"被启动、激活后（也就是"富起来"），人们如何提高自我约束力和道德水平的实际问题。如果不去正视市场经济中道德调节的"二律背反"难题，如果不经意间搞得金钱至上、诚信尽失、劣币驱除良币，乃至腐败丛生、积重难返，市场经济的正常秩序就难以为继，社会就会积累不满乃至引发动乱，以至"颠覆"！或可以说人类社会原本存在的结构性"二律背反"，本身就构成了病毒袭击人类之前脆弱的"颠覆性基础"。诺贝尔经济学奖得主诺思曾有言：自由市场制度本身并不能保证效率。一个有效率的自由制度，除了需要一个有效的产权和法律制度相配合之外，还需要在诚实、正直、合作、公平、正义等方面，有良好道德的人去操作这个市场。

我们可以不去理睬韦伯的《新教伦理与资本主义精神》那本晦涩难读的书，也不必去理会当年异国他乡的那些新教徒们，那些奇怪的致富举动。但如何建立我们自己的、社会主义的现代市场经济发展所需要的"市场伦理"，把"富起来"的诉求，把"资本"增长的冲动，与"勤劳""诚信""节俭""不害人、坑人"的仁德建构成功嵌合，激发勤劳致富、不断创新的活力，倡导爱国守法和敬业诚信，抑制拜金主义、享乐主义、极端个人主义的泛滥，建立"不想腐、不敢腐、不能腐"的机制，促进扶贫济困、礼让宽容的人际关系，形成勤勉做事、平实做人，守信光荣、失信可耻的社会氛围，构建传承中华传统美德、符合社会主义精神文明要求、适应社会主义市场经济的道德和行为规范，实在是我们"富起来"过程中需要探索、需要解决的大课题。今天，我们正在理直气壮地走向"富起来"，在大力发展市场经济中实实在在地"富起来"。尤其是跳出"均贫富"的困境，鼓励一部分人、一部分地区先富起来，促进先富带后富，实现共同富裕，卓有成效地"富起来"。

14亿人走向"富起来"的图景如此波澜壮阔，当然不会、也不可能是只去"想象着一个朦胧的远景"，当然应该有，也必须会有我们实实在在的、清晰管用的"市场伦理、致富伦理、经济伦理、社会伦理与社会主义精神"。

但市场经济中道德调节的"二律背反"，是悖论，也蕴含着调节"生命稳态"的规律，是明明白白摆在那里的。我们党从夺取政权到长期执政，是一场历史考验。从领导和驾驭计划经济到领导和驾驭市场经济，也是一场历史考验。各级党员干部从以清贫为本色与人民群众同患难，到以致富为追求带领人民群众奔小康，更是一场历史考验。党的工作要以经济建设为中心，无论从宏观调控到各项经济活动的组织、推进和监督，党的各级组织、广大党员全面参与市场经济，又必须防止市场经济负面的诱惑和腐蚀。如何自觉抵制商品交换原则对党内生活的侵蚀？如何把权力关进制度的笼子里，尤其是把支配资本的权力关进法制的笼子里？不受制约的权力难免腐败，绝对不受制约的权力有可能绝对腐败。如果只拥有权力而不承担责任，只行使权力而不接受监督，每一个执法者都有可能成为潜在的法律破坏者，而每一个公民都有可能成为这种破坏行为的受害者。孟德斯鸠在《论法的精神》中说过："一切有权力的人都容易滥用权力，这是万古不变的一条经验。有权力的人使用权力一直到遇有界限的地方才停止。"资本不断扩张的冲动和权力不断膨胀的欲望相结合，有可能产生"核聚变"，冲击现有的界限，使法律的界限模糊，使道德的界限丧失；不断扩大权力的边界，滋生出一批贪得无厌、肆无忌惮、无法无天的"苍蝇""老虎"，毒化和败坏党风、民风。我们党面临的最大挑战，就是要防止在市场经济中变质、变味、变色。当权力与资本相遇，可以支配资本而又不受制约的权力，难免导致普遍性、塌方型腐败，甚至成为马克思主义所严厉批判的"垄断资本主义"，彻底走向党和人民的反面。这一切并非耸人听闻，是真可能在"富起来"的过程中滋生、发展、蔓延、泛滥的。

市场经济不断给我们带来"财气"，也形成无所不在的"地气"。一个以利益关系为基础的社会价值体系和作为其反映的价值观念体系，必须回应全社会的利益关切。对于发展市场经济过程中社会上业已出现的道德滑坡、信任缺失、腐败时现的现象，如果整个社会的核心价值观不能对症下药、刮骨疗伤，而束手无策任其病入膏肓，就没有说服力、缺乏生命力。只有让社会主义核心价值观接地气，与现代市场体系以及相应的社会结构更加紧密契合，才能够对准人们思想的共鸣点、群众利益的交汇点而生生不息，增强对广大群众的吸引力和感染力而生动活泼，进而成为人们自觉的利益诉求和价值愿望，成为人们世界观、人生观、价值观的总开关而无所不灵。

我们本来建设的就是社会主义市场经济。因此，培育和践行社会主义核心价值观，要落实到成功建立现代市场经济发展所需要的"市场伦理""经济伦理""社会伦理"和"致富伦理"。这决定了与人们生产生活和现实利益密切相关的具体政策措施，需要注重经济行为和价值导向的有机统一，经济效益和社会效益的有机统一，从而实现市场经济和道德建设良性互动。需要建立完善相应的政策评估和纠偏机制，防止出现具体政策措施与社会主义核心价值观相背离的现象。需要形成有利于弘扬社会主义核心价值观的良好政策导向、利益机制和社会环境。这次武汉乃至全国抗疫，大家已深刻体会到，医疗系统不能都完全彻底交给"二律背反"左右的市场。其实，交响乐、芭蕾舞、非遗保护、博物馆、图书馆……种种公共效用突出的文化事业，又岂能简单、不论死活地一概交给市场！让社会主义核心价值观接地气，必须解决好厚德载物、厚德载市场经济的问题。在"富起来"的过程中，正如习近平总书记所说，要"引导人们向往和追求讲道德、尊道德、守道德的生活，形成向上的力量、向善的力量"，"只要中华民族一代接着一代追求美好崇高的道德境界，我们的民族就永远充满希望。"永远的希望，既是在一任接着一任"加油干"的"富起来"过程中，更是在"一代接着一代追求美好崇高的道德境界中。"

总之，一步步的"富起来"的过程中，就要考虑"二律背反"与贫富差距结构性的存在；更需要看到，一个社会贫富差距的不断拉大，会引发巨大的社会风险。福兮祸所伏，祸兮福所倚，14亿人富起来的过程也蕴含

"颠覆性风险"，或为肆虐的病毒疫情"颠覆性风险"提供引发"颠覆性"的社会基础。我们应该努力，在唯物史观的指导下，激活中华传统文化的优秀精神基因，建立适应社会主义市场经济的道德和行为规范，建立"君子厚德以载市场的人文环境"。

3 月 11 日

全国政协十三届四次会议昨天（3月10日）胜利闭幕。为了集中精力开好政协会，漫谈读书群暂停10天。今天，群主阎晓宏宣布漫谈群重启。春风得意马蹄疾，清早又闻读书声。

参加10天的政协会（从列席常委会到大会），感慨良多，记录一则如下。

"老委员"的"新意思"①

我是一位连任几届的全国政协"老委员"，多次参加政协会。应该说，再参加今年和明年的两次大会，就该退休了。

在极不平凡的2020年，政协工作也取得极不平凡的成绩。政协委员展现了新的风貌、新的担当。今年来政协会议报到，分明感到委员们个个精神振奋，意气风发，有如"人人怀素山之玉，个个握灵蛇之珠"，特别有那么点"新意思"。

这话，是从3月1日列席政协常委党员会，听汪洋主席在会上的讲话说起的。党的十八大以来，党和国家事业取得了历史性成就，发生了历史性变革。我们非常有幸在工作生涯中，能够经历这样的历史性时期。我们如何跟得上、对得起这个历史时期，珍惜这段工作时间，"不待扬鞭自奋蹄"，始终保持奋斗者的姿态和革命者的事业心，尽心尽力，发光发热？如果抱着"曾经沧海难为水"的心态，干工作只是"意思意思"，就没意思了。不仅辜负了时代，对不住使命，而且到任期结束后想意思意思都没有机会了。

是的，每个人的生命长度有限。但可以通过学思践悟增加生命的厚度，通过提高水平发挥作用彰显生命的价值。我们现在到了这个年龄，要把政协

---

① 此文摘要发表于3月5日《人民政协报》。

当作加油站、充电站，而不是停靠站、终点站，在自我完善、自我提高中享受工作、增强获得感。从一定程度上，这也是为未来或退休后的生活做一点准备。

从前一样窗前月，才有梅花便不同。我当然要十分认真、心无旁骛、全力以赴地参加这次政协会。这，就是一名"老委员"的一点新体会，"新意思"。

3月15日

老群主的回忆和感悟，句句温馨

张连珍的《易理人生》一书正在文史出版社编辑中，王蒙先生题写书名，南京大学书记、经济学家洪银兴，国学大师张其成都写了热情洋溢、深刻透彻的序言。我也跟在后面写了篇有关此书成书的杂记，作为序言之三。付印前审读发现，我当时兴之所至、行笔匆匆，在随手引用漫谈群中书友的点赞之语时，竟把多次点赞的老群主吴尚之的发言漏掉了。爬楼再去寻觅，已然踪迹全无。互联网平台是能保存海量数据的，可我们的平台的"技术保障"怎顾得上"保障"这个？由此想到，昨天晶明、元竹感叹编辑年谱之艰辛。

于是，我给尚之发信："尚之老群主，我遵张连珍嘱给她的《易理人生》一书写序，其中必须引一段您的话。望发给我，省去爬楼寻觅之苦。致以温馨的问候！"

尚之很快认真地回复了一大段"张连珍《易理人生》感悟"，真是句句温馨。全文如下：

小文主任好！您为连珍主席《易理人生》一书写序，是最佳人选。您当初动员连珍主席到委员读书漫谈群开设专栏的情景，至今历历在目。借此，预祝连珍主席大作的顺利出版！当时张主席在委员读书漫谈群开设谈《易经》专栏，我曾经边学习，边互动发言。由于三个月前，读书群又更新了一次，我们当时的发言似乎在现有的读书群里找不到了，即使与您一起到漫谈群爬楼梯去寻觅，也是枉然。楼梯还在，那些互动发言却不在了。不过，连珍主席关于《易经》的精彩讲解和人生哲理的深刻论述，还深深地留在我们的记忆之中。

我记得，在当时的互动发言中，对连珍主席谈《易经》、悟人生，印象和感悟最深的有这样几点：一是对《易经》讲解专业精准。关于《易经》的书籍已经出版不少，我在看连珍主席讲解的同时，也对照其他版本学习，感到连珍主席对《易经》的讲解很专业，也很准确。后来渐渐了解到，连珍主席研究《易经》，已经下了几十年的工夫了，为此她读了不少《易经》方面的专著，还请教了许多研究《易经》的专家、学者。在不断地学习研究之中，连珍主席早已成为这方面的专家。二是对《易经》的讲解具有鲜明的时代特色。连珍主席的讲解，一方面体现了她对优秀传统文化的高度自信，另一方面也反映了她对新时代如何弘扬优秀传统文化的科学态度，她在创造性转化和创新性发展方面付出了辛勤努力。她的讲解，紧扣时代主题，联系社会现实，在解读《易经》的同时，使人领悟到学习《易经》在当今的意义。了解和懂得《易经》的哲理、智慧，对于研究和认识今天的社会、经济、政治、文化领域的问题，具有启示和指导作用。三是对《易经》的讲解深入浅出，通俗易懂。《易经》很深奥，确实是一部难懂的书。往往是由浅入深易，由深入浅难。连珍主席由于下的功夫多，研究深透，所以她的讲解，做到了通俗易懂，娓娓道来。特别是她善于谈易理，悟人生，从个人修为、家庭关系、社会人生，都可以从《易经》里找到诸多启示和借鉴。连珍主席的讲解，使我们不仅学习了《易经》的知识和智慧，而且使我们再次领悟到了中华优秀传统文化的博大精深。

老群主的感悟和对书友的真诚，令人感动。这些漫谈群中有关书友读书的温馨回忆，电脑不存，人闹存，老群主的脑海里存着。我要把它记录在《漫谈群日记》中。

连珍主席字字连珍　丁伟老兄字字珠玑
来燕小弟句句哲语　晓宏群主声声动情
小文先生丝丝入扣　尚之哥哥处处温馨
元竹晨语日日萧萧　永新说书天天翻新
为山雕塑款款惊艳　忠梅说法条条在理
晓冰妹妹时时鼓劲　晶明作家亮亮晶晶

3 月 25 日

YOYO 要不得，提倡 WITT 和 OAOA

这个题目，是三句话的英文缩写：YOYO——只为自己（You are on your own）；WITT——我们一起做（We're in this together）；OAAO——我为人人，人人为我（One for all，all for one）。

弄这个题目，是受丁元竹教授【社会关系、社会文明、社会建设漫谈—61】以《同舟共济、公平发展的社会共识》为题一文的启发。

文中谈到华盛顿经济研究所的伯恩斯坦（Jared Bernstein）通过一个发生在天堂和地狱的寓言对自己心中理想的社会描述："我曾经听人们讲过一个发生在天堂和地狱中的寓言：分别在天堂和地狱的人们，围坐在盛满美味大餐的餐桌旁，食物远离他们，不过他们每人都手握真正的、可以触及那些食物的长长餐叉。在地狱，人人都挨饿，因为尽管每个人都可以用手中的餐叉去取到食物，但是，餐叉长于他们的手臂，以至于他们弯过手臂难以把餐叉终端的食物送到嘴里。在天堂，人们也面临餐叉太长问题，但是大家吃得很好，怎么回事？因为他们互相喂食。"

这个寓言的核心是：人类只有在相互帮助过程中才能够过上美好的生活，也才能够得以生存和发展。永续发展的社会必须是一个互助友爱的社会。紧接着这个寓言，伯恩斯坦指出了当代美国社会问题的实质：由于过分强调个人主义，美国社会和经济的发展就像在地狱里吃饭一样，人们被推到了相互孤立的境地，尽管经济持续发展，但似乎人人都感到饥饿。这个过分强调个人主义政治和社会哲学正在伤害着美国，危及国家的未来，危及后代的发展，更为荒唐的是，它使那些试图实现美国梦的人变得更加艰难。

面对这种困境——"只为自己"观念（YOYO，You are on your own），伯恩斯坦认为，人类需要一个变通的理念，这个理念既能接纳个人自由，又强调这种个人自由应当通过更合作的方式来应对人们面对的挑战来实现，他称之"我们一起做"（We're in this together，WITT）。

其实，我们提倡的不仅是 WITT，更是 OAAO——我为人人，人人为我（One for all，all for one）。"提倡修身律己、尊老爱幼、勤勉做事、平实做人，推动形成我为人人、人人为我的社会氛围。"

为什么要提倡0AA0，明天续谈。

3月26日

我为人人　人人为我

"我为人人、人人为我"的口号，过去提过，又放下；批了，再提倡。这种辗转反复，有如时代镜鉴，值得琢磨。

主张"为人民服务"，当然要强调"我为人人"，但并不因此就否定"人人为我"。一般即寓于个别之中，"人民"要体现在一个个鲜活的个体之中。如果要求一部分人只提供服务而不享受服务，"为人民服务"岂不失去了一部分服务对象？如果要求个人无条件为集体牺牲一切，甚至放弃合理正当的利益追求，这种无视个体权益的"集体主义"何来感召力，又何来"可持续发展"？"我为人人"，在物质条件匮乏的历史阶段有其合理性，但随着时代发展，"人人为我"的合理诉求也应逐步满足。总是忽视个人正当利益追求，必然影响个人活力和创造力的发挥，最终影响经济社会的整体发展。这方面，我们的教训是深刻的。

蛋糕要做大，也要分好。列宁说过，"我们要努力把'大家为一人，一人为大家'和'各尽所能，按需分配'的准则渗透到群众的意识中去，渗透到他们的习惯中去，渗透到他们的生活常规中去。"在社会主义市场经济条件下，个体利益与社会整体利益从根本上并不矛盾冲突，反而可以实现双赢。正如马克思所说，要"实现人的自由、解放和全面发展"，也要求"每个人的自由发展是一切人的自由发展的条件"。

人我关系，既简单又复杂。孔子说，"己所不欲，勿施于人"，"己欲立而立人，己欲达而达人"。在市场经济中，每一个"经济人"都追求利益最大化，由此演出了一部部激烈竞争的活剧，优胜劣汰，效率大增。但如果一切向钱看，就会把精神、信仰一概物化，就会把诚信、道德统统抛弃。手持利益这把"双刃剑"，身处社会这个共同体中，恐怕还需要坚守底线，明晰边界，有所为，有所不为。

人我关系，既稳定又发展。经过了个人利益的觉醒、市场经济的洗礼，如何把经济冲动与道德追求、把物质财富与精神高度成功结合起来，检验着社会的文明程度。2010年"非公有制经济人士回报社会感恩行动"在全国深入开展，参与企业5万家，投入资金30亿元，累计受助30万人。这些行动，都是"我为人人、人人为我"的生动体现。倘若推而广之，社会关爱人人，人人感恩社会，每一社会成员都充分感受社会的温暖与和谐，反过来"滴水之恩，涌泉相报"，守望相助，蔚然成风。如此良性循环，不就是"我为人人、人人为我的社会氛围"吗？此中，生长着一种新型的社会文明，激扬着社会主义核心价值的生命力。

人我关系，见仁见智，不妨"去掉一个最高分，去掉一个最低分"。大公无私是圣人，公而忘私是贤人，先公后私是善人，公私兼顾是常人；私字当头是小人，假公济私是痞人，以公肥私是坏人，徇私枉法是罪人。我们要提升常人，提倡善人，学习贤人，向往圣人；也要教育小人，揭露痞人，改造坏人，惩治罪人。鉴于日常的、多数的是常人，要做的"常事"，就是修身律己，平实做人；要说的"常理"，就是"我为人人、人人为我"。

3月27日

学习《中国共产党简史》感言

庆黎副主席昨天子夜在漫谈群发言，概括"百年辉煌——中国共产党的光辉成就"：

第一，开天辟地：在新民主主义革命时期完成救国大业；

第二，改天换地：在社会主义革命和建设时期完成兴国大业；

第三，翻天覆地：在改革开放和社会主义现代化建设新时期推进富国大业。

惊天动地：在中国特色社会主义新时代推进并将在本世纪中叶实现强国大业

庆黎副主席概括得真好！

中国共产党在百年奋斗的光辉历程中，为中华民族谋复兴，为中国人民谋幸福，带领中华民族站起来、富起来、强起来，实现伟大复兴。

学习中共百年党史，要深刻铭记党的光辉历程，深刻认识党的伟大贡献，深刻感悟党的初心宗旨，系统掌握党的理论成果，学习传承党的伟大精神，深刻领会党的宝贵经验。这么丰富的内容，如果从突出文化支撑的角度，贯穿党的初心宗旨的主线，也可以概括为：

一，"站起来"要文化自信，中国共产党使中华民族"此心光明"；

二，"富起来"有文化内涵，中国共产党使中华民族内心强大；

三，"强起来"有文化力量，中国共产党使中华民族万众一心。

初心始终不渝，此心无量光明。

4月6日

学习王伟光党史首讲的体会

清明节前，【中共党史学习读书群】首开讲座，王伟光主任围绕"充分认识开展党史学习教育的重大意义、全面了解中国共产党百年奋斗的光辉历程和历史性贡献、深刻把握开展党史学习教育的重点、学懂弄通做实习近平新时代中国特色社会主义思想"四个方面进行了学习辅导。

我有两点体会。

一、我们找出的新路

正如习近平总书记指出的，我们党之所以能够由小变大、由弱变强，根本原因是始终坚持和践行为中国人民谋幸福、为中华民族谋复兴的初心和使命，始终保持同人民群众的血肉联系，这是党战胜一切困难和风险的根本保证。

我们要常想想当年在延安民主党派人士黄炎培的一段名言，"我生60多年，耳闻的不说，所亲眼看到的，真所谓'其兴也勃焉'，'其亡也忽焉'……都没能跳出这周期律的支配力。""中共诸君如何找出一条新路？"的确，苏共20万党员时，打败了资产阶级临时政府，建立了政权；200万党员时，打败了德国法西斯，保卫了政权；2000万党员时，却自己打败了自己，失去了政权，还真是其兴也勃焉，其亡也忽焉！中国共产党党员已经发展成为一个走过百年光辉历程、在最大的社会主义国家执政70多年、拥有9100多万党员的世界上最大的马克思主义执政党。"中共诸君找出的一条新路"，就是"中国共产党立志于中华民族千秋伟业，百年恰是风华正茂，要始终站在时代潮流最前列、站在攻坚克难最前沿、站在最广大人民之中，永远立于不败之地。"

二、我们的历史视野

习近平总书记说，我们的历史视野中：

——要有 5000 多年中华文明史；

——要有 500 多年世界社会主义史；

——要有中国人民近代以来 180 多年斗争史；

——要有中国共产党 100 年的奋斗史；

——要有中华人民共和国 70 多年的发展史；

——要有改革开放 40 多年的实践史；

——要有新时代中国特色社会主义取得的历史性成就、发生的历史性变革。

奋力前行，继往开来。大道之行，天下为公。站立在 960 多万平方公里的广袤土地上，吸吮着 5000 多年中华民族漫长奋斗积累的文化养分，拥有 14 亿中国人民聚合的磅礴之力，中国共产党带领中国人民坚定不移地走中国特色社会主义道路，具有无比广阔的时代舞台，具有无比深厚的历史底蕴，具有无比强大的前进定力。

然而在之前欧盟跟随美国制裁中国后，这种良好的关系就破裂了。两名德国高官因此警告认为，想要通过这种艰难的对抗行为来对付和软禁 14 亿中国人是做不到的，这是欧盟必须面对的问题。

4 月 16 日

【调研手记】

昨天应淄博政协邀请到淄博讲"画大同心圆"的课。讲课之余，一面读着线上漫谈群里的《红色金融史》，一面在线下和淄博市政协主席毕荣青同志讨论，淄博应该有一部中国共产党的《红色工业史》。党的一大代表曾在这里的矿区建立了直属党中央的工人党支部；"一五"期间这里是共和国工业起步的重镇；现在随着整个国家迈向新征程，淄博的工业正在转型升级、凤凰涅槃……

中国共产党是中国工人阶级的先锋队，百年党史中当然应该包含着《红色工业史》。党旗上的镰刀和斧头，应该同样熠熠生辉。

据悉，淄博正在筹划"淄博百年工业史"展览，准备 6 月 10 日开展！我将应邀率满天星业余交响乐团，专程去祝贺！

4 月 17 日

《星光》为何动人心弦
——在"嫦娥 5 号搭载《星光》登月证书颁授仪式暨节目创作研讨会"上的发言

一首《星光》，动人心弦。

构建人类命运共同体，这个全人类共同的、宏大的、漫长的任务，真的十分艰难、无从下手啊。但说难，其实也不难。一首叫《星光》的简单的抗疫歌曲，由 10 个国家的儿童演唱，共同礼赞世界各国的抗疫"天使"和志愿者，体现团结一心共克时艰的人类精神，传递人类命运共同体的理念。特别是，这首歌由中国发射的嫦娥 5 号搭载，到宇宙遨游，在世界传播。这就是干了一件为构建人类命运共同体而努力的实事、好事，动人心弦的漂亮事。

《星光》为何动人心弦？这首简单的歌曲后面，其实蕴含着中华文化深厚的文明积淀。和 10 个国家的孩子们一起唱着《星光》，我不禁想起中国古代思想家王阳明临终弥留之际，拼其全力向全人类呼唤的最后 8 个字："此心光明，亦复何言"！

《星光》也是"心光"，构建人类命运共同体，全人类都要有"光明之心"。

这"光明之心"，来自《星光》里所体现的，中国文化强调的"万物一体"。孟子提出过"仁民而爱物"，张载提出过"民胞物与"。意思都是把天下之人都当作自己的同胞，将万物看成是自己的同类，由此形成天和人、自然和人之间的和谐关系。从"万物一体"角度可以理解习近平主席提出的人类命运共同体理念所蕴含的深厚中国历史内涵。世界本身就是一个有机整体，所有生命休戚与共、唇亡齿寒，没有谁能"独善其身"。就像《星光》中唱的，病毒从未禁足在国界，疫情也不会区分肤色。任何"物"都必须得到照顾和支援，同时也必须尽维护此有机整体之责，即权利与义务的统一。

只有这样，人类才能共同应对疫情以及地震、洪水、战争、恐怖主义等自然和人为灾害，形成一个强大的生存共同体。

这"光明之心"，来自《星光》里所体现的，中国文化强调的"人人皆可为尧舜"。也就是习近平总书记在新年致辞里说的，"每个人都了不起"。古人王阳明认为，"满街都是圣人"，"四民异业而道同"，是说每个人都有他独到的特点，每个人都有良知，每个人都有成为圣贤的潜质。他提出这样的思想，不亚于"独立宣言"中的"人生而平等"。联合国宪章明确规定："联合国会员国间之关系，应基于尊重主权平等之原则"，"本宪章不得认为授权联合国干涉在本质上属于任何国家国内管辖之事件。"王阳明也曾一再提醒他的学生：与人讲学的时候，不能拿出一个圣人的架势。所谓拿着圣人的架势讲学，也就是从文化的优越感出发，以一种居高临下的态度对待他人，缺乏或者没有对不同文化背景的人的尊重和宽厚的意识。历史的衍化过程中，基于多样的历史背景，人类形成了不同的文明形态，从文明形态之间的关系看，其中任何一种文明形态，都不应被赋予主导性或绝对的优越性，相反，需要以宽容、尊重多样性的角度来对待文明的不同形态。对文明差异和多样性的这种尊重和包容，也是和谐的人类命运共同体理念的应有之义。

这"光明之心"，来自《星光》里所体现的，中国文化强调的"知行合一"。其含义是知中有行，行中有知。既倡导学习与立志，又倡导学以致用，崇尚实践。"知是行的主意，行是知的功夫。知是行之始，行是知之成。"习近平主席在多个场合或讲话中先后数十次提到阳明心学的要点"知行合一"。知而不行就等于未知，真正的知需要通过落实于行而得到体现。我们不要碌碌无为的清谈馆，要做知行合一的行动队。在践行人类命运共同体理念上，中国是既说也做的。中国迄今已向全球160多个国家和国际组织提供了抗疫物资援助，正在以不同方式向100多个国家和国际组织提供急需的疫苗，为全球疫情防控提供了强大助力。

就像《星光》所唱，人类只要携手并肩，坚信命运共同相连，必将战胜恶魔迎来美好明天。严酷的寒冬总要过去，温馨的春天即将到来。相信人类在携手抗击疫情的战斗中，必将更深刻地认识到人类命运共同体，让"睦邻友好"超越"以邻为壑"，让"互利合作"取代"零和博弈"，让"多边主义"战胜"单边主义"，共同创造更加平等、美好、幸福的后疫情世界。

《星光》为何动人心弦？"此心光明，亦复何言"，这"光明之心"，确实难言，讲了一辈子心学的王阳明，临终的遗言竟是"亦复何言"。但，一首《星光》，竟把这"难言之言"的"亦复何言"，唱得如此动人心弦。

《星光》也是"心光"，把人类共同的"光明之心"，唱响中国，唱遍世界；把人类共同的天籁之音，唱彻云寰，唱响宇宙。

《星光》也是"心光"，德国诗人海涅说过，"思想走在行动之前，就像闪电走在雷鸣之前一样"。嫦娥 5 号搭载的 10 国儿童歌唱的《星光》，就是人类一束动人心弦的"思想的闪电"，它走在了构建人类命运共同体的行动前面。

4 月 18 日

"2021 海淀区全民阅读活动启动仪式暨满天星业余交响乐团音乐会"致辞

我是海淀居民中的一员，也是满天星业余交响乐团的一员，还是全国政协委员的一员。

——作为海淀居民的一员，我为海淀而光荣和自豪。我们海淀，是"文化之海，艺术之淀"，是书香海淀，科技海淀，人文海淀，红色海淀。

——作为乐团成员的一员，我在音乐中读书，"乐以和其声"。我们乐团，今天是成立 6 年来的第 159 场演出，我们每场的主题，都是"音乐点亮人生"。今天，我们很高兴和大家一起，用音乐来点亮"全民阅读活动"。

——作为政协委员的一员，我沉浸在"书香政协"之中。全国政协委员读书活动开展一年，在互联网线上的"委员履职平台"开设了 60 个读书群，2000 多委员分别进入不同的读书群一起读书，线上线下书卷常开，政协书院灯火不熄。现在，正以学习党史统领政协委员读书深化，以政协委员读书促进学习党史深入。全国政协委员一起读书讨论，每天写 1000 字的读书笔记，一年来，我汇集出版了两本书——《书香政协百日漫游》和《处处书友遍地书》。

作为海淀一员、乐团成员、政协委员，我要说，读书 + 音乐 + 委员履职，这个境界，就像是孔夫子向往的"兴于诗，立于礼，成于乐"。

为什么"兴于诗"，"立于礼"如此重要，"成"却在于"乐"？在今天看来，"乐"不仅是音乐之"乐"，快乐之"乐"，而是读书的蔚然成风，道德的普遍高尚，精神的昂扬向上，活力的竞相迸发，人民对美好生活的追求不断实现的，"安得天下尽欢颜"之"乐"。

祝贺今天在国家图书馆艺术中心举行的"2021海淀区全民阅读活动启动仪式暨满天星业余交响乐团音乐会"！

让我们共建书香海淀、共享智慧生活，一起"兴于诗，立于礼，成于乐"！

4月22日

要深入研究积淀于人们心里的深层次社会矛盾

丁元竹教授在【社会关系、社会文明、社会建设漫谈—90】提出：

"更为复杂的是，深层次的社会矛盾会成为主观的社会问题。大量客观社会问题得不到很好的解决就会积淀在人们的心里，长此以往，会因现实矛盾激化而暴露出来，成为人们的社会行动。"

这个问题非常重要，需要深入研究。

我在《变革社会中的社会心理：转换、失调与调适》（原载于《中国社会科学》1989年第5期）一文中曾提出：

在改革开放中，整顿治理经济环境，建立社会主义市场经济新秩序，不能不关注和研究变革社会中的社会心理问题。

社会心理作为低层次的社会意识又属于社会意识特殊，它被社会存在决定和反作用于社会存在的具体机制，具有与其它层次的社会意识所不同的特征：它是对社会存在的最直接的反映，而不是"悬浮在空中"的间接、曲折的反映；它是对社会存在的零散、肤浅的反映，而不是系统、深刻的反映；它是社会意识的结构中最活跃的、不定型的层次，而不是如其他社会意识形式那样一旦形成便相对稳定、相对独立的层次；它是通过感染、暗示、模仿等潜移默化的形式影响人们的感情、情绪、需要、动机、愿望等，从而影响人们的社会行为，而不是通过教育、灌输等方式改变人们的世界观和方法论，从而理性地调节人们的社会行为。

社会心理的这种作为"无意识的社会意识"的特征，使其在反作用于社会存在的过程中展现出两种品格：一是直接敏锐、跟踪反映的品格，二是肤浅粗糙、朦胧无序的品格。而这两种品格，对当前我国的经济秩序又起着显性和隐性的两重作用。

【社会关系、社会文明、社会建设漫谈—90】

如何铸造社会生活？公共服务和社会服务如何能够延伸到家庭和人际关系的层次？这都是社会建设中的重大问题，需要认真研究。

更为复杂的是，深层次的社会矛盾会成为主观的社会问题。大量客观社会问题得不到很好的解决就会积淀在人们的心里，长此以往，会因现实矛盾激化而暴露出来，成为人们的社会行动。好的基层公共服务和社会服务会降低社会管理的成本。

在政府层面上，基层公共服务与社会治理不能分开，应当一起规划。

在这个意义上，双管齐下的治理必须从两个方向切入，一是问题本身的治理，常规的治理，诸如规范、约束、管控等；二是心理的治理，这需要动之以情，晓之以理，以情动人，建立人与人之间的沟通顺畅的关系模式。

我们提出社会空间中的社会关系模式就是试图通过这样人与人之间、心与心之间的交流来夯实社会沟通，实现社会治理和建立社会秩序，同时也激发社会活力。

中国在新时代社会治理的着力点应该聚焦在这个问题上，创新社会治理模式也应该在这方面下功夫。这也是提升社会治理水平的关键。

4月26日

读书"乐以和其声"　南来北往皆书香

全国政协"委员读书漫谈群"曾于2月3日在全国政协小礼堂举行过一次委员读书线下交流活动，主题是"从巴洛克到浪漫派——西方古典音乐风格概览"。汪洋主席，张庆黎、刘奇葆、李斌、刘新成副主席以及漫谈群诸多群友出席。汪洋主席就音乐鉴赏、文化建设、精神文明等问题，和委员们交流恳谈。大家说，这是一次开阔视野、生动丰富的读书漫谈。

4月27日、5月12日，辽宁省政协、广东省政协将分别举行一次"经典音乐鉴赏"的委员读书线下交流活动。读书"乐以和其声"，南来北往皆书香。

今天我赴沈阳，在全国政协经济委员会副主任夏德仁（原辽宁省政协主席）的指导下，与沈阳音乐学院的音乐家们一起排练。

4 月 27 日辽宁省政协读书线下交流活动"经典音乐讲座"节目单

主讲人：王勇（上海市政协委员，上海大学音乐学院院长）

一、巴洛克时期

1.《G 小调双大提琴协奏曲》 维瓦尔第

演奏：叶小文　杨娣

协奏：沈阳音乐学院室内乐团

第一小提琴：吴丹

第二小提琴：贾晓程

中提琴：韩继光

大提琴：关立红

低音提琴：李娜

钢琴：朴英

2.《大提琴无伴奏组曲　第一组曲前奏曲》 巴赫

演奏：叶小文

二、古典时期

1. 钢琴三重奏《小夜曲 K525》 莫扎特

改编：朴英、关立红

小提琴：贾晓程

大提琴：关立红

钢琴：朴英

2.《C 小调第四弦乐四重奏 OP.18 第一乐章》 贝多芬

演奏：沈阳音乐学院室内乐团

第一小提琴：贾晓程

第二小提琴：许权邦

中提琴：韩继光

大提琴：关立红

三、浪漫主义时期

1.《B 小调大提琴协奏曲第二乐章》德沃夏克

演奏：杨娣

钢琴：张文韬

2.《D 大调小提琴协奏曲第二乐章》柴可夫斯基

演奏：刘云志

钢琴：张文韬

3.献给党的百年生日《我和我的祖国》刘云志

演奏：刘云志、叶小文、杨娣、关立红、吴丹、贾晓程、许权邦、韩继光、李娜

5月1日

【县级政协工作的两个"棋眼"】

应邀与朱永新群主一起，参加江苏省常熟市政协"悦读虞城·书香政协"第二季启动仪式。

常熟市政协的基层民主协商工作，也抓得有声有色。

一手抓社会主义协商民主到基层，一手抓委员带头读书到基层，这正是作好县级政协工作的两个"棋眼"。

犹如下围棋，做好两个"棋眼"，满盘皆活！

附　朱永新手记

应邀与全国政协文化文史与学习委员会副主任、全国政协委员读书指导小组副组长叶小文一起，参加江苏省常熟市政协"悦读虞城·书香政协"第二季启动仪式。去年10月，常熟市政协正式启动"悦读虞城·书香政协"（第一季）活动。半年以来，他们发挥"网"的优势，建立了"1+4+14"读书网格，即1个全市政协委员读书室、4个主题读书群、14个镇（街道）读书吧，发挥网格辐射作用，开展线上读书、线下交流、阅读分享，推动共同学习、共谋发展、共享成果；增强"群"的引力，探索委员开展读书活动的方式和方法，通过政协讲堂，增强自我学习效果，通过委员荐书，增加主动参与意识，通过委员导读，发挥示范指导作用，不断加强思想政治引领、增进各界人士共识。经过半年多的实践，他们以阅读带动，实现了更好的建言

资政。年初政协全会的大会发言，无论是推动企业上市、参与长三角一体化产业分工协作，还是历史街区更新、元气早餐工程等等，委员们都在"主题读书群"中学习交流，反复探讨，群策群力，不断提高。以阅读带动，凝聚了更广泛的社会共识。几个月来，各镇（街道）读书吧开展了形式各异、内容丰富的读书活动，将各界委员纳入其中，让他们带动各领域、各行业的群众一起读书，在"书香政协"的实践中推进"书香社会"建设。读书活动在实践中发挥了很好的思想引领作用，更有效调动起了委员履职尽责的积极性，提案参提率、全会出席率分别提高了 5%、2%，委员人均活动次数增加了 1 次。以阅读带动，滋养了更丰富的协商文化。读书活动是一种"不拘束"的平台和"无领导"的讨论，委员们随时随地一有时间就上线读书讨论，一有思想火花就找到地方闪烁、放大、碰撞、激荡。委员们的发言既有读书心得体会，也有对经济社会高质量发展的建设性思考。这种平等议事、有来有往、良性互动、层层深入的氛围，正是培育协商文化的试验田和天然沃土。"有事好商量""千村美居"长效管理创新实践，正是协商文化在基层社会治理中发挥作用的典型案例。我们非常高兴地看到，全国政协开展到"书香政协"委员读书活动，已经深刻影响到各级政协，溢出效应非常明显。从书香政协走向书香中国的路径逐渐清晰。

5月2日
【读书笔记】

也谈"利他主义"
——读丁元竹【社会关系、社会文明、社会建设漫谈—100】

的确，"利他主义始于个人与群体的关系"。诚如梁启超先生所言："所谓公德者，就其本体言之，谓一团体中人公共之德性也；就其构成此本体之作用言之，谓个人对于本团体公共观念所发之德性也。"而作为社会学家的元竹先生分析得更为透彻，"人类的生命个体不能独立生存，它必须与自己周围的自然环境和人群建立联系，并依存于自己周围的环境和人群，从中获得自己生存和发展所需要的物质、精神、社会方面的资源，这是生命的共同体本能，或者叫作生命的生态系统，在社会学意义上，我们称其为社区。"

利他主义当然是利己主义的对立物。我们应该提倡利他主义，反对利己主义。但从"生命共同体""生命生态系统"或者"生命存在的社区"的社会学意义上来说，两者既是截然对立，也是相辅相成，可以或应该"双赢"的。我们倡导的人我关系，光唱高调没有用，道德底线要守住，只能"去掉一个最高分，去掉一个最低分"。培育和践行社会主义核心价值观，开展涵养社会主义核心价值观的实践活动，就要努力形成我为人人、人人为我的社会风气。

我为人人、人人为我，这个口号，似曾相识却也新鲜，似很简单其实深刻，看看明白常常糊涂。

如果只讲"人人为我"，搞得利己主义大行其道，可是使不得！马克思、列宁都引用过狄德罗的话，人人围着转的大写的"我"，就像一架"发疯的钢琴"。钢琴发疯，节奏就乱了；人发疯，方寸就乱了；都发疯，世界就毁了，钢琴也没了声响，"我"也就消失了。

如果都来"我为人人"，大力倡导利他主义，当然很好！古人尚且崇尚"为天地立心，为生民立命""先天下之忧而忧，后天下之乐而乐"的君子情怀；今人更应该向往"自己活着，就是为了使别人过得更美好"，"人的生命是有限的，可是，为人民服务是无限的。我要把有限的生命，投入到无限的为人民服务之中去"的雷锋精神。这才是动人心弦的召唤，才是理想社会慷慨高歌的不懈追求。

但毋庸讳言，这个慷慨高歌，当下还难以作为现实社会人人遵循的普遍要求。所以，应该两方面都讲——既要我为人人，也要人人为我，才比较全面，比较可行。

其实，孔夫子说"己所不欲，勿施于人"，"己欲立而立人，己欲达而达人"，耶稣说"无论何事，你们愿意人怎样待你们，你们也要怎样待人"，与我们今天讲的"我为人人、人人为我"，道理也都是相通的。

但孔子教诲、耶稣圣谕，在市场经济面前，都会遭遇"言者谆谆，闻者藐藐"的尴尬。市场经济中，每一经济的个体都追求利润的最大化，这是资本的本质；每一真实的个人都追求利益的最大化，这是人的本性。由此演出了一部部惨烈竞争的活剧，形成了优胜劣汰的秩序，从而在整体上推动了效率至上的发展。但市场经济的求金逐利，难免让人迷心逐物。如果一切向钱看，就会把精神、信仰一概物化；如果人人向钱看，就会把诚信、道德统统抛弃。市场经济使人们的物质生活水平普遍提高，可精神世界却缺少了关照。现代的人们拥挤在高节奏、充满诱惑的现代生活中，人心浮动，没有片刻安宁。欲望在吞噬理想，多变在动摇信念，心灵、精神、信仰在被物化、被抛弃。在市场经济的进程中，有些人好像得了一种"迷心逐物"的现代病。

怎么办？马克斯·韦伯倡导"新教伦理与资本主义精神"，提出在基督教文明中推进的资本主义市场经济，要靠一种"宗教精神的力量"来维持和制衡。据说这一套也曾管用，可是在华尔街鼓捣出的金融危机面前显然失灵了。美剧《纸牌屋》更把金钱万能的勾当揭露得淋漓尽致。

今天，我们搞社会主义市场经济，同样也不能不去面对：在资本盈利和个人谋利被激活后，如何把资本冲动与诚信道德、把物质追求与精神信仰成功结合的问题。市场经济不断给我们带来"财气"，也形成无所不在的"地气"。界定和处理人我关系，不能不接好这个地气。一个以利益关系为基础的社会价值体系和作为其反映的价值观念体系，必须回应全社会的利益关切。

说起利己与利他，公私之关系，无非八种情况：大公无私是圣人，公而忘私是贤人，先公后私是善人，公私兼顾是常人；私字当头是小人，假公济私是痞人，损公肥私是坏人，徇私枉法是罪人。我们要提升常人，提倡善人，学习贤人，向往圣人；也要教育小人，揭露痞人，改造坏人，惩治罪人。鉴于日常的、多数的是常人，要做的"常事"，就是修身律己，平实做人；要说的"常理"，就是"我为人人，人人为我"。

经过了个人利益的觉醒、市场经济的洗礼，如何把经济冲动与道德追求、把物质财富与精神高度结合起来，检验着社会的文明程度。搞市场经济，不是要搞市场社会。在社会主义市场经济中，应该社会关爱人人，人人感恩社会，每一社会成员都充分感受社会的温暖与和谐，反过来"滴水之恩，涌泉相报"，守望相助，蔚然成风。如此良性循环，形成我为人人、人人为我的社会氛围。此中，生长着一种新型的社会文明，体现着社会主义道德的基本要求。

人人皆富起来——人人为我，人人皆君子——我为人人，就可以"君子以厚德载市场经济"。

附　丁元竹【社会关系、社会文明、社会建设漫谈—100】

利他主义的最典型形式是慈善和志愿服务。

利他主义始于个人与群体的关系。

首先，为了维护正常的社会生活秩序，全体社会成员应当对社会和他人负责的一些最基本、最起码的公共生活准则。

梁启超《新民说》："所谓公德者，就其本体言之，谓一团体中人公共之德性也；就其构成此本体之作用言之，谓个人对于本团体公共观念所发之德性也。"

"公德之大目的，即在利群，而千万条理即由是生焉。本论以后各子目，殆皆可以'利群'二字为纲，一以贯之者也。"

每个民族由于本身的历史、文化传统，由于民族心理、风俗习惯等，社会责任感和精神世界具有民族的传统的特点。

人是社会的存在物，人要在社会中生活，就必须遵循社会组织为维持一定的社会秩序而建立的各种社会规范，其中社会责任感是最普遍的、最广泛的、渗透性最强的社会规范。

作为个体的人之所以遵守社会规范，进行道德选择，是出于自身和社会生存与发展的需要。

一个人能否得到社会和他人的认同和赞许，是人的一切利益中最基本的利益。利他主义产生于人类对于群体认同和赞许的需要。

另外，人类的生命个体不能独立生存，它必须与自己周围的自然环境和人群建立联系，并依存于自己周围的环境和人群，从中获得自己生存和发展所需要的物质、精神、社会方面的资源，这是生命的共同体本能，或者叫作生命的生态系统，在社会学意义上，我们称其为社区。

5月6日

"中国需要新的叙事方式"

哈佛大学艾什民主治理和创新中心主任、哈佛大学教授托尼·赛奇（Anthony Saich），被誉为美国的"中国通"，常年负责中国官员在哈佛的培训项目，对中美关系有十分深入的研究。王辉耀博士曾在哈佛大学担任高级研究员，著有《哈佛肯尼迪政府学院的精英课》一书。4月30日，全球化智库（CCG）主任王辉耀博士与托尼·赛奇教授围绕"中美关系何去何从？"中，有一段关于"中国需要新的叙事方式"的对话，值得我们认真思考。（见《漫谈群日记一年附录：四篇论文》一书）

我有过一次在美国"改变叙事方式"的尝试。

日前遇到郑新业教授（中国人民大学应用经济学院院长），他说，一直有件往事，今天见到您，终于对您说起。

记得18年前您作为中国国家宗教事务局局长，应邀去美国亚特兰大的教会演讲，还和老卡特总统对谈。当时我陪卡特的驻联合国大使Young在下面听您的演讲。

记得您上台时，风度翩翩，Young说，叶 is a typical Chinese。

您讲的过程中，他说，Ye is a Typical CCP。

您退场的时候，他说叶是一个典型外交官。

最后他说，CCP is fucking good。

他们见识到了CCP（中共）官员的厉害，不得不由衷佩服。因此这段话，我一直清晰地记得！

以下是我18年前在美国亚特兰大中国圣经事工展开幕式上，用英文发表的演讲，当时老卡特总统在台上我的旁边坐着，不时发出会心的微笑。演讲全文如下。

中国的圣经事工展，像一只快乐的小鸟，带着美国西海岸的春风，怀着即将飞向东海岸的喜悦，在一个美丽而独特的地方——乔治亚州的亚特兰大市，停了下来。

亚特兰大，对于中国是一个有独特意义的地方。中国人通过电影《飘》和马丁·路德·金博士的讲演《我有一个梦》，认识历史的美国。通过CNN和可口可乐，认识今天的美国。我希望现在亚特兰大的美国人，又要通过来自中国的《圣经》展，进一步了解中国。

亚特兰大，对于中国是一个有历史意义的地方。27年前带领中美建交的两位老人，邓小平和卡特，其中一位现在还站在我们中间。昨天下午，我荣幸会见了卡特总统先生，我们进行了深入友好的交谈，另一位——邓小平先生，则是通过亚特兰大认识美国，而美国也曾通过邓认识中国。

中国几十年来居然印刷发行了 4000 万册《圣经》！这很奇妙，不是吗？或许有人会心存疑问：这不是一个无神论者执政的国家吗？这个国家难道允许基督徒存在吗？他们的《圣经》不是需要从国外偷运进去吗？他们不是还需要美国人派出传教士帮助他们建立和发展教会吗？

27 年前，邓小平先生就告诉卡特先生：在中国，freedom of worship，ok；Bible，ok；foreign missionary，no。邓阐述的是两个原则：维护宗教信仰自由与坚持独立自主自办。这就像一个硬币的两面，它们被同时写进宪法，保证了中国教会健康顺利地发展。

《圣经》在中国，为这个发展见证，也为这个发展祝福。

《圣经》来自同一个上帝，却有多种版本，多种语言。教会是同一个上帝的肢体，却有多种模式，多种组织。中美两国相距遥远，历史背景、文化传统、发展水平各异，需要加强沟通，求同存异。我相信，上帝把世人分为男人和女人，不是要让他们争吵不休，而是要让他们相亲相爱；同理，上帝把世界分成东方和西方，不是要让彼此对峙冲突，而是要让彼此团结和睦。我们应该尊重事实，摒弃偏见。偏见比无知更远离真理，偏见比万水千山更能阻挡我们之间的沟通和交流。中美两国教会真诚友好的交流，会跨越万水千山，不仅对两国基督教的弟兄和姐妹有着重要的影响，也有助于推进两国政府和人民，在"利益攸关者"的基础上，向着建立新世纪的建设性合作关系的目标迈进。

亚特兰大对于中国，不仅是有历史意义的地方，还是一个充满梦想的地方。43 年前，来自亚特兰大的牧师马丁·路德·金说，我有一个梦，有一天，黑人儿童能够和白人儿童情同手足，携手并行。27 年前，邓小平先生大概也有一个梦——从此结束中美间的敌对和隔绝。今天，和卡特先生一起站在这里的我们，是否也有一个梦？

愿《圣经》展成为中美建设性合作关系的一个新见证！让我们张开双臂迎接她！

谢谢。

附录：托尼·赛奇与王辉耀关于"中国需要新的叙事方式"的对话（略）

5月9日

【读书笔记】

中国共产党的常青之道①

何毅亭同志总策划、甄占民同志主编的《常青之道——中国共产党自我革命的故事》一书，是向党的百年华诞献礼的重磅力作。

围绕中国共产党的百年华诞，全党上下都在学习总结党的历史经验，国内外舆论也在聚焦党的奋斗之路。中国共产党为什么能在各种政治力量的反复较量中脱颖而出，为什么能始终走在时代前列、成为中国人民和中华民族的主心骨，为什么能在百年未有之大变局中表现出卓越的领导力和强大的引领力，为什么能在新时代中国特色社会主义的伟大实践中，不断以党的坚强领导和顽强奋斗激励全体中华儿女奋进，凝聚起同心共筑中国梦的磅礴力量？一句话，为什么中国共产党历时越漫长、队伍越壮大、考验越严峻、斗争越复杂，越能百炼成钢无比坚强，百年恰是风华正茂？

中国共产党的常青之道，就是"在推动社会革命的同时进行彻底的自我革命"。

习近平总书记说，"勇于自我革命，是我们党最鲜明的品格，也是我们党最大的优势。百年风霜雪雨、百年大浪淘沙，我们党能够从最初的50多名党员发展到今天的9100多万名党员，战胜一个又一个困难，取得一个又一个胜利，关键在于我们始终坚持党要管党、全面从严治党不放松，在推动社会革命的同时进行彻底的自我革命。"

这本书，就中国共产党自我革命的精髓要义、基本特质、目标、动力和实践要求，作了权威的理论诠释和科学总结。更难得的是，挖掘出党史中鲜活的自我革命案例，以100个故事，从不忘初心牢记使命，永不自满守正出新，坚持真理修正错误，刀刃向内刮骨疗毒，立党为公严以修身，制度治党常抓不懈，依靠学习走向未来的七个方面，以通俗易懂的方式，"把透彻的理论讲透彻，把鲜活的思想讲鲜活"了。

中国共产党的常青之道，持之以恒，"长"青"常"青。

---

① 本文是5月8日在《常青之道——中国共产党自我革命的故事》出版研讨会上的发言。

中国共产党是拥有 9100 多万名党员的世界上最大的马克思主义政党。其实，也真是"树大招风"，"木秀于林，风必摧之"，党的队伍越大，挑战越大。前车之鉴，历历在目。苏共 20 万党员时，打败了资产阶级临时政府，建立了政权；200 万党员时，打败了德国法西斯，保卫了政权；2000 万党员时，却自己打败了自己，失去了政权。而我们党总是坚持推动自我革命，始终坚持真理、修正错误，敢于正视问题、克服缺点，勇于刮骨疗毒、去腐生肌。所以，总是能够在危难之际绝处逢生、失误之后拨乱反正，成为永远打不倒、压不垮的马克思主义政党。

展望新时代新征程，中国共产党要带领全党全国各族人民统筹世界百年未有之大变局和中华民族伟大复兴战略全局，战胜前进道路上各种风险挑战，依然需要保持强烈的忧患意识，把党的伟大自我革命进行到底。

习总书记说，我们党"永不脱离群众，与群众有福同享、有难同当，有盐同咸、无盐同淡"，讲得生动、透彻、深刻。讲"与群众有难同当"，不言而喻，我们党就是这样走过来的；讲"与群众有福同享"，这似乎更不成问题，但其实有新问题，有很长的路要走。

我们党从夺取政权到长期执政，是一场历史考验。从领导和驾驭计划经济到领导和驾驭市场经济，也是一场历史考验。各级党员干部从以清贫为本色与人民群众同患难，到以致富为追求带领人民群众富起来，更是一场历史考验。按照社会发展规律，实现人民共同富裕，必须发展好市场经济。党的工作要以经济建设为中心，无论从宏观调控到各项经济活动的组织、推进和监督，党的各级组织、广大党员全面参与市场经济，而又要防止市场经济负面的诱惑和腐蚀。在长期执政条件下，在市场经济的条件下，各种弱化党的先进性、损害党的纯洁性的因素无时不有，各种违背初心和使命、动摇党的根基的危险无处不在，如果不严加防范、及时整治，久而久之，必将积重难返，小问题就会变成大问题、小管涌就会沦为大塌方，消极腐败就会猖獗横行。

我们必须深刻认识党面临四大考验——执政考验、改革开放考验、市场经济考验、外部环境考验，其中最复杂的应该是市场经济考验；深刻认识党面临的四大危险——精神懈怠的危险、能力不足的危险、脱离群众的危险、消极腐败的危险，其中最严峻的应该是消极腐败的危险。

毛泽东同志早就告诫全党，必须预防"在糖衣炮弹面前要打败仗"。

邓小平同志在改革开放之初就警示全党，"自从实行对外开放和对内搞活经济两个方面的政策以来，不过一两年时间，就有相当多干部被腐蚀了，卷进经济犯罪的人不是少量的，而是大量的。犯罪的严重情况，不是过去'三反'、'五反'那个时候能比的。那个时候，贪污一千元以上的是'小老虎'，一万元以上的是'大老虎'，现在一抓就往往是很大的'老虎'。"

习近平总书记在十八届中央政治局第一次集体学习时指出，"大量事实告诉我们，腐败问题越演越烈，最终必然会亡党亡国！我们要警惕啊!"十八大后的五年间，经党中央批准立案审查的省军级以上党员干部及其他中管干部440人，其中十八届中央委员、候补委员43人，中央纪委委员9人。十九大以来，立案审查调查的中管干部又达三位数。这样的数量，就不是个别现象了。我们要警惕，在理论上有透彻思考，在实践上有强力措施。这应该是党的建设中必须着眼解决的现实问题。

防治贪腐，党风廉政的问题，具有反复性和顽固性，在市场经济条件下，更有严峻性、挑战性，稍不注意就会反弹回潮，甚至越演越烈。我们要坚持加大反腐力度，绝不手软，"得罪千百人，不负十三亿"，魔高一尺道高一丈。我们更要始终坚定党的信念、根本宗旨、优良作风，流水不腐户枢不蠹，进一步发扬革命精神，始终保持艰苦奋斗的昂扬精神。我们还要面对市场经济的新情况，既刮骨疗伤，也对症下药，把一体推进不敢腐、不能腐、不想腐落到实处，切实实现标本兼治。实现不敢腐、不能腐、不想腐，要与建立广大党员、干部"很想干、很能干、很愿干"的体制和机制相辅相成，把推动鼓励干事创业、担当制度化、常态化，充分调动广大党员、干部在发展市场经济中的积极性、创造性，从而把社会主义市场经济搞得更好，把高质量发展搞得更好，把实现共同富裕搞得更好。

中国共产党的常青之道，着眼于解决党的建设的现实问题，警惕和有效防止"内部变质、变色、变味"。

习近平总书记说，"堡垒最容易从内部被攻破。从某种意义上说，自从党成立以来，我们党面临的最大风险是内部变质、变色、变味，丧失马克思主义政党的政治本色，背离党的宗旨而失去最广大人民支持和拥护。"读《常青之道——中国共产党自我革命的故事》这本书，能更深刻地领会这段话的掷地有声、振聋发聩。"党的百年历史，也是我们党不断保持党的先进性和纯洁性，不断防范被瓦解、被腐化的危险的历史。要教育引导全党通过总结历史经验教训，着眼于解决党的建设的现实问题"。

"君子终日乾乾，夕惕若厉，无咎。"着眼于解决党的建设的现实问题，在市场经济条件下始终警惕和有效防止"内部变质、变色、变味"，中国共产党一定能确保历时越长，越"长"青；千锤百炼，犹"常"青。

5月10日

昨天辽宁省政协原主席、现全国政协经济委员会副主任夏德仁在朋友圈发了一则笔记，丁伟老群主特别关注，见到我还念了一段。我们一起爱音乐，说音乐，奏音乐，有朋自乐中来，不亦说乎！

夏德仁主席的笔记，转载如下。

夏德仁：一场别开生面的古典音乐讲座

4月27日，由上海大学音乐学院院长王勇教授主讲的《从巴洛克到浪漫派：西方古典音乐风格鉴赏》在沈阳音乐学院音乐厅举行，现场的阵阵掌声，线上23万人观看，效果超出预想。看来随着社会的进步，古典音乐并不像人们以往所说的那样"和者盖寡"。

促成这场讲座的关键人物是我的一位老朋友叶小文。在我的心目中，叶小文既是一位优秀的党的高级干部，又是一位学养深厚，著作等身的文化学者，还是一位致力于推广普及古典音乐的热心人，他担任团长的满天星业余交响乐团，十年来共进行公益演出百余场，为推广和普及古典音乐做出积极贡献。今年以来，他作为全国政协文史与学习委员会副主任，为配合"书香政协"委员读书活动，在全国政协举办了一次古典音乐讲座，反响热烈，这次在辽宁举办的是第二次同样主题的讲座。

这次讲座是我听过的最好的有关古典音乐的讲座。王勇院长是国内外知名的音乐家，对西方古典音乐有深入了解，他的报告深入浅出，系统清晰，又以轻松风趣的语言表达，辅之以图文声像并茂的课件演示，把西方古典音乐的历史脉络揭示得清清楚楚，给人一种豁然开朗的感觉。我听过不少类似的讲座，这次讲座是最有收获的。我这几天一直建议周边的朋友，把王勇院长的讲座视频收藏下来，有闲暇时间时慢慢看，细细品味。这次讲座同时也是一场精致的音乐会。讲座中涉及不同阶段古典音乐的不同风格，都由艺术家们通过现场演奏向大家进行了表达。如讲到巴洛克时期，由中央歌剧院首席大提琴杨娣和叶小文共同演奏了威瓦尔第的《G 小调双大提琴协奏曲》，由沈阳音乐学院关立红副教授演奏了巴赫·古诺的《圣母颂》；在讲到维也纳古典乐派时，由新成立的沈阳音乐学院室内乐团演奏了钢琴三重奏莫扎特的《小夜曲 k525》，之后又演奏了贝多芬的《C 小调第四弦乐四重奏第一乐章》；在讲到浪漫主义时期时，由叶小文演奏了柴可夫斯基的《如歌的行板》，由杨娣演奏了德沃夏克的《B 小调大提琴协奏曲》第二乐章。这是一次别开生面的讲座和音乐会，观众不仅了解了古典音乐演变过程的有关知识，也从艺术家的演奏中领略了不同时期古典音乐的不同表现风格，在比较中获得了各具特色的美的享受。

讲座结束后，看到从音乐厅走出来三三两两的年轻人，脸上洋溢着享受了美好事物的笑容，我感到一种由衷的欣慰。随即我有了一种新的感悟：古典音乐是有生命力的，它在新时代，会跨越时空隧道，吸引新的人群去关注它、喜欢它，并融入自己的生命去重新理解它，使世界变得更加美好。从这个意义上讲，推广普及古典音乐是一件多少有意义的事情！

5 月 12 日

【阐释"中国道路中国精神中国力量"】

习近平总书记 5 月 9 日给《文史哲》编辑部全体编辑人员回信，指出《文史哲》创刊 70 年来，在党的领导下，几代编辑人员守正创新、薪火相传，在弘扬中华文明、繁荣学术研究等方面做了大量工作，在国内外赢得一定声誉，你们付出的努力值得肯定。

习近平总书记指出，增强做中国人的骨气和底气，让世界更好认识中国、了解中国，需要深入理解中华文明，从历史和现实、理论和实践相结合的角度深入阐释如何更好坚持中国道路、弘扬中国精神、凝聚中国力量。回答好这一重大课题，需要广大哲学社会科学工作者共同努力，在新的时代条件下推动中华优秀传统文化创造性转化、创新性发展。高品质的学术期刊就是要坚守初心、引领创新，展示高水平研究成果，支持优秀学术人才成长，促进中外学术交流。希望你们再接再厉，把刊物办得更好。

读了倍感亲切。倍受鼓舞。

按照深入阐释中国道路、中国精神、中国力量的要求，我在《文史哲》2019 年第 2 期发表过长篇论文：《建设马克思主义宗教学探析》，《新华文摘》2019 年第 18 期转载。

《建设马克思主义宗教学探析》一文摘要

西方宗教学的最大贡献是力图摆脱神学的羁绊，提倡对宗教进行理性研究，但也往往带有唯心主义哲学的局限性。与一切唯心主义的宗教理论不同，马克思主义宗教观确认了宗教的现实基础，为如何进行宗教研究确立了正确方向。具有中国特色的马克思主义宗教学，正是在马克思主义宗教观的指导下，努力吸收中外宗教学的研究成果，结合世界各种宗教尤其是中国宗教发展演变的历史与现实，按照马克思主义认识论的科学逻辑，提炼与型塑富有自身独特性的宗教学基本理论和学科体系。

（见《漫谈群日记一年附录：四篇论文》一书）

5 月 13 日

【5 月 12 日广东省政协经典音乐讲座】

主讲：王勇

一、巴洛克时期

1. 大提琴二重奏维瓦尔第《G 小调双大提琴协奏曲》

演奏：叶小文、聂佳鹏

钢琴：张韵

二、古典时期

2. 贝多芬第五小提琴奏鸣曲《春天》

演奏：卢曦

钢琴：张韵

三、浪漫时期

3. 柴可夫斯基《如歌的行板》

演奏：叶小文

钢琴：张韵

4. 肖斯塔科维奇《为双小提琴和钢琴创作五首小品》

演奏：王荣、卢曦

钢琴：张韵

5. 小提琴独奏马斯涅《沉思》

演奏：王荣

钢琴：张韵

6. 德沃夏克《B 小调大提琴协奏曲》第二乐章

演奏：聂佳鹏

钢琴伴奏：张韵

返场曲目

7. 小提琴大提琴二重奏《梁祝》（选段）（作者何占豪、陈刚）

演奏：王荣、叶小文

钢琴：张韵

《我和我的祖国》齐奏和齐唱

5 月 14 日

井冈山上与袁、王后代座谈

每次到井冈山这个革命圣地，都是一次心灵上的朝圣之旅。每次来到这块充满了红色记忆的土地，都唤起一次不忘初心牢记使命的记忆。

昨天，随"全国政协赴江西、贵州党外专题视察团"第二分团重上井冈山，分团长是戚建国将军。

我因参加广州政协的读书活动，晚到一天，赶上了参观井冈山革命博物馆，看到了毛泽东、朱德重上井冈山的纪录片；参观了茨坪毛泽东同志旧居，体悟毛泽东当年在潮湿的农家斗室昏暗的油灯下，在以无油缺盐的红米饭南瓜汤充饥的饥肠辘辘中，写下《井冈山的斗争》《中国的红色政权为什么能够存在》《星星之火可以燎原》等巨著的情景。

毛泽东重上井冈山的一句话，"现在条件好了，艰苦奋斗的精神不能丢"，毛泽东的诗词"世上无难事，只要肯登攀"，现在体悟更深，一直萦绕于怀。

这次参加政协委员视察团到井冈山最大的收获，是分团全体人员与井冈山著名的红军袁文才、王佐和曾志的后代袁建芳、王生茂、石金龙的座谈交流。

当天晚8时，恰逢"委员读书漫谈群"邀请江西省政协常委，中共江西省委党史研究室主任、省委党史学习教育领导小组办公室副主任俞银先，围绕"井冈山精神永放光芒"进行讲解领读，其中详细介绍了井冈山革命根据地的创立与改造农民武装袁文才、王佐的故事。

1927年9月26日下午，毛泽东在莲花县城宾兴馆召开会议，听取朱亦岳等人的汇报，证实井冈山确有两支地方武装。此前，毛泽东收到江西省委书记汪泽楷派宋任穷送来的一封密信，提到"宁冈县有我们的党武装，有几十支枪"。在安源张家湾军事会议上，毛泽东也曾听安福农军领导人王新亚介绍过井冈山和袁文才、王佐的情况。为此，毛泽东决定引兵井冈。9月27日，毛泽东带领部队离开莲花，向宁冈进军。

毛泽东在三湾给宁冈的袁文才写信，表达了欲与袁文才合作，共谋大业的意思。袁文才担心工农革命军上山后会"鸠占鹊巢"，随即给毛泽东写了回信，婉拒了毛泽东的建议：

毛委员：敝地民贫山瘠，犹汪池难容巨鲸，片林不栖大鹏。贵军驰骋革命，应另择坦途。敬礼！

袁文才叩首

10月2日，龙超清一行携带袁文才的信到达三湾面见毛泽东。毛泽东阅信后不为所动，向龙超清等人耐心解释了工农革命军上山的意图、政治主张，仍表示希望同袁文才等合作，共同开展革命斗争。龙超清表示欢迎工农革命军进驻宁冈，可先到古城，好安排与袁文才会面，进一步商谈有关问题。袁文才欣然应允，就把会面地点安排在茅坪与古城之间的大仓。10月6日，毛泽东仅带几名随从，到大仓和袁文才见面。双方从上午10点一直谈到傍晚。临别时，毛泽东赠给袁文才100支枪，从而打消了袁文才的疑虑。袁文才送给毛泽东1000块大洋，并且答应帮助解决工农革命军的粮食和伤病员安置问题。

此后，当红军的队伍行进到井冈山西南的荆竹山下时，陆续增加到一百多人。这时，王佐派人接应他们上山。10 月 27 日，毛泽东率领工农革命军进驻茨坪。毛泽东送了 70 支枪给王佐部队，王佐资助工农革命军 500 担稻谷和一些银元。毛泽东等在茨坪住了几天，又回到北麓的茅坪，开始创建以宁冈为大本营的井冈山根据地。

袁文才和王佐两人都深受地主豪强的压迫，对旧社会有同样强烈的反抗意识。1927 年，袁、王队伍先后改为农民自卫军，并得到永新的龙超清、刘辉霄等共产党人的帮助，受到了他们的影响，接受了不少共产党的主张。1927 年 7 月，袁文才与王佐共同率部攻打永新县城，救出被国民党右派和土匪武装抓捕的永新县农民自卫军副总指挥贺敏学等 80 多名党员干部。袁、王部队的成员，大多是贫苦受欺的农民，有着强烈的反对豪绅地主阶级的要求。在中国共产党的影响下，他们成了井冈山地区很有号召力的农民武装。但是，由于长时期的绿林生活，加上自身的局限性，袁、王部队还存在着种种明显的弱点，制约了他们的发展壮大。加强对他们的改造，努力肃清他们的不良习气，使他们真正成为在党领导下的人民武装，成了一项刻不容缓的工作。

毛泽东先后派出徐彦刚、何长工等人，到袁、王部队开展工作，帮助他们进行整顿、改造。徐彦刚、何长工等人一方面进行组织上的整顿，把思想纯朴、革命坚决的青年农民吸收进来，把品行不端、为非作歹的坏分子清洗出去。积极培养基层干部及士兵群众入党，建立起党的组织以及党代表制度；另一方面，对广大官兵进行无产阶级思想教育，使他们逐步懂得为谁打仗、靠谁革命的道理。在思想改造、组织整顿的同时，积极帮助袁、王部队开展军事训练，着力提高他们的军事素质及杀敌本领。

在前委及地方党组织的关心、帮助下，袁、王部队进步很快，1928 年 2 月中旬，在宁冈大陇被改编为工农革命军第一军第二团，辖两个营，共 200 多人。袁文才任团长兼第一营营长，王佐任副团长兼第二营营长，何长工任团党代表。

可以说，井冈山革命根据地创建初期，没有毛泽东对袁、王部队的成功改造，没有袁、王的合作和大力支持，当时还很弱小的红军是难以立足的。可是，这两位对红军来说极为重要的人物，后来由于错误的情报和复杂的原因，竟被红军自己错杀了。

新中国成立伊始，毛泽东立即提出为袁、王平反。毛泽东重上井冈山时，还亲切会见两位的夫人，亲切地直呼"老嫂子"。

今天，我们与袁、王的后代交流座谈，回顾这段历史，真是感慨万千。

座谈会上，戚建国将军坦诚地问三位后代，你们对错杀、平反的事怎么看？三位后代的回答也朴实无华、真挚感人。大家的一致结论是：

中国共产党总是坚持推动自我革命，始终坚持真理、修正错误，敢于正视问题、克服缺点，勇于刮骨疗毒、去腐生肌。所以，总是能够在危难之际绝处逢生、失误之后拨乱反正，成为永远打不倒、压不垮的马克思主义政党。

5月17日

全国政协委员专题视察团赴江西、贵州视察新闻报道两则

【江西】
刘奇葆率全国政协党外委员视察团在赣视察

《江西政协》报道：

5月12日至15日，全国政协副主席刘奇葆率全国政协党外委员视察团在赣开展"学习百年党史，增进'四个认同'"专题视察，并在南昌召开座谈会，听取我省有关情况汇报，与省委、省政府相关部门座谈交流。

全国政协常委戚建国，全国政协委员蔡名照、叶小文，全国政协副秘书长韩建华等参加视察。省领导殷美根、吴忠琼、陈俊卿、刘卫平等陪同视察或出席座谈会。

这次党外委员专题视察团，是十三届全国政协以来规模最大的党外委员专题视察团组，委员覆盖全国政协全部34个界别。在赣视察期间，视察团分两路，分别走进瑞金、于都、井冈山等地，带着感情、带着思考瞻仰参观红色遗址遗迹，向革命烈士敬献花篮，用心聆听红军后代讲述革命故事。视察团还深入了解党的十八大以来原中央苏区等革命老区振兴发展战略实施情况，考察赣州国际陆港、南康家居小镇，亲身感受革命老区翻天覆地的巨大变化、辉煌成就。

委员们表示，学习党史，不仅是中共党员的必修课，也是政协委员重

温党的百年奋斗历程、进行自我教育自我提升、为实现新时代党的历史使命凝心聚力的政治责任。此次在赣视察活动，是一次致敬革命先烈之旅、洗礼心灵之旅、凝聚共识之旅。要从百年党史中汲取精神营养，传承红色基因，弘扬优良传统，更好履职尽责，展现新时代政协委员的新担当新风采。

刘奇葆指出，江西是一片充满红色记忆的红土地。这次全国政协视察团主要是来学习、接受教育的，通过参观、走访深化党史学习，加深对习近平总书记关于党的历史重要论述的理解，增强与党同心同德推进新时代中国特色社会主义事业的思想自觉和实践力量。

刘奇葆指出，党的十八大以来，江西深入学习贯彻习近平新时代中国特色社会主义思想，经济社会发展的新成就令人印象深刻，赣南等革命老区振兴发展令人印象深刻，重视红色基因传承弘扬令人印象深刻。全国政协将一如既往关注和支持江西发展，为江西实现高质量跨越式发展贡献力量。

省政协秘书长汪爽等陪同视察。

【贵州】

谌贻琴李炳军刘晓凯拜会全国政协副主席刘奇葆一行

2021-05-16《贵州日报》

近日，全国政协副主席刘奇葆率全国政协党外委员来贵州开展"学习百年党史、增进'四个认同'"的专题视察。5月15日，省委书记、省人大常委会主任谌贻琴，省委副书记、省长李炳军，省政协主席刘晓凯在贵阳前往拜会。全国政协常委、提案委员会副主任戚建国，全国政协委员、教科卫体委员会副主任蔡名照，全国政协委员、文化文史和学习委员会副主任叶小文，全国政协副秘书长韩建华，全国政协常委兰云升、宋纪蓉、张连起、甄贞，全国政协委员、河北省人大常委会副主任张妹芝，全国政协委员常信民，省领导赵德明、卢雍政、吴强、吴胜华、李汉宇、陈坚等参加。

刘奇葆说，贵州拥有丰富的红色文化资源，长征中红军在贵州活动时间最长、活动范围最广，为我们留下了许多宝贵的精神财富。这次全国政协视察团主要是来考察学习、接受教育的，将通过参观、走访深化党史学习，加深对习近平总书记关于党的历史重要论述的理解，增强同党同心同德推进新时代中国特色社会主义事业的思想自觉和实践力量。

刘奇葆指出，近年来，贵州深入学习贯彻习近平新时代中国特色社会主义思想，经济社会发展大踏步前进，脱贫攻坚成效显著，基础设施不断改善，城乡面貌变化巨大，数字经济发展风生水起，发展前景广阔。全国政协将一如既往关注和支持贵州发展，为贵州实现高质量发展贡献力量。

谌贻琴、李炳军、刘晓凯对刘奇葆一行表示欢迎，对全国政协长期以来的关心支持表示感谢。谌贻琴说，在建党 100 周年之际，我们充分运用好贵州红色文化资源，扎实推进党史学习教育，把深入学习贯彻习近平总书记视察贵州重要讲话精神作为主题主线，把忠诚核心作为最大特色最大亮点，把"牢记殷切嘱托、忠诚干净担当、喜迎建党百年"专题教育作为重要自选动作，把"我为群众办实事"作为根本落脚点，围绕"四新"抓好"四化"，奋力谱写贵州高质量发展新篇章。希望全国政协继续关心支持贵州，助力毕节建设成为贯彻新发展理念的示范区。

全国政协视察团成员和省有关部门负责人参加拜会。

5 月 18 日

我站在"天眼"观景台上

全国政协"学习百年党史增进'四个认同'党外委员专题视察团"第二分团，2021 年 5 月 17 日，参观了"天眼"——平塘县大型射电望远镜。

我和团友们一起站在天眼观景台上，感慨万千，浮想联翩。

脑海里不断回响着我们视察团的总团长——全国政协副主席刘奇葆同志的一首诗：

黔南观天眼

遥看天眼万山中，
阅尽银河览太空。
试问烟云星外客，
桃源有未世间同？

视察团团员、中国社会科学院文学研究所古典文献研究室主任刘宁教授：

奉和奇葆副主席黔南观天眼

星汉迢迢在眼中，
天音切切透深空。
仙家亦羡人间乐，
日异月新难与同。

"天音"句写天眼体验馆聆听宇宙中脉冲音，如闻仙人切切细语。天眼，是从正在建设的人间桃源之一——中国贵州，发给世界的一张新名片。

在这块充满红色记忆土地上，交汇着长征精神、遵义会议精神、三线建设精神，改革创新精神。当年，中国革命在这里大转折，星星之火从这里燎原，红军在这里九死一生终于铁流滚滚，毛主席用兵真如神。当年，三线建设在极其艰苦的条件下为我国航空航天、军事电子技术、兵器制造、军队后勤保障等国防事业作出了不可磨灭的贡献。中国第一颗人造卫星在这里诞生，到宇宙唱响"东方红"……

在这块洋溢着青春活力的土地上，而今迈步从头越。今天，贵州的大扶贫、大数据、大生态战略开花结果，和着全中国的脱贫攻坚战，一举彻底撕掉千百年来绝对贫困的标签后，正大步开创百姓富、生态美、多彩贵州新未来。

曾几何时，贵州在人们印象中，贫困、落后，天是"天无三日晴"的"天"，地是"地无三里平"的"地"，人是"人无三分银"的"人"。贵州，是一张"乡人往往讳蛮诹"的拿不出手的旧名片。

今天，贵州发给世界的这张新名片上，"天眼"在欣喜地眨着眼睛，分明载满了诸多可以告人的信息。其中——

天，不仅是神清气爽、"爽爽的贵州"的"天"，更是装有具有我国自主知识产权、世界最大单口径、最灵敏的射电望远镜的"天眼"的"天"。习近平总书记说："浩瀚星空，广袤苍穹，自古以来寄托着人类的科学憧憬。天文学是孕育重大原创发现的前沿科学，也是推动科技进步和创新的战略制高点。500米口径球面射电望远镜被誉为'中国天眼'，是具有我国自主知识产权、世界最大单口径、最灵敏的射电望远镜。它的落成启用，对我国在科学前沿实现重大原创突破、加快创新驱动发展具有重要意义。"

地，不仅是周恩来总理早年就赞叹过的"山川秀丽，气候宜人，资源丰富"的"地"，更是在云贵高原的崇山峻岭中已经实现县县通高速的"地"；是在新时代西部大开发上闯新路、在乡村振兴上开新局、在实现数字经济上抢先机、在生态文明建设上出新绩的四个"新"的新天地。

人，是传承着长征精神、赓续着红色基因，具有"天人合一，知行合一"的"贵州人文精神"的"人"，是政通人和，心平气和的"人"。贵州各族人民团结奋进，干部群众心气顺、干劲足。贵州后来居上，必须具足"天时地利人和"的因缘。孟子曰："天时不如地利，地利不如人和。"其中，人和更为重要，人和则万事兴，传承着长征精神、赓续着红色基因，在中国共产党领导下的人，更可以创造人间奇迹。

天眼，是从贵州发给世界的一张新名片。在这张名片上印着的，不仅是一个比德国波恩100米望远镜的灵敏度提高10倍，比美国阿雷西博350米望远镜综合性能提高10倍的庞然大物，正睁开"慧眼"，专注地捕捉来自宇宙深空的137亿光年以外的电磁信号，观测范围直达宇宙的边缘。从这张名片上显示的信息还有，一群在共产党领导下的意气风发的贵州人，果然如周总理的预言，正扎实、稳步地向着"后来居上"大踏步走来了。

"天眼"从贵州看着宇宙，宇宙也正从"天眼"看着贵州。贵州借"天眼"告诉世界，世界也因"天眼"关注贵州。

在中华民族伟大复兴的历史征程中，地处中国西南一隅、曾经贫困落后的贵州，要后来居上，定后来居上。天眼在告诉"星外客"，这里正建设着又一个"世外桃源"。你听那宇宙中如闻仙人切切细语的脉冲音，"仙家亦羡人间乐"，"桃源有未世间同"！

5 月 21 日

"文化自信"与"文化他信"

——在太湖文化论坛"建设中外文化交流新高地"座谈会上的发言

我们中华民族有优秀的传统文化，今天又在大踏步迈向伟大的民族复兴。我们最有资格讲"文化自信"。

但自己优秀不等于人家都承认你优秀，岿然独存并不是孤芳自赏，新的辉煌也不是一枝独秀。文化自信不仅在于自己的决心有多大，声音有多高，历史有多久，块头有多大，还在于人家是否信服，有没有"他信"。当今时代，面对大发展大变革的世界格局，面对各种思想文化更加频繁地交流交融交锋，谁占据了文化发展的制高点，谁就能够更好地在激烈的国际竞争中掌握主动权。我们现在要努力到全世界去讲"中国故事"，传播"中国声音"。那怎样才能在文化上赢得"他信"？

我认为，"人类命运共同体"，就是当代人类之所想、所急、所欲的好题目、大文章。中国文化在此中，有好戏可唱，有好路可走。

今天，人类文明的交汇已走到量变到质变的临界点，人类危机呼唤人本主义在否定之否定意义上的继承和发扬，呼唤一场新的文明复兴。"人类只有一个地球，各国共处一个世界"，这一次新的文明复兴，应该建设"人类命运共同体"，这是时代的要求、人类的共同关切。

中华民族实现民族复兴的伟大进程，肩负着融入推进一场新的文明复兴的时代使命。迎接这场并不逊色于历史上的文艺复兴的、新时代的"文艺复兴"，中国应该有所作为。

太湖文化论坛永久会址在安徽蚌埠落户。我们想起一位安徽的文化名人——胡适先生。他说过，"缓慢地、平静地、然而明白无误地，中国的文艺复兴正在变成一种现实。这一复兴的结晶看起来似乎使人觉得带着西方色彩。但剥开它的表层，你就可以看出，构成这个结晶的材料，在本质上正是那个饱经风雨侵蚀而可以看得更为明白透彻的中国根底——正是那个因为接触新世界的科学、民主、文明而复活起来的人文主义与理智主义的中国。"胡适近百年前就曾作此判断，现在看来是确实的。

中华民族的文化传统，因应着这个时代要求，回答着这个共同关切。汤因比说，"避免人类自杀之路，在这点上现在各民族中具有最充分准备的，是两千年来培育了独特思维方法的中华民族。"这种"独特思维方法"就是天人合一，允执厥中，仁者爱人，以和为贵，和而不同，众缘和合。其核心是"和"，"礼之用，和为贵，先王之道斯为美"。

这样"斯为美"的文化，这样推陈出新的文化，这样促进建设"人类命运共同体"的文化，正是今天中国文化走出去的新招牌和精气神，是"讲好中国故事"的题中应有之义，是"传播好中国声音"的最动听感人的声音。

在"人类命运共同体"的时代交响乐中共振、共鸣，中国文化既有自信也有他信，在他信中更有自信。

5 月 22 日

变革社会中的社会心理与健康心态

丁元竹教授在今天的专栏【社会关系、社会文明、社会建设漫谈—119】中，谈了《和谐的家庭与个人的健康心态》。

他说，"无论从马克思主义经典作家的论述，还是各国思想史上的分析，以及各个国家的历史事实都说明，结为社区共同体是人类在自然发展过程中形成的，也是人类的生存本能，因为作为生命个体的人类彼此相互需要自己的共同体，需要沟通、认同、交流、互助、互惠、交易，从而提升生活质量和健全精神生活。""社区建设在本义上就是把个体连接在一起，为共同体服务，参与共同体事务，保持健康的心态。"

今天变革社会的一个基本特征，是我们大力发展市场经济。一方面，市场极大丰富，生活极大改善，人们的物质生活水平普遍提高；但另一方面，社会心理问题、健康心态建设问题也突出起来。人们的精神世界缺少了关照。人们拥挤在高节奏、充满诱惑的现代生活中，人心浮动，没有片刻安宁。欲望在吞噬理想，多变在动摇信念，心灵、精神、信仰在被物化、被抛弃。大家好像得了一种"迷心逐物"的现代病。

心理健康或健康心态从国策到日常，都已经成为我们生活中密不可分的一部分，在人类精神文明进步到今日的局面，一味地忽略自身的心理需求和精神诉求，显然已经成为不健康生活方式的一种。

普列汉诺夫强调："对于社会心理若没有精细的研究与了解，思想体系的历史的唯物主义解释根本就不可能。"①

2021 年 3 月 1 日，2020 版"心理健康蓝皮书"《中国国民心理健康发展报告（2019～2020）》发布会在京举行。此次会议由中国科学院心理研究

---

① 《普列汉诺夫哲学著作选集》第 3 卷，第 272 页。

所和社会科学文献出版社共同主办。该书由中国科学院心理研究所科研团队完成，全书由总报告、分报告与专题报告三个部分组成。总报告基于 2020 年国民心理健康状况调查核心样本，对国民心理健康现状与趋势、服务需求状况进行了分析；分报告分别对科技工作者、医务工作者、广东地区产业工人、大学生进行了心理健康状况及影响因素的分析，并提出了有针对性的政策建议；专题报告对我国社会心理服务体系建设现状进行了分析和思考，并分别对不同年龄人群的心理健康状况进行了调查和分析。经过公开征集和严格筛选，2020 年采集了安徽、甘肃、广东、河北、河南、湖北、江苏、辽宁、山东、上海、四川、浙江 12 省市的 64622 份样本，从中抽取了 5098 个核心样本，涵盖 18—76 岁的不同性别、不同户口、不同学历、不同职业、不同收入的各类人群。

对于变革社会中的社会心理机制若没有精细的研究与了解，仅限于罗列各种异常的社会心理现象，满足于找出"改革的社会心理障碍"，则难免会被社会心理稍纵即逝、肤浅粗糙、朦胧无序、杂乱无章的品格所迷惑。为此，需要从大量的社会心理现象中，抽象出一定时代的社会心理机制，并且把这种机制的各构成要素及其整体，都放到现实的社会变革过程中去考察，以便找到"原因后面的原因"，说明特定的社会心理现象在特定的社会变革过程中由以发生、并反作用于变革社会的规律性。

社会心理属于社会意识一般，它同其他任何社会意识形式一样，为社会存在所决定并反作用于社会存在。社会心理作为低层次的社会意识又属于社会意识特殊，它被社会存在决定和反作用于社会存在的具体机制，具有与其它层次的社会意识所不同的特征：它是对社会存在的最直接的反映，而不是"悬浮在空中"的间接、曲折的反映；它是对社会存在的零散、肤浅的反映，而不是系统、深刻的反映；它是社会意识的结构中最活跃的、不定型的层次，而不是如其它社会意识形式那样一旦形成便相对稳定、相对独立的层次；它是通过感染、暗示、模仿等潜移默化的形式影响人们的感情、情绪、需要、动机、愿望等，从而影响人们的社会行为，而不是通过教育、灌输等方式改变人们的世界观和方法论，从而理性地调节人们的社会行为。社会心理的这种作为"无意识的社会意识"的特征，使其在反作用于社会存在的过程中展现出两种品格：一是直接敏锐、跟踪反映的品格；二是肤浅粗糙、朦胧无序的品格。而这两种品格，对当前我国的经济秩序又起着显性和隐性的两重作用。

参见一，摘录《中国国民心理健康发展报告（2019～2020)》。

详见二，我在《中国社会科学》1989 年第 5 期发表的论文《变革社会中的社会心理：转换、失调与调适》。（本书附录）

摘录《中国国民心理健康发展报告（2019～2020)》（略）

5月23日

呼唤今天的张謇
——关于民办教育的讨论

委员读书漫谈群连续举办"民办教育相关问题"已连续讨论三个晚上。

群主朱永新是享誉国内外的教育大家，特邀了两位民办教育的大咖来联袂主持讨论。一位是刘林委员（中国民办教育协会会长，北京城市大学校长），另一位是胡卫委员（中国民办教育协会常务会长、民进上海市副主委，著名的民办教育理论家）。

民办教育关乎中国教育的改革、中国教育的质量、中国教育的水平。

中国教育关乎在中国民族伟大复兴的关键时刻，培养好负责冲刺的关键一代。

少年强则中国强，教育强则少年强。

民办教育作为公办教育的必要补充，如果能办好办强，可以倒逼公办教育厉行改革、办好办强，从而实现整个中国的"教育强"。

民办教育不能只是或都是义务奉献，也要服从市场经济的法则，有投入就要有所获，也要有利可图。但教育，又是最不应以"图利"为目的，尤其不能以"逐利"为进退目标的事业。

民办教育，就一定要逐利吗？

请看当年之张謇，他有感于当时"中国今日国势衰弱极矣，国望亏损极矣"，"诸君以为可耻否乎！欲雪其耻而不讲求学问则无资；欲求学问而不求国民之教育则无与；欲教育普及国民而不求师则无导。故立学校须从小学始，尤须先从师范始"，认为"国非富不强，富非实业不张，实业非有多数之母本不昌"，总结中国近邻日本"由小国而跻于强大"之经验，"工苟不兴，国无不贫之期，民无不困之望，可以断言矣。苟欲兴工，必先兴学。"

为此，张謇力主"实业与教育迭相为用"。他一生创办了20多家企业，370多所学校，为中国近代民族工业的兴起、教育事业的发展作出了宝贵贡献。

今天的民营企业家、民办教育家中，还有张謇吗？

我们呼唤今天的张謇，我们的全社会，我们有关教育的政策和机制，应大力扶持今天的张謇。

通过三天的讨论，我的体会是：我国适合社会主义初级阶段生产力发展不平衡、多层次的状况，按照社会主义的本质要求，实行以公有制为主体，多种所有制经济共同发展的基本经济制度。实践证明，它有利于促进生产力的发展，有利于增强综合国力、有利于提高人民生活水平。

同理，我国要建设高质量教育体系，必须支持和规范民办教育发展，鼓励民办学校按照非营利性和营利性两种组织属性开展现代学校制度改革创新。即鼓励社会力量依法兴办教育，促进民办教育持续健康发展。在这其中，顺应世界私立教育发展潮流，弘扬教育公益属性，实施差别化扶持政策，优先引导社会力量举办非营利性民办学校，无疑是主打制度导向。

5月25日

面对市场经济的考验（一）
——写在党的百年诞辰之际

习近平总书记说，"勇于自我革命，是我们党最鲜明的品格，也是我们党最大的优势。百年风霜雪雨、百年大浪淘沙，我们党能够从最初的50多名党员发展到今天的9100多万名党员，战胜一个又一个困难，取得一个又一个胜利，关键在于我们始终坚持党要管党、全面从严治党不放松，在推动社会革命的同时进行彻底的自我革命。"展望新时代新征程，中国共产党要带领全党全国各族人民统筹世界百年未有之大变局和中华民族伟大复兴战略全局，战胜前进道路上各种风险挑战，依然需要保持强烈的忧患意识，把党的伟大自我革命进行到底。

本文讨论三个问题：一、市场经济对我们党的新考验；二、使道德成为市场经济的正能量；三、警惕和防止"内部变质、变色、变味"。

一、市场经济的新考验

我们必须深刻认识党面临四大考验——执政考验、改革开放考验、市场经济考验、外部环境考验，其中最复杂的应该是市场经济考验；深刻认识党面临的四大危险——精神懈怠的危险、能力不足的危险、脱离群众的危险、消极腐败的危险，其中最严峻的应该是消极腐败的危险。

我们党从夺取政权到长期执政，是一场历史考验。从领导和驾驭计划经济到领导和驾驭市场经济，也是一场历史考验。各级党员干部从以清贫为本色与人民群众同患难，到以致富为追求带领人民群众富起来，更是一场历史考验。按照社会发展规律，实现人民共同富裕，必须发展好市场经济。党的工作要以经济建设为中心，无论从宏观调控到各项经济活动的组织、推进和监督，党的各级组织、广大党员全面参与市场经济。

市场经济自身是有二重特性的，一方面，市场经济是一条推动生产力发展、促进社会整体财富积累的必由之路；另一方面，市场经济说到底又是一种以个人对自身利益的追求作为基础的交换共同体。市场经济的两个起点：每一个经济的个体，都追求利润的最大化（资本的本质）；每一个真实的个人，都追求利益的最大化（自私的本性）。正是这两个最大化，进入市场经济运作，演出了一部激烈竞争、效率至上的交响曲，从整体上形成推动市场经济不断发展的动力，形成了市场经济优胜劣汰的秩序；但它又会成为市场经济的严重阻力和破坏力，这两个最大化的"无限度"追求，必然导致互相欺诈、物欲横流，市场经济的秩序就无法维持下去。于是我们看到的现象是，因大力发展市场经济，市场极大丰富，生活极大改善，人们的物质生活水平普遍提高，可精神世界却缺少了关照。人们拥挤在高节奏、充满诱惑的现代生活中，人心浮动，没有片刻安宁。欲望在吞噬理想，多变在动摇信念，心灵、精神、信仰在被物化、被抛弃。很多人好像得了一种"迷心逐物"的现代病。在这种情况下，如何防止市场经济负面效应对党员的诱惑、对党的机体的腐蚀，是我们必须面对的新情况，必须解决的新问题。

毛泽东同志早就告诫全党，"可能有这样一些共产党人，他们是不曾被拿枪的敌人征服过的，他们在这些敌人面前不愧英雄的称号；但是经不起人们用糖衣裹着的炮弹的攻击，他们在糖弹面前要打败仗。我们必须预防这种情况。"在市场经济条件下，大家都在"富起来"，也可以说都浸泡在"糖水"之中了。这种"攻击"已不仅仅是"糖衣裹着的炮弹的攻击"，而是"温水煮青蛙"似的攻击。

邓小平同志在改革开放之初就警示全党，"自从实行对外开放和对内搞活经济两个方面的政策以来，不过一两年时间，就有相当多的干部被腐蚀了，卷进经济犯罪活动的人不是小量的，而是大量的。犯罪的严重情况，不是过去'三反'、'五反'那个时候能比的。那个时候，贪污一千元以上的是'小老虎'，一万元以上的是'大老虎'，现在一抓就往往是很大的'老虎'。"

习近平总书记在十八届中央政治局第一次集体学习时指出，"大量事实告诉我们，腐败问题越演越烈，最终必然会亡党亡国！我们要警醒啊！"十八大后的五年间，经党中央批准立案审查的省军级以上党员干部及其他中管干部440人，其中十八届中央委员、候补委员43人，中央纪委委员9人。十九大以来，立案审查调查的中管干部又达三位数。这就不是个别现象了，要高度警惕、警钟长鸣了！

为什么贪腐屡禁不止，在市场经济条件下一度来势凶猛？我们在理论上要有更为透彻的思考，在实践上要有更强有力的措施。防治贪腐、党风廉政的问题，具有反复性和顽固性，在市场经济条件下，更有严峻性、挑战性，稍不注意就会反弹回潮，甚至越演越烈。这是党的建设中必须敢于面对、善于解决的现实问题。

习近平总书记《在"不忘初心、牢记使命"主题教育总结大会上的讲话》中说，"古人说：'天下之难持者莫如心，天下之易染者莫如欲。'一旦有了'心中贼'，自我革命意志就会衰退。"在长期执政条件下，在市场经济的条件下，更是"难持者莫如心，易染者莫如欲"啊。在市场经济法则无孔不入的渗透下，各种弱化党的先进性、损害党的纯洁性的因素无时不有，各种违背初心和使命、动摇党的根基的危险无处不在，如果不严加防范、及时整治，久而久之，必将积重难返，小问题就会变成大问题、小管涌就会沦为大塌方，消极腐败就会猖獗横行。

在市场经济条件下，我们更要坚持加大反腐力度，绝不手软，"得罪千百人，不负十三亿"，魔高一尺道高一丈。

　　在市场经济条件下，我们更要始终坚定党的信念、根本宗旨、优良作风、道德情操，流水不腐户枢不蠹，进一步发扬革命精神，始终保持艰苦奋斗的昂扬精神和共产党人克己奉公、一心为民的高风亮节和河海晏清的政治生态。

　　市场经济是要不断搞下去的，不可能把市场经济停下来再整党治党，必须面对市场经济的新情况，既刮骨疗伤，也对症下药；既标本兼治，也激浊扬清。要善于把一体推进不敢腐、不能腐、不想腐，与建立广大党员、干部"很想干、很能干、很愿干"的体制和机制，相辅相成。要在保持反腐倡廉高压态势的同时，使推动鼓励干事创业、担当制度化、常态化，充分调动广大党员、干部在发展市场经济中的积极性、创造性，从而在坚持反腐倡廉、实现风清气正的基础上，把社会主义市场经济搞得更好，把高质量发展搞得更好，把实现共同富裕搞得更好，把党的队伍搞得更纯洁。

5月26日

面对市场经济的考验（二）

——写在党的百年诞辰之际

二、使道德成为市场经济的正能量

　　改革开放40多年，出了那么多"大老虎""小苍蝇"，是改革开放不对吗？不是。是我们党放弃了立党为公的宗旨和初心吗？不是。是我们没有在党员中对"糖衣炮弹"警钟长鸣、没有在社会上提倡正确的义利观和公私观吗？也不是。究其原因，我们要搞市场经济，而市场经济总体是趋利的，且追求的是"利"的规模、效率和效益，而这又是由"利"主导的，把"利"与"义"协调起来，很重要，但是也很不容易。

　　在市场经济条件下，我们共产党人强调，在义利冲突中必须坚定不移地先义后利，更加大声疾呼重义轻利，为义弃利，鼓励、向往大公无私、舍生取义的精神；同时也必须深入研究，从中华优秀传统文化中汲取培育和弘扬社会主义核心价值观的丰厚滋养，使道德成为市场经济的正能量。这是一个重大的理论问题和现实问题。"地势坤，君子以厚德载物"。中国特色社会主义之所以能席地而来，浩浩荡荡，其特色之一，就是能以"厚德"载市场经济。

必须正视，市场经济中每一"经济人"都追求利润最大化，由此激烈竞争，优胜劣汰，效率大增。货币成了一般等价物，价值规律驱使人们不断追求和积累商品价值。而讲坛搞市场经济，就得尊重市场经济的规律，遵守市场经济的法则，追求市场经济的效率。但绝不能"一切向钱看"，把精神、信仰一概物化，把诚信、道德统统抛弃。手持利益这把"双刃剑"，身处社会这个共同体，就需要坚守底线、明晰边界，有所为，有所不为。这个底线和边界，就是"适中"。经过了个人利益的觉醒、市场经济的洗礼，如何把经济冲动与道德追求、把物质富有与精神高尚成功结合起来，检验着我们社会的文明程度，关乎社会主义市场经济的成功程度，也考验着我们党的能力。

我们共产党人必须在全社会带头培育和践行社会主义核心价值观。社会主义核心价值观的践行，要落实到成功建立现代市场经济发展所需要的"市场伦理"，把"资本"的冲动与"诚信"的建构成功结合，形成一个与现代市场体系配套的，勤勉做事平实做人、守信光荣失信可耻的社会氛围，构建和遵循适应社会主义市场经济的道德和行为规范。只有这样让社会主义核心价值观接地气——与现代市场体系以及相应的社会结构更加紧密契合，才能够对准人们思想的共鸣点、群众利益的交汇点而生生不息，增强对广大群众的吸引力和感染力而生动活泼，进而成为人们自觉的利益诉求和价值愿望而潜移默化，成为人们世界观、人生观、价值观的总开关而无所不灵。

对这个全新的问题，初步研究，有以下四点认识。

首先，必须在推进市场经济中确保坚守共产党人的道德高地。当市场在资源配置中起决定性作用时，执政党在领导和调配全国资源中起什么作用？不能不正视，腐败之风曾经一度严重侵蚀我们的党政干部队伍。中国有推崇君子人格的传统。诸如"君子喻于义，小人喻于利"的谆谆告诫，修齐治平、治国安民的政治理想，"载舟""覆舟"、居安思危的忧患意识，"国而忘家，公而忘私"的精神境界，"安得广厦千万间，大庇天下寒士俱欢颜……吾庐独破受冻死亦足"的民本情怀等，这些中国传统文化的"君子之德"，与共产党人为实现共产主义前仆后继的远大理想，全心全意为人民服务的基本宗旨相契相合。党的各级干部不妨从传统的君子之德中，念好权力约束的"紧箍咒",获得精神鼓舞的正能量,培养浩然正气。

第二,要善于在推进市场经济中激活民族优秀传统的文化基因。亚当·斯密在《道德情操论》中,基于人性本善的假设,把源于人的同情的利他主义情操视为人类道德行为的普遍基础和动机;在《国富论》中,又把人性本恶作为经济学的前提假设,把个人利己主义的利益追求当作人类经济行为的基本动机。他提出了问题,却未能解决问题,给出的是一个"斯密悖论"。但他强调靠"人的本性"解决市场经济中的道德缺失问题的思路也启发我们,其实蕴含在中国传统文化中的中华民族的"民族本性",有巨大的能量,关键是如何在发展市场经济的新的历史条件下唤回它、激活它、放大它,使它成为强大的正能量。今天,诊治近利远亲、见利忘义、唯利是图、损人利己的道德失范现象,不妨从民族优秀的文化基因中,去找回和强化道德约束和慎终追远的定力,去增强我们民族在现代化浪潮中强身壮体的抗体,增强人们在各种物质诱惑面前的免疫机能,促使人们做到见利思义、义利并举、先义后利。

第三,在推进市场经济中实现法治与德治并举。中国历史上,很多人主张"儒法并用""德刑相辅"。治理国家和社会是复杂的系统工程。党提出依法治国和以德治国相结合,一定程度上吸收了古人"礼乐刑政其极一也"的治理思想与经验。以德治国,是我们国家和民族的历史传统之一,是中华民族应该认真继承使之转化为新历史条件下可以进一步用好的最深厚的文化软实力之一。

第四,使市场经济体制蕴含的善的伦理道德,最终成为全社会普遍认同的行为规范。这包括,对所有参与市场经济活动的企业一视同仁。市场经济需要政府"看得见的手"的作用,但应当有明确的边界。政府参与市场行为,也需要有严格的法律限定,并进行规范,而不是政府可以随心所欲甚至不负责任参与市场行为。政府不能"越位",不能在决策上随意性较大,不能责任意识淡漠,对造成重大经济损失的行为后果,必须追究决策者的行政责任。尊重市场经济发展规律,政府的计划调控才会具有科学性、规范性,等等。可见,市场经济体制的改革,政府(官员)对市场伸出"看得见的手",也离不开市场伦理建设。

总之,我们要在唯物史观的指导下,激活中华传统文化的优秀精神基因，成功结合资本的冲动与诚信的构建，建立适应社会主义市场经济的道德和行为规范的，"利者，义之和也"的义利兼顾与统一的，"适中合义"的"市场伦理"。如何建立和完善社会主义制度下的"市场经济＋法治经济＋道德经济"这个人类新的经济制度和经济模式，尚在路上，还要探索。中国共产党在这个问题上，也是在"赶考"、在"应考"，要交出我们中国特色社会主义的中国答卷。

5月27日

面对市场经济的考验（三）
——写在党的百年诞辰之际

三、警惕和防止"内部变质、变色、变味"

面对市场经济的考验，中国共产党的常青之道，必须着眼于解决党的建设的现实问题，尤其要始终警惕和有效防止"内部变质、变色、变味"。

习近平总书记说，"堡垒最容易从内部被攻破。从某种意义上说，自从党成立以来，我们党面临的最大风险是内部变质、变色、变味，丧失马克思主义政党的政治本色，背离党的宗旨而失去最广大人民支持和拥护。"这段话掷地有声、振聋发聩。习总书记说，"党的百年历史，也是我们党不断保持党的先进性和纯洁性，不断防范被瓦解、被腐化的危险的历史。要教育引导全党通过总结历史经验教训，着眼于解决党的建设的现实问题"。

"君子终日乾乾，夕惕若厉，无咎。"着眼于解决党的建设的现实问题，在市场经济条件下始终警惕和有效防止"内部变质、变色、变味"，中国共产党一定能确保历时越长，越"长"青；千锤百炼，犹"常"青。

市场经济的考验，是全新的、长期的、"富起来"的新考验，是在普遍富裕的诱惑下如何普遍做到拒腐蚀永不粘的更为复杂的考验，现在已经不仅仅是当年几个"糖衣炮弹"来袭的局面。市场经济的法则是经济运行的普遍法则，但就是不能"普遍"到侵入或浸入我们党内。我们党如何保持生机活力、如何保持先进性和纯洁性的问题十分现实和紧迫；如何让广大党员在市场经济中更好地发挥积极性和创造性，既"很想干，很愿干，很能干"，又"不敢腐、不能腐、不想腐"，始终做到"忠诚、干净、担当"，不仅"贫困不能屈",更加"富贵不能淫",更是需要探索。"党风廉政建设取得的成效只是初步的、阶段性的",不可能毕其功于一役;党的自身建设和自我革命任重道远,要迎接新考验,解决新问题。

中国共产党一定能战胜市场经济的新考验。回顾百年,党团结带领人民经受住了战争年代、执政、改革开放和市场经济环境下的一系列重大考验,驾驭了政治、经济、文化、外交和自然界的一系列风险挑战。党领导人民所取得的伟大成就举世瞩目,所遇到的艰难险阻是世界上任何政党所不能比拟的。中国共产党的百年历史,就是一部不断防范被瓦解、被腐化的危险的历史,是不断保持先进性和纯洁性的历史。在市场经济考验面前,我们要进一步做到居安而念危,则终不危;操治而虑乱,则终不乱。通过总结历史经验教训,着眼于解决党的建设的现实问题,不断提高党的领导水平和执政水平,不断增强拒腐防变和抵御风险能力,我们党一定能在世界形势深刻变化的历史进程中,始终走在时代前列;在应对国内外各种风险挑战、包括市场经济考验的历史进程中,始终成为全国人民的主心骨;在坚持和发展中国特色社会主义的历史进程中,始终成为坚强领导核心。

5月29日
【读书笔记】

君说"相因而学",经中"乐经"因何?

晨读老群主吴尚之的【读书参考＊古人谈读书】之六十三《徐幹:相因而学》,指出徐幹对读书、学习的论述,包含了这样几层意思:一是就近而学。"三人行,必有我师焉。"当然,他提倡以圣贤为师。二是相因而学。他认为,圣人也不是天生的,也是向其他圣贤学习而来的。三是择典而学。特别是要读好六籍,即六经:《诗》《书》《礼》《乐》《易》《春秋》。为何要特别学好六籍?是因为六籍为群圣相因之书,即相互传习之书。"其人虽亡,其道犹存。"如果能够勤心学习好六部经典,亦可使德性昭明,成为博达君子。

的确,"相因而学",必学六经。《庄子·天运》:"孔子谓老聃曰:'丘治《诗》《书》《礼》《乐》《易》《春秋》六经,自以为久矣,孰知其故矣。'"《汉书·武帝纪》赞："孝武初立，卓然罢黜百家，表章六经。"

《乐经》作为《六经》之一，先秦有存世。此说不仅见于传世文献《庄子·天下》篇，从郭店楚简中也得到了证实。郭店简《六德》说："观诸《诗》《书》则亦载矣，观诸《礼》《乐》则亦载矣，观诸《易》、《春秋》则亦载矣。"简中另一篇《语丛》（一）也有"六经"并称之语。但汉以来无《乐经》。今文家以为"乐"本无经，皆包含于《诗》《礼》之中；古文家以为《乐》毁于秦始皇焚书。《乐经》已亡于秦火，观点较为可信，采纳的人也最多。

君说"相因而学"，经中"乐经"因何？

@吴尚之 刚发的、得到您温馨点赞的《一篇文，一首歌》，也是有感于此。

5月30日

振兴乡村教育　群主永新三论

群主朱永新说：昨天参加由中国教育三十人论坛联合中关村互联网教育创新中心、搜狐教育主办的"振兴乡村教育公益论坛暨《大山里的未来学校》新书分享会"，做了《乡村教育振兴的出路选择》主旨讲演。

我提出，乡村学校的发展当下有几个很重要的因素应该引起关注：

第一是课程，课程的丰富性决定生命的丰富性，课程的卓越性决定生命的卓越性。

第二是阅读，早期阅读的资源对人的成长非常重要，阅读是提升乡村教育水平最有效最便宜最直接最关键的路径。

第三是应该有真正热爱乡村的人来做乡村教育。我在发言中强调：乡村学校必须要坚持走自己乡村化的道路，把课程真正扎根在乡村的土壤上，只有遴选那些真正热爱乡村、热爱乡村教育的人才能把乡村教育做好。

6月1日

夜不能寐。"凡才子夜读子夜，是大家常说家常"。我当然绝非"才子"，但正值子夜，不妨上漫谈群说一段"家常"。

健康中国　中国健康

少年中国　中国少年

昨天，5 月 31 日，加入线上全国政协书院、由上海市政协主办的委员读书群【从石库门到天安门】，发出"预告"：

"明天，我们将重点围绕'健康上海在行动'展开交流讨论。正式交流将从上午 7:30 开始，由马进（全国政协委员）、何教忠、邱小圳等委员担任领读人。……"

入夜，线上"交通堵塞"。马进委员深夜 2:33 就开始发布如下信息了：

今天是 2020 年 6 月 1 日，国际儿童节。祝全世界的小朋友们健康快乐！幸福成长！今天由我、何教忠、邱小圳共同为大家领读"健康上海在行动"。人民健康是民族昌盛和国家富强的重要标志，是上海建设具有世界影响力的社会主义现代化国际大都市的重要内涵。中共上海市委、市府十分重视人民群众的健康改善，在健康领域勇于探索、积极实践，争当全国的排头兵、先行者，健康上海建设有序推进，取得明显进展。

我们将通过新旧社会上海居民健康状况的对比，展示上海健康事业取得的成就，进而展望未来健康上海发展战略。通过今天的学习希望大家了解，中国共产党是如何领导全国人民克服重重困难，把一个积弱积贫落后的旧中国建设成为一个健康富有的新中国的；我国的基本卫生工作方针的发展变化；我国的期望寿命；上海的期望寿命等……

近年来，上海居民主要健康指标连续十多年达到世界发达国家和地区领先水平，为上海建设国际经济、金融、贸易、航运和科技创新中心奠定了扎实的健康基础。在 2016 年第九届全球健康促进大会上，世界卫生组织赞誉上海是健康城市工作的样板城市，向全球展示了富有创意与成效的健康促进上海经验和模式。

大上海，平均期望寿命 83.37 岁，这座人民无比幸福的城市。

读着这些信息，昨天夜里又有报道：积极应对人口老龄化，我国将出台重大政策举措。中共中央政治局 5 月 31 日召开会议，会议指出，进一步优化生育政策，实施一对夫妻可以生育三个子女政策及配套支持措施，有利于改善我国人口结构、落实积极应对人口老龄化国家战略、保持我国人力资源禀赋优势。

世间，人是第一宝贵的因素。我们中国，有巨大的人力资源禀赋优势。领导我们中国的中国共产党，一心一意为中国人民谋幸福，为中华民族谋复兴。今天恰逢六一儿童节，真是感慨万千：幸福中国，中国幸福；健康中国，中国健康；少年中国，中国少年！

我不禁又想起了新中国成立70周年大庆时，我站在天安门城楼上的一段感想——

嘀嗒，嘀嗒，嘀嗒，昨天，今天，明天。历史的脚步读着秒走来，14亿中国心一起跳动。

国庆10点钟，我也站在天安门城楼上，躬逢盛典。庄严时刻，聆听习近平总书记在庆祝中华人民共和国成立70周年大会上的重要讲话，我们有一个共同的感觉：昨天，今天，明天——我们正站在时间和历史的节点上。我是大海里的一滴水，我和我的祖国，我和伟大的14亿中国人民，正一起在见证历史、参与历史、创造历史。

我们中华民族近代一百多年来历经磨难，现在终于离民族复兴的目标越来越近，距离已可以丈量了。关键时刻，担当冲刺主力军和"种子选手"的，无疑将是现在的青少年一代。当群众游行推向高潮，高唱着《我们是共产主义接班人》的少年一起涌向天安门城楼时，我分明感到，来了，一浪接一浪的90后、00后、10后……来了，中国的这一代青少年，他们意气风发，他们堪当重任，他们在关键的时候能够完成这关键的一跳。

古老中国，又见少年。少年中国，青春无限。昨天惊天起，今天动地来。明天更美好，少年尽英才。（这段感想，曾发表于2019年10月3日《北京日报》头版）

朱永新：今天是6月1日儿童节。一起读读范成大的这首诗：

田　家

（唐）范成大

昼出耘田夜织麻，村庄儿女各当家。
童孙未解供耕织，也傍桑阴学种瓜。

朱永新解读：

农事繁忙，大家白天去田里辛勤耕种，晚上回来还要织麻呢，村里的年轻人各自都得担负起家庭的重担；天真烂漫的孩子还没学会如何去帮助耕种和织布，但是他们已经有模有样地在桑树下面学种瓜了。

孩子总是那么活泼好动又善于模仿，亲爱的新父母们，让我们做好榜样，让孩子把旺盛的精力投到善的美的事情上吧。今天儿童节，祝可爱的孩子们健康快乐！

叶小文@朱永新：

儿童节仿范成大诗

昼出履职夜读书
漫谈群里看日出
群主永新领读勤
委员风采心如初

吴尚之：

群主和各位书友早上好！今天是六一儿童节，大朋友与小朋友们一起快乐！"少而好学如日出之阳，壮而好学如日出之中，老而好学如秉烛之明。"漫谈交流，读书快乐。

叶小文@吴尚之：

老群主吴尚之一出
就感"日出之阳"的温馨
常见其【调研手记】
更感其"壮而好学"的勤勉
每天一则【古人谈读书】
又有"秉烛之明"的智慧

6月12日

读朱永新《每朵乌云背后都有阳光》

6月12日下午，在《每朵乌云背后都有阳光》新书上市之际，人民文学出版社邀请作者朱永新，以及顾明远、叶小文、阎晶明、聂震宁、张明舟、韩浩月、李柘远等嘉宾共同探讨孩子和教育的话题。

我竟也被列入这些大咖名单之中，不免战战兢兢。好在早上在政协委员读书的漫谈群里，认真拜读了阎晶明先生的《只研朱墨作青山——读朱永新新作随记》，体会到朱永新教育家、阎晶明大作家，也都是"千教万教教人求真，千学万学学做真人"（陶行知语）啊。

我就老老实实作点摘录。包括四个方面：一是关于重视教育、创新教育、改革教育；二是关于教育要致力于培养创造性；三是关于教育的目的和最高境界；四是呼唤当代的人民教育家。

"每朵乌云背后都有阳光"，每束阳光前面都有生机。

一、关于重视教育、创新教育、改革教育

张謇说过："中国今日国势衰弱极矣，国望亏损极矣"。"诸君以为可耻否乎！欲雪其耻而不讲求学问则无资；欲求学问而不求国民之教育则无与；欲教育普及国民而不求师则无导。故立学校须从小学始，尤须先从师范始。"

今天，当然早已不是"国势衰弱极矣，国望亏损极矣"了。中华民族站起来、富起来、强起来了。强起来，包括教育强国。

我们的教育事业，发展很快，成绩很大，但离教育强国的目标还有很大差距，不免令人焦虑。

正如冯骥才在朱永新《每朵乌云背后都有阳光》一书的序言中说："从他的思想里，我们能穿破当代中国教育的困局和僵局看到一片亮闪闪、充满魅力、有希望又无限开阔的空间"，"要实现理想，就必须穿过近乎板结的教育的现实。我想过，以他一人之力能够成功吗？""不管我们的理想最终能实现多少，一个社会不能没有人去思考，前沿的思考，开拓性的思考，破冰的思考。"

朱永新在书中说："我关注在新的一年里，立德树人，有无新的举措；教育公平，有无大的进展；民间才智，能否受到重视；慕课浪潮，能否席卷大学；破负困局，能否有效突围；高中教育，能否创新变革；高考改革，能否如愿试水？"这就是难得的"前沿的思考，开拓性的思考，破冰的思考"，关于他所说的"新教育"的思考。

二、关于教育要致力于培养创造性

创造性来自创造力，创造力来自搞活，全民创新来自搞活，改革开放必然搞活，生产力的解放最欢迎搞活，"放手让一切劳动、知识、技术、管理、资本等要素的活力竞相迸发，让一切创造社会财富的源泉充分涌流"，就是最大的搞活。

我们的教育，应该是有助于"搞活"的教育，是培养创造性的教育，是为民族的创造力开发、开拓源泉的教育，是"问渠那得清如许，为有源头活水来"的教育。

陶行知说："处处是创造之地，天天是创造之时，人人是创造之人。""不管在什么地方，从事什么工作。每个人都有机会去创造，都应当去创造。""只要有一滴汗，一滴血，一滴热情，便是创造之神爱住的行宫，就能开创造之花，结创造之果，繁殖创造之森林。"

苏霍姆林斯基的教育核心理念，就是培养个性全面和谐发展的人。他强调，在全面和谐发展的同时，必须使人的多重才能、天资、意向、兴趣、爱好等个性特点得到充分发挥。

三、关于教育的目的和最高境界

一位美国教师在中国某医学院讲了这么一个故事：在暴风雨后的一个早晨，一位男士在海边散步，注意到沙滩的浅水洼里，有许多被昨夜的暴风雨卷上岸来的小鱼。被困的小鱼尽管近在海边，也许有几百条，甚至几千条，然而用不了多久，浅水洼里的水就会被沙粒吸干，被太阳蒸干，小鱼就会干涸而死。这位男士突然发现海边有一个小男孩不停地从浅水洼里捡起小鱼，扔回大海。男士禁不住走过去："孩子，这水洼里有几百几千条小鱼，你救不过来的。""我知道。"小男孩头也不回地回答。"哦？那你为什么还在扔？谁在乎呢？""这条小鱼在乎！"男孩儿一边回答，一边捡起一条鱼扔回大海。

其实，这个故事恰好对应了泰戈尔老人的一句话，"教育的目的应当是向人传送生命的气息。"因此，教育之"育"应该从尊重生命开始，使人性向善，使人胸襟开阔，使人唤起自身身上美好的"善根"，也就是让学生拥有"这条鱼在乎"的美丽心境。

一位纳粹集中营的幸存者，当上了美国一所中学的校长，每当一位新教师来到学校，他就会交给那位教师一封信，信中写道："亲爱的老师，我亲眼看到人类不应该见到的情景：毒气室由学有专长的工程师建造；儿童被学识渊博的医生毒死；幼儿被训练有素的护士杀害。看到这一切，我怀疑：教育究竟是为了什么？我的请求是：请你帮助学生成长为有人性的人。只有使我们的孩子在成长为有人性的人的情况下，读写算的能力才有价值。"很显然，人类有兽性的一面和人性的一面。教育者的目的是使人的灵魂得到锻炼，克服兽性而转化向人性的一面。

教育是人的灵魂的教育，而非单纯的理智知识和认识的堆积。这是教育久远而宏大的终极旨趣。否则，你拥有的知识愈多，对人类，对生命的危害愈大。

在这方面的教训太沉痛了：李政道博士的一位高足卢刚，因论文奖落选，嫉恨、失望困扰着他，竟然开枪打死了4位太空物理学家，继而仇杀了自己的获奖同学。

湖北宣化一位16岁少年刘某因与女友吵架，竟然丧心病狂地开着轿车朝行人一路碾轧，致使2死13伤。某著名高校，继一研究生毒死室友后，又发生了一起青年教师残忍地手刃学院领导的惨剧！

时下，我们的教育往往容易忽略了学生基本人格、基本道德、基本情感的养成，以至于有些学生对生命、对世事愈来愈冷淡、冷漠甚至冷酷。

所以，一位教育家说过这样一句话，我们要培养学生"面对一丛野菊花而怦然心动的情怀"，这种情怀就是在乎沙滩上每一条小鱼的生命的男孩所拥有的情怀。否则，视小鱼如草芥，给鲜花以蹂躏，即使其道德评分或许很高，也失去了人的生命价值。对人的尊重，对宇宙的敬畏，最基本的就是尊重生命的存在，知晓生命的不可重复性。

人不应无端地剥夺生命，即使是非常低级的生命。当一个人对低级的生物或动物毫无怜爱之情时，你能指望他尊重高级的生命吗？反之，当一个人充满了对小草、小鱼生命的关怀时，对于高级的生命、对于人的生命，他能不尊重吗？

古人说："哀，莫大于心死。"一个对外部世界冷漠无情的人，是没有希望的人。作为教育者，也许有许多具体的工作要做，有许多具体的课业要抓，但培养学生良好的思想品质、人文情怀，其中最基础、最根本、最重要的一点乃是唤醒学生尊重生命的良知。

王阳明说过，"夫天之本体，即天理也。天理之昭明灵觉，所谓良知也。""若是知行本体，即是良知良能。""天地虽大，但有一念向善，心存良知，虽凡夫俗子，皆可为圣贤。"此良知之说，实乃王阳明长年累月积累、历经千辛万苦后的大彻大悟。他说，"一语之下，洞见全体，真是痛快，不觉手舞足蹈"。"某与此良知说，从百死千难中得来，不得已与人一口说尽，只恐学着得知容易，把做一种光景玩弄，不实落用处，负此之尔。"（"实落用处"就是要"事上练"）"此良知二字，实乃前古圣圣相传一点滴骨血也。"

"种树者必培其根，种德者必养其心。欲树之长，必于始生时删其繁枝；欲德之盛，必于始学时去乎外好。……只管培植将去，自然日夜滋长，生气日完，枝叶繁茂。"①

四、呼唤当代的人民教育家

我们要学习陶行知，爱满天下的博大胸怀，乐于奉献的伟大情操，炽烈真诚的教育激情，不屈不挠的刚毅品质，求真务实的思想作风，开拓求新的创造精神。

我最喜欢朱永新这本书中的《教育是一首诗》，似乎又看到了这种胸怀，情操，激情，品质，作风和精神：

　　教育是一首诗
　　诗的名字叫青春
　　在躁动不安的灵魂里
　　有一个年轻的梦

　　教育是一首诗
　　诗的名字叫激情
　　在春风化雨的课堂里
　　有一脸永恒的笑

　　教育是一首诗
　　诗的名字叫热爱
　　在每个孩子的瞳孔里
　　有一颗母亲的心

---

① 王阳明《传习录》（上卷）。

教育是一首诗
诗的名字叫创造
在探索求知的丛林里
有一面个性的旗

教育是一首诗
诗的名字叫智慧
在写满问题的实践里
有一双发现的眼

教育是一首诗
诗的名字叫未来
在传承文明的长河里
有一条破浪的船

6月15日

从"通胀"胀出的经济学话题

昨天在漫谈群中，戚建国、张嘉极分享了一段话，很有意思。

德意志银行的研究团队最近发布一项报告发出警告，美联储为了追求全面的复苏而忽视通胀的风险，将产生可怕的后果，通胀的爆发将使全球经济坐在"定时炸弹"上。"这可能导致一场严重的衰退，并在全球引发一系列金融危机。"

美国通胀快速上涨的根源在于美国政府不负责任的货币宽松及财政刺激计划。2020年3月后，疫情冲击使美国股市遭遇史无前例的四次"大熔断"，为挽救美国资本市场免于崩溃，美联储使出无限量化宽松的"大杀器"。仅2020年3月的一个月内，美联储就增发3万亿美元，此后维持每月1200亿美元购债计划，持续向金融体系放水。拜登政府不仅延续了特朗普时期的宽松货币政策，还一口气推出数个经济救助和刺激计划，总支出规模达到7万—8万亿美元。有学者指出，拜登政府支出的增长规模，已经大大超过了罗斯福新政、2008 年金融危机时期、里根 80 年代初扩张军备等历次美国经济刺激计划。

顺着这个话题，我也分享一点读刘鹤经济论文的体会。

1. 通胀不是简单的货币现象，通胀回归合理水平需要供求结构的再调整。从我国的实际情况出发，与 20 世纪 90 年代后期相反，继续实施宽松的货币政策只能松了过剩产能供给、松了资本利得、加剧了贫富分化、进而紧了有效需求。通胀究其根源是再一次出现的深层次产需结构矛盾。有效的政策应是对供需双方的深层次调整。因此，我们看到了供给侧改革的顶层设计，也看到了"三去一降一补"的逐步推进。削减过剩供给正在顺利推进，未来实现经济高质量增长及合理的通胀关键要进行的是"一补"，以及需求侧的改革。

2. 贫富差距的收缩将释放潜在内需。在经典的凯恩斯经济学理论中，消费取决于两个经济变量，一个是可支配收入，另一个则是边际消费倾向。边际消费倾向的提高则取决于贫富差距的收缩（这也是刘鹤认为的经济危机发生的背景之一）。从而不难理解刘鹤经济思想中城镇化及扶贫的重要性。

3. 城镇化及乡村振兴是释放内需潜能的必然选择。城镇化的发展不是简单的建城市，关键是解决农村剩余劳动力向城市转移。今年基建的重点预期将集中向城市网连接尤其是贫困地区的投入。农村土地制度改革，"三权分置"将带给农民即时及持续性收入。这也是未来内需持续扩大的基础。

4. 发展新经济不仅是补短板，也是降低宏观杠杆水平的有效途径。中国经济的短板在服务业、高端制造业与新兴信息产业。而如果以（负债 / GDP）衡量宏观杠杆率，那么宏观杠杆率可继续拆分为：（负债 / 资产）* （资产 /GDP），第一部分为微观企业资产负债率，第二部分为资本产出比。因此，如果从降低宏观杠杆率的角度，以服务业、高端制造业以及新兴信息产业为代表的新经济是轻资产高产出产业。因此，大力发展新经济不仅可以满足消费升级，同时可以在发展中降低高企的宏观杠杆率。

5. 破除垄断及产权制度改革是补短板的工作重点。金融业的无序扩张是经济危机的导火索。实体经济不断重复着发展、供求矛盾、结构调整、产业升级、供求重新匹配的过程。而金融业在参与经济周期波动的过程中，应在经济发展的不同阶段，尽量熨平经济周期的波动，而不是助推、加速周期的波动。

6. 短期内可能还将出台诸如关闭券商资管、基金子公司及私募等银行表外通道的外科手术式措施，甚至央行下半年有再次启动加息的可能。而资本市场需求趋弱叠加供给扩容，面临的下行压力可能加大。

6月17日

迎接市场经济考验　谨防变质变色变味

——在北京市社科院 6 月 16 日"建党百年高端论坛"上的发言

习近平总书记说，"党的百年历史，也是我们党不断保持党的先进性和纯洁性，不断防范被瓦解、被腐化的危险的历史。要教育引导全党通过总结历史经验教训，着眼于解决党的建设的现实问题"。"堡垒最容易从内部被攻破。从某种意义上说，自从党成立以来，我们党面临的最大风险是内部变质、变色、变味"。

因此，我们要着眼解决的现实问题，最复杂的是市场经济的考验，最严峻的是消极腐败的危险。因为这属于可能"被瓦解、被腐化"的问题，属于可能引发"内部变质、变色、变味"的问题，属于"堡垒最容易从内部被攻破"的问题。

我们党从夺取政权到长期执政，是一场历史考验。从领导和驾驭计划经济到领导和驾驭市场经济，也是一场历史考验。各级党员干部从以清贫为本色与人民群众同患难，到以致富为追求带领人民群众富起来，更是一场历史考验。

按照社会发展规律，实现人民共同富裕，必须发展好市场经济。党的工作要以经济建设为中心，无论从宏观调控到各项经济活动的组织、推进和监督，党的各级组织、广大党员全面参与市场经济。市场经济自身是有二重性的。一方面，市场经济是一条推动生产力发展、促进社会整体财富积累的必由之路；另一方面，市场经济说到底又是一种以个人对自身利益的追求作为基础的交换共同体。市场经济的两个起点：每一个经济的个体，都追求利润的最大化（资本的本质）；每一个真实的个人，都追求利益的最大化（自私的本性）。正是这两个最大化，进入市场经济运作，演出了一部激烈竞争、效率至上的交响曲，从整体上形成推动市场经济不断发展的动力，形成了市场经济优胜劣汰的秩序；但它又会成为市场经济的严重阻力和公平社会建设的破坏力。我们看到，因大力发展市场经济，市场极大丰富，生活极大改善，人们的物质生活水平普遍提高，可是不少人、包括一些共产党人，也得了一种"心为物疫""迷心逐物"的现代病，开始变质变色变味了。如何保障我们的党员始终不忘初心，如何防止市场经济负面效应对党员的诱惑、对党的机体的腐蚀，是我们必须面对的新情况，必须解决的新问题。

毛泽东同志早就告诫全党要防止"在糖衣炮弹面前要打败仗。我们必须预防这种情况。"在市场经济条件下，这种"攻击"已不仅仅是一部分人面对"糖弹"，是大家都浸泡在"糖水"之中。

邓小平同志在改革开放之初就警示全党，"自从实行对外开放和对内搞活经济两个方面的政策以来，不过一两年时间，就有相当多干部被腐蚀了，卷进经济犯罪的人不是少量的，而是大量的。犯罪的严重情况，不是过去'三反'、'五反'那个时候能比的。"

习近平总书记在十八届中央政治局第一次集体学习时指出，"大量事实告诉我们，腐败问题越演越烈，最终必然会亡党亡国！我们要警惕啊！"十八大后的五年间，经党中央批准立案审查的省军级以上党员干部及其他中管干部440人，其中十八届中央委员、候补委员43人，中央纪委委员9人。十九大以来，立案审查调查的中管干部又达三位数。这就不再是个别现象了，我们要警惕啊！

"古人说：'天下之难持者莫如心，天下之易染者莫如欲。'一旦有了'心中贼'，自我革命意志就会衰退。"① 在长期执政条件下，在市场经济的条件下，更是"难持者莫如心，易染者莫如欲"。市场经济法则几乎"无孔不入"地渗透，各种弱化党的先进性、损害党的纯洁性的因素无时不有，各种违背初心和使命、动摇党的根基的危险无处不在，如果不严加防范、及时整治，久而久之，必将积重难返，小问题就会变成大问题、小管涌就会沦为大塌方，消极腐败就会猖獗横行。

---

① 习近平：《在"不忘初心、牢记使命"主题教育总结大会上的讲话》，人民出版社2020年版。

在市场经济条件下，我们更要坚定不移地加大反腐力度，绝不手软，"得罪千百人，不负十三亿"，魔高一尺道高一丈。

在市场经济条件下，我们更要卓有成效地让广大党员始终坚定党的信念、根本宗旨、优良作风、道德情操，流水不腐户枢不蠹，进一步发扬革命精神，始终保持艰苦奋斗的昂扬精神和共产党人克己奉公、一心为民的高风亮节，努力形成和确保持续海晏河清的政治生态。

在市场经济条件下，我们还要善于面对新情况、解决新问题。市场经济是要不断搞下去的，不可能把市场经济停下来再整党治党，必须面对市场经济的新情况，既刮骨疗伤，也对症下药；既标本兼治，也激浊扬清。必须坚决建立"不敢腐、不能腐、不想腐"的机制，还要善于把建立这种机制，与建立广大党员、干部"很想干、很能干、很愿干"的体制和机制，相辅相成，一体推进。要在保持反腐倡廉高压态势的同时，使推动鼓励干事创业、担当，也制度化、常态化，充分调动广大党员、干部在发展市场经济中的积极性、创造性，从而在坚持反腐倡廉、实现风清气正的基础上，把社会主义市场经济搞得更好，把高质量发展搞得更好，把实现共同富裕搞得更好，把党的队伍搞得更纯洁。

中国共产党一定能战胜市场经济的新考验。回顾百年，党团结带领人民经受住了战争年代、执政、改革开放和市场经济环境下的一系列重大考验，驾驭了政治、经济、文化、外交和自然界的一系列风险挑战。党领导人民所取得的伟大成就举世瞩目，所遇到的艰难险阻是世界上任何政党所不能比拟的。中国共产党的百年历史，就是一部不断防范被瓦解、被腐化的危险的历史，是不断保持先进性和纯洁性的历史。在市场经济考验面前，"君子终日乾乾，夕惕若厉，无咎"。只要我们始终要着眼于并卓有成效地解决党的建设的现实问题，高度警惕和有效防止"内部变质、变色、变味"，中国共产党一定能确保历时越长越长青；千锤百炼犹常青。

6月19日

关于教育问题的再讨论①

每朵乌云背后都有阳光，每束阳光前面都有生机，每位朋友今天来到这里，每个大咖都有好多话要说，今天这么多强烈的光照着我，我的老师阎晶明在对面看着我，我也想说几句。

请允许我讲三点：第一，朱永新先生说什么叫新教育，就是过一种完整幸福的教育生活；第二，什么是新教育？就是让每个孩子的潜能都能发挥出来；第三，为什么叫新教育？当然是相对过去的教育，不说它是旧教育，它是一种革新，是一种创新，为什么有必要？我想谈三点体会。因为我这个人不懂教育，讲自己的话基本都是废话，所以请允许我引点儿大咖们的话。

第一，今天看到泰戈尔的一句话，我们的教育就是要帮助每个学生都成为有人性的人，使我们的孩子在成长为有人性的人的情况下，读、写、算的能力才有价值。这个话好像很简单，人其实有兽性，也有人性。教育者的目的是使人的灵魂得到锻炼，克服兽性，强化人性。教育是人的灵魂的教育，不是单纯的理智、知识或认识的堆积，这是教育久远而宏大的终极秩序。否则你的知识越多，对人类、对生命的危害就越大。这方面的教训太沉重了，我这里不好意思点谁，一个极为著名的我们向往的大学（我都不好意思点它名），前不久一个研究生竟然可以下毒，把他同宿舍的一个室友毒死。有一个数学家老师，竟然很冷静地拿出刀来，把某位院领导的静脉割断。这是怎么回事？我们的教育往往忽略了学生基本的人格、基本的道德、基本情感的养成，以至于有些学生对生命越来越冷淡、冷漠，甚至冷酷。

所以作为教育者，我从朱永新的书中体悟到，我们有许多具体工作要做，有许多课业要抓，但培养学生良好的思想品质、人文情怀更是重要的事，其中最基础、最根本、最重要的一点是唤醒学生尊重生命的良知。王阳明说，"夫心之本体，即天理。天理之昭明灵觉，即所谓良知。天地虽大，但有一念向善，心存良知，虽凡夫俗子，皆可为圣贤。"他是不是说教育？他说"良知"，这两个字你不要小看，这是"千古圣圣相传一点滴骨血也"，

---

① 我在朱永新新书讨论会上的发言。

滴在骨头上的血。所以我想教育就是王阳明说的，"种树者必培其根，种德者必养其心。欲树之长，必于始生时删其繁枝。欲德之盛，必于始学时去其外好。只管培植将去，自然日夜滋长。生气日完，枝叶日茂。"培来培去，就是要把良知培养好，这是新教育最关心的第一件事。

　　第二，朱永新说每个孩子都要培养潜能，现在我们国家不是一直喊创新吗？美国那么逼我们，我们不能不创新！创新来自创造力，创新是搞活，我们过去讲改革开放搞活，现在不大好意思讲搞活，怎么不能搞活？全民创新是搞活，改革开放必须搞活，生产力解放最欢迎搞活，放手让一切劳动知识、技术管理、资本等要素活力竞相迸发，让一切社会财富的源泉充分涌流，这不是搞活吗？我们的教育不要把人搞死，要把人搞活，应该培养创造性的教育，作为民族创造力开发开拓源泉的教育，是"问渠那得清如许，为有源头活水来"的教育。陶行知说处处是创造之地，天天是创造之时，人人是创造之人。不管什么工作，每个人都应该有机会去创造，都应当去创造，只要有一滴汗、一滴水、一滴热情，便是创造之神爱住的行宫，开创造之花，结创造之果，繁殖创造之森林。我在朱永新这本书里读到的教育核心理念，就是培养个性全面和谐发展的人，他强调全面和谐发展就是人的多重才能，天知、意象、兴趣、爱好、个性特点都得到发挥，每朵乌云后面都有阳光，何况孩子是天使，而不是乌云。有时候他后面有多少灿烂，我们都要把它搞死，这个真是很恼火。

　　第三，这个新教育，朱永新胆子也大，我们的教育现在多么辉煌，我们的教育部干啥的？他们在搞旧教育？不对吧。我们的教育成就多么辉煌，我们一流大学那么多，拼命要把孩子送到好的小学。为什么要叫"新教育"？冯骥才的序言写得好，他刚才的祝词中，序言里有几句话没讲，可惜了，我要念一念。"从朱永新的思想里，我们能穿破当代中国教育的困局和僵局看到一片亮闪闪、充满魅力、有希望又无限开阔的空间。要实现理想，以一个人之力能够成功吗？不管我们的理想最终能实现多少，一个社会不能没有人去思考，前沿的思考、开拓性的思考、破冰的思考。"朱永新这本书，要从文学的角度，我也不是恭维你，那都不如阎晶明的《箭在弦上》，但是他的思想，他在思考，你真的感觉到很温暖。他在破冰，他在书中怎么说？"我关注的是新一年里有没有新的举措，教育公平有没有大的进展，民间才子能不能受到重视，高中教育能不能创新变革，高考改革能不能如愿试水。"这是每个中国人、每个有孩子的家长都关心的事，我不知道我们的教育部在搞啥，我觉得可以推荐朱永新去当教育部长。

附《龙永图在宁波教育论坛的发言》（略）

6月24日

列席全国政协十三届十七次常委会心得

其一

在常委会的集体学习中，中共党史和文献研究院院长曲青山同志作了一个站位很高的报告："中国共产党百年与百年大变局"。

有委员问，现在讲中国共产党的革命精神，有81种提法，最基本的是什么？

汪洋主席在常委会的总结讲话中，插了一段话，谈了他的精辟见解，大意是：讲中国共产党的革命精神，最基本的就是一条——"不忘初心，牢记使命"。这个初心、使命，就是为中国人民谋幸福，为中华民族谋复兴，在不同的历史阶段、不同的领域、不同的英雄人物身上，具体表现为各种精神，如"长征精神""航天精神""雷锋精神""抗疫精神"……归结起来，都是中国共产党人的"不忘初心，牢记使命"精神。汪洋主席说，是否如此，还可以讨论、协商，政协就是民主协商。

我认为，汪洋主席的这个见解，精辟、深刻、准确，提出了中国共产党革命精神的"核心价值观"。

其二

列席常委会，参加第五专题组第二小组讨论，谈教育问题的发言摘要：

"十四五"规划强调要在2015年前把我国建设成教育强国，但是当前社会对孩子的教育问题存在较为严重的焦虑情绪，有能力的家长都愿意把孩子送到国外培养、给孩子报各种补习班，怕孩子输在起跑线上，高校自杀率、抑郁症人数在增加。建议：一是要注重培养孩子健康人格；二是加强基础教育体系建设，要培养"耐得住寂寞、坐得了冷板凳"的优秀人才；三是对中国教育问题深入研究，集思广益，逐步解决当前教育中存在的严重问题。

我国的教育领域面前存在很大问题，高等教育规模扩张快，却忽视基础研究，培养出一些高分低能、精神抑郁甚至人格不健全的学生。要真正贯彻总书记指示精神，落实教育强国战略，就要关注教育，形成全社会重视基础研究的风气。

6月26日

田青：我与星云大师的佛乐因缘

星云大师与赵朴初都是举世公认的佛教领袖和爱国主义者。田青先生从近代佛教在中国的遭遇和处境谈起，以其个人进入佛教世界的因缘为线索，为我们讲述了自己与赵朴老及星云大师之间的殊胜因缘。通过情深意切、娓娓道来的文字，田青先生仿佛为我们翻开了一本记录着以佛乐为舟楫的两岸交往重要时刻的老相册，透过一个个切近真实的故事，带领我们去洞悉几十年间两位大德与田青先生以弘法利生、推动两岸佛教共同发展、谋求中华佛教复兴，乃至促进两岸及世界和平进步所作出的种种努力。

值得一读。请点击以下网址：

https://mp.weixin.qq.com/s/DeqPAlrLOsSW1qydMTV4Ew

田青先生（我俩同为本届政协委员）特意摘录出其中提到我的一个片段，用微信发给我看，对我有过奖之辞，但"往事并不如烟"，也是一段友情、一段历史的记载吧。

6月28日

祝贺卓新平先生《宗教学新论文丛》出版

今年是我们伟大的中国共产党百年华诞。看到这部沉甸甸的学术著作，我认为，是否也可以作为，我们中国学者的一份献礼。

为什么这样说？中国共产党是真诚、全面、正确地实行宗教信仰自由政策的。讲真诚，就因为能说清真诚的理由让别人、也让自己信服，能拿出真诚的措施促别人、也促自己落实。共产党人既然坚信物质第一、客观第一、存在第一，就必然坚信客观事物的发展和变化是由其内在规律所决定的，任何违反其内在规律的外部干预，任何对复杂问题的简单处理，都是不能奏效的。所谓客观，除了自己的思想，其他都是客观，宗教的存在也是客观。宗教作为人类精神生活中的一种普遍、长期存在的现象，有其发生和发展的社会根源和认识根源，有其不以人的意志为转移的客观规律。宗教在社会主义社会也将长期存在，其消亡可能比阶级和国家的消亡还要久远。诚如卓新平先生所言，"在人类可以追溯的漫长历程中，不难察觉人与宗教共存、与信仰共舞的史实，从而使宗教有着'人类学常数'之说。因此，对宗教的审视和研究就代表着对人之社会认识、对人之自我体悟的重要内容。从人本及其社会出发，对宗教奥秘的探究则扩展到对无限微观世界和无垠宏观宇宙的认知及思索。"我们既然是唯物主义者，就要承认、尊重这一客观存在和客观事实；就要鼓励这一认知及思索，从科学的角度、以学科的深度，来系统深入地研究宗教学。唯有如此，才能立足长远、着眼当前，按规律去做宗教工作。这也是我一再主张的，认识宗教问题，归结起来要把握最基本的"三性"——根本是长期性，关键是群众性，特殊的复杂性，所蕴含的基本理由。

看到这部沉甸甸的学术著作，我想起习近平总书记的话，"文化自信，是更基础、更广泛、更深厚的自信。"在中华文明长期演进的过程中，形成了中国人民看待世界、看待社会、看待人生的独特价值体系、文化内涵以及精神品质。今天，"和"已经成为中国共产党治国理政的重要理念；和平的思想已经深深地积淀在中国人民的民族性格之中；"和而不同"正在成为人类构建命运共同体应有的文化基础、共同的文化底蕴和共同价值。中国是一个讲求"和合"文化的国家，主张"和而不同""以和为贵"，对各种文化兼容并包，自然也包括对若干宗教经典、教义，宗教道德、艺术中所积累着的人类生命繁衍的文化信息，所渗透着的历史积淀的体验和哲理，所孕育着的民族优秀文化因素，所镌刻着的人类精神文明发展的轨迹的兼容并包。这部学术著作，正是在力求从文化角度对宗教作全面深刻阐释，有助于为我们对宗教现象的认识，夯实文化基础和坚定文化自信。

看到这部沉甸甸的学术著作，我又想起鲁迅先生的话，"我们从古以来，就有埋头苦干的人，有拼命硬干的人，有为民请命的人，有舍身求法的人……这就是中国的脊梁。"我要向卓新平先生这位埋头苦干、拼命硬干的有着"中国的脊梁"的学者，也是我的老师和挚友，表示崇高的敬意。

看到这部沉甸甸的学术著作，我还想起恩格斯在论及历史上的文艺复兴时所说的话："这是一次人类从来没有经历过的最伟大的、进步的变革，是一个需要巨人而且产生了巨人——在思维能力、热情和性格方面，在多才多艺和学识渊博方面的巨人的时代。"中华民族的伟大复兴，应该是、当然是、也必须是人类历史上又"一个需要在各方面产生巨人的时代"。这个时代，"每个人都了不起"。这个时代，"巨人"就出自平凡，就来自我们身边。从卓新平等学者身上，我看到就在我们的中国，就在我们的时代，这方面的"巨人"，或正在成长中的"巨人"，真的来了！

6 月 29 日

"我和中国艺术研究院"｜田青：走进恭王府——考研与读研

本文系田青先生为中国艺术研究院建院 70 周年"我和中国艺术研究院"系列而作。先生从他在恭王府的考研与读研经历讲起，追忆了师友间那些令人难忘又极具画面感的生动往事。回看他与艺研院几近 40 年载浮载沉、闪烁耀眼的岁月与记忆，一个时代学术代际传承之间的精神引领与开拓创新跃然纸上。

https：//mp.weixin.qq.com/s/7ObuQGaRZy3hYZOz4-dIgA

6 月 30 日

委员诗词颂七一接龙，从昨天开始至今，已有数十首，5000 余字。

其中佳作多多，好句不断。例如，刘奇葆副主席的参与，更是一道亮丽的风景线。

叶小文 @ 刘奇葆：

委员读书指导组组长刘奇葆副主席，经常看到您在线上和委员一起读书，一起讨论，倍感亲切，倍受鼓舞。

党的百年诞辰之际，委员们认真学习党史，感悟更深刻，心潮逐浪高，言不尽意，情不自禁，纷纷以诗颂党，以诗抒怀，以诗咏志。

记得前不久，您率领 34 个界别党外委员专题视察团，围绕"学习百年党史，增进四个认同”主题，赴江西、贵州视察。委员们带着感情、带着思考，一路走、一路看、一路听、一路议、一路歌与诗！

我知道当时您也“在马背上”，即兴吟了几首感人肺腑的好诗，还和刘宁委员应和对答。此刻，能否请首长把您的诗拿到读书群的“委员诗词接龙”里来“晒一晒”啊？十分期盼！

刘奇葆 @ 小文、连起、媛媛：

响应国学群征稿号召，深受各位委员诗友感染，现将两首小词奉上，请各位方家雅正。刘奇葆

西江月·瞻仰中共一大会址

刘奇葆

风雨鸡鸣长夜，山河狮醒何时？
冬宫炮响动旌旗，惊彻神州大地。

傲立幽燕寒雪，敢当斧钺熊罴。
渔阳里弄现晨曦，帆起南湖万里。

西江月·回望红军长征到延安

刘奇葆

骏马秋风塞上，边城鼓角红旗。
月光如水照寒衣，血染征程万里。

古道雄关铁索，雪山草地惊鼙。
千军北上赴戎机，不负黎民大义。

6 月 30 日（之三）

整装待发，明天上午登天安门城楼，参加——

隆重庄严、普天同庆，一时千载、千载一时的“庆祝中国共产党成立一百周年大会”，聆听习近平总书记重要讲话！

7月3日

【灵魂深处的大提琴】

张海迪@叶小文：

小文，你好！好久不见！一直盼望听你拉大提琴呢！对音乐不但要听，还要写出感觉。发来一篇多年前的东西，请你指正。

父亲是我的大提琴

张海迪

早就想写父亲，可是每次想写的时候心里却像海浪一阵阵涌起，让我感慨万千，就没了头绪。也许当我们太爱一个人的时候，反而就不知道怎么形容他了。有一天，我在听大提琴曲，是富尼埃尔演奏的鲁宾斯坦的作品，他的演奏我总是听了一遍又一遍，可还是不断重复地听。我觉得好作品会永远长在我们的心里，就仿佛是一棵棵不朽的大树，那一片片叶子从翠绿到金黄，每一片永远都是新鲜的。那些乐曲深情宽广，大提琴的音色沉着舒缓。我听着，忽然就想起了父亲，想起父亲说话的声音，还有父亲给我的那种说不出的温暖。往事，很多往事像层叠的浪花又扑打在眼前，仿佛很遥远，又仿佛就在昨天……

那时我八九岁，父亲带我坐火车去武汉治病，我们坐在硬座车厢，火车"咣当、咣当"地开得很慢。一路上，父亲怕我的脊椎疼痛，就让我靠在他胸前坐着，每当他的大手握住我的小手，我的眼泪就会悄悄流下来。父亲身上有一股淡淡的烟味儿，我像小动物一样翕动鼻子，闻着那种熟悉的烟味儿，父亲的味道让我觉得亲切，还有一种可依靠的感觉。在旅途上，我从不寂寞，因为父亲会给我读书。他给我读胡万春的小说《骨肉》，萧平的小说《三月雪》。靠在父亲的胸前，听着他读书，真的就像今天听大提琴独奏。父亲的嗓音很浑厚，就像大提琴发出的共鸣。

在我的记忆里，父亲是一个热情善良的人。那次在火车上，广播员请旅客帮助打扫卫生，父亲一听，赶忙把我安顿好，就去拖地，过了很长时间他才回来，脸颊上还流着汗水。父亲说，他拖干净了好几节车厢。父亲也是一个乐观豁达的人，我几乎没听他叹息过。即使在逆境中，也能听见他响亮的笑声。我们在乡下那几年，每天晚上村里的男人都喜欢来找父亲聊天，父亲买了很多烟叶，放在一个小筐里，他和那些乡亲一起卷烟抽，还和他们一起用大碗喝瓜干酒。父亲喝酒海量，一次喝一斤白酒不在话下。1973年春天，我们要离开农村了。父亲请乡亲们到家里喝酒，他用豪饮和大家告别，他们从傍晚一直喝到天亮。

父亲是一个让人感到温暖的人，他对同志和朋友从来都很真诚，对弱者更是充满同情。上世纪70年代中期，父母都还没有彻底"平反"，我们住在小县城。有一天，家里来了一个衣衫褴褛的人，他破旧的眼镜框也缠着胶布。父亲认出他的那一刻，一下就握住他的手。来人是父亲的同事刘士毅伯伯。他被打成反革命，赶回老家，一连几年过着窘迫的生活。那一次他要上访，因为没有钱就来找父亲。而那时候很多人都很怕与有问题的人交往，生怕自己也被牵连。可父亲不怕，他把自己的衣服送给刘伯伯，还让他住在家里几天。父亲和母亲给了刘伯伯路费，还不停地鼓励他，一定要想开些，问题一定会解决，我们相信你……刘伯伯走时好像换了一个人，他的精神振奋了，穿的也整齐了。他穿着白色的圆领衫，蓝色的布裤子，那是父亲夏天最好的衣服了，而父亲又穿上了背后破了几个洞的背心。父亲对我说，越是别人遭难的时候就越要关心和帮助。这话，一直记在我心底的深处。

父亲是一个富有正义感的人，他对那些损害国家利益的人和事深恶痛绝。说到这里，我就不由得想笑，因为我喜欢父亲看电视新闻的样子，他总是一边看一边加上自己的画外音。后来我发现要是听不见他的评论，这天的新闻就不好看了。比如，看到哪里又隐瞒了矿难，他就对着电视机里的矿主说，你们太不像话啦，我看应该枪毙！父亲很愤怒，声音就很大。母亲就会说，你小声点啊。要是看见有人滥伐山林，他就会指着电视里的滥伐者说，你啊，你这就快啦！对那些被判刑的贪官，父亲只给他们两个字——活该！父亲义愤填膺是基于他自己对理想和事业的忠诚。他没有离休时，我从没见他往家里拿过公家的东西，他绝不占公家一分钱的便宜。父亲活得很坦荡很大气，也就活得很快乐。

父亲是一个能做朋友的人，我有什么话都喜欢告诉他，有什么事也愿意听他的意见。而父亲也把我当作他的朋友。他有时可能忘了我是他的女儿。比如，我去吃饭，父亲正在喝酒，他就会对我说，来吧，你也喝一杯。他会给我倒上满满一杯。为了父亲，我也很豪爽，不管白酒红酒就喝下去，父亲呢就会很高兴地大笑。父亲的性格深深地影响了我，他读的书也影响了我。我读过的很多苏联文学作品和人物传记都是父亲给我买的，或是借的。比如《叶尔绍夫兄弟》《静静的顿河》《朱可夫传》等等。这种阅读让我们有了更多的共同语言。

写到这里，我更加相信自己的比喻——父亲是我的大提琴，他永远在我心里奏响最美好的乐曲，深情、宽广、亲切、舒畅……我也在做一个父亲那样的人，父亲是一位普通的老人，但也是一个值得我学习的好人。

人们认识我20多年了，其间不知多少媒体要采访父亲和母亲，可是他们总是拒绝。我在网上贴上父亲的照片也许会违背他的心意，但是我还是希望父亲成为大家的朋友。父亲的照片里总是有海，因为父亲喜欢海，他也希望我有海一样的胸怀……

7月4日

忆6月30日夜突降暴雨及庆典中掠过的一点小小雨点

6月30日8:00　距离天安门广场庆祝大会开始还有24个小时，指挥部全体成员到岗做最后冲刺，接下来的30个小时，不眠不休；

6月30日9:00　战时工作体制启动，工作进展每小时视频通报一次；

6月30日18:00　全部准备工作完毕，此时天空乌云密布，气象部门通报雷电及冰雹预警，人人都为未来13个小时的天气捏一把汗；

6月30日19:00　气象部门再次通报，河北地区的积雨云团经房山延庆等方向向城区快速移动，据估算将会严重影响仪式召开；

6月30日20:00　经报审指挥部并研究决定，采用人工干预降雨方式，提前催雨，气象保障部门向积雨云团发射催雨弹2000发；

6月30日20:30　暴雨及冰雹纷至沓来，短时雨量惊人，降水持续时间未知，大批工作人员、安保人员、志愿者冒雨作业；

6月30日22:30　雨停，广场区域及座席区大面积积水，提前铺设的红毯全部被淋湿，庆广指紧急动员，以难以置信的速度清除积水并尽可能烘干红毯；

6月30日24:00　15万警力及85万社会安保力量到岗；

7月1日2:00　广场南区观众及参演人员远端集结完毕；

7月1日3:00　礼兵队检验广场积水清理情况并表示符合参演标准；

7月1日4:00　参演人员陆续进场并做最后合练；

7月1日5:00　距离仪式开始仅剩两小时，气象组紧急通报，有四团积雨云团从山间升起并向中心区移动，所有人心悬了起来；

7月1日5:30　指挥部决定，炸散云团，保证仪式顺利进行，遂发射高炮641发火箭弹147发，四团积雨云被炸散；

7月1日7:00　暖场合唱开始，仪式拉开帷幕；

7月1日8:30　气象部门紧急通报，刚被炸散的云团中的一个较大残留云团正以每小时50公里的速度飘向广场……

7月1日8:55　云团抵达指挥部上空，"下雨了！"指挥部全体人员冲出指挥部望向天空，雨点逐渐增大，每个人心急如焚。此时距离总书记讲话结束还有37分钟，届时将放飞80万只和平鸽，可鸟类有一个特性——遇雨不飞，所有人都知道如果这雨不停，仪式效果将会受到重大影响。指挥部两位副市长纷纷感叹，"希望这雨就下在指挥部吧，别再往广场飘了……"

7月1日9:15　广场上空开始掉下雨点，极个别观众未听从指挥擅自穿上雨衣。指挥部中的工作人员全部来到室外，用双手感受降雨大小，并祈盼降雨就此结束；

7月1日9时30分，在总书记讲话结束一刹那，降雨停止，80万只和平鸽顺利放飞，全场欢歌《歌唱祖国》，指挥部某高级领导笑着说："有些事你不信不行。"停顿一会儿继续说："还是得信仰马克思主义！"

即时有诗为证：

6月30日夜突遇暴雨

天若有情天亦老　此刻暴雨夹冰雹
明日普天庆七一　天安门前迎朝阳

7月1日晨记

清晨，迎着朝阳，
我奔向天安门广场。

　　"为什么我的眼睛常含泪水，
　　因为我对这片土地爱的深沉。"

　　为什么昨天彻夜无眠，
　　因为今天是党的百年诞辰。

　　伟大的党，永远"人民至上"，
　　每个党员，崇尚"人格高尚"。

　　党的力量，来自"人心所向"，
　　党和人民，万寿无疆，前程无量！

7月5日

赞"委员诗咏七一接龙"

喜逢百年盛典　　委员接龙长卷
正是东升西降　　看我豪情万丈

附【委员诗咏颂七一接龙】（截至 7 月 3 日 18∶30 略）

望七一

叶小文

千载一时　　一时千载
翘望七一　　我心澎湃

百年建党　　千年兴邦
人民江山　　万年辉煌

百年丰碑

叶小文

从历史中映照出今天和未来　　从雕塑中镌刻着信仰和情怀

从为山处看到了高山不仰止　从文化里传承着青春之永在

2019 年 5 月 4 日，为纪念留法勤工俭学运动 100 周年，中国美术馆馆长、法兰西艺术院通讯院士吴为山受国务院新闻办委托创作《百年丰碑》雕塑并赠予法国蒙达尔纪市。在中法建交 55 周年之际，五四运动 100 周年之日，《百年丰碑》在法国蒙达尔纪邓小平广场举行了盛大的揭幕仪式。

读马飚副主席学党史体会

马飚体会　一马当先
学史力行　一往无前

赞刘宁、作君献诗

刘蒋二位大家到　委员接龙步步高
七一已入倒计时　心潮逐浪浪滔滔

致连起、作君

高山苍苍，河水泱泱。
堂堂长赋，政治协商。
请君挥笔，先作开张。
佳作必出，青史激荡。
国之吉运，山高水长。

七一抒怀

清晨，迎着朝阳，
我奔向天安门广场。

"为什么我的眼睛常含泪水，
因为我对这片土地爱的深沉。"
为什么昨天彻夜无眠，
因为今天是党的百年诞辰。

伟大的党，永远"人民至上"，
每个党员，崇尚"人格高尚"。

党的力量，来自"人心所向"，
党和人民，万寿无疆，前程无量！

党和人民
——学习七一讲话

历史和人民选择了中国共产党。
中国共产党不负历史，不负人民。

中国共产党始终以史为鉴、开创未来；
中国共产党坚持人民为上，代表人民。

中国共产党永载青史，永垂青史，
立志于中华民族千秋伟业，百年恰是风华正茂！

伟大、光荣、正确的中国共产党万岁！
伟大、光荣、英雄的中国人民万岁！

7月5日

这篇文章写于我国"非遗"保护刚刚开始的时候，田青先生的"三议"到底"议"的什么？

其中还引了我的一段话，原文摘录如下：

毋庸讳言，宗教问题是一个非常复杂、非常敏感的问题。因此，长期以来，我们的许多干部对宗教文化采取了一种回避、漠视甚至打击的态度。在我们保护非物质文化遗产的工作中，也常常出现对某些与民间信仰有关的民俗活动是否应该保护的争论。一些人认为：我们的意识形态是唯物主义，因此，对所有与宗教和信仰有关的文化，都应该斗争而不是保护。

应该说，这种观点是错误的，它本身便违背了辩证唯物论的核心。

2001年，国家宗教事务局局长叶小文在香港中文大学崇基学院的演讲"中国宗教的百年回顾与前瞻"中说：

> 我们主张的辩证唯物论，认为物质是第一性的，从这个意义上讲，与宗教唯心论是不同的；但"物质的第一性"中，当然地包含着存在、客观的第一性，包含着承认客观事物存在、发展和变化有其内在规律，任何违反客观存在、客观过程的内在规律的外部干预，任何对复杂问题的简单处置，都是有害的。宗教作为客观存在的社会现象，有其自身发展的客观规律。尊重宗教信仰自由，是对客观存在、客观过程、客观规律的尊重。

这段话，相当精辟地阐述了真正的唯物主义者对待宗教和宗教文化应有的态度，是迄今为止中国政府的主管官员对宗教问题最本质、最宏观、最令人信服的表述。

7月6日

还必须警惕"不变味"

习近平总书记在庆祝中国共产党成立100周年大会上的重要讲话中说，要"坚定不移推进党风廉政建设和反腐败斗争，坚决清除一切损害党的先进性和纯洁性的因素，清除一切侵蚀党的健康肌体的病毒，确保党不变质、不变色、不变味"。

我们党正是通过一次次自我革命，全面整党，从严治党，及时消除党内存在的突出问题，从而更好顺应时代发展的潮流、实践发展的要求。勇于自我革命是我们党发展壮大、长盛不衰的内在动力。

"全面"就是管全党、治全党，面向全体党员、党组织，覆盖党的建设各个领域、各个方面、各个部门，重点是抓住"关键少数"。"严"就是真管真严、敢管敢严、长管长严。"治"就是从党中央到地方各级党委，再到基层党支部，都要肩负起主体责任；各级纪委要担负起监督责任，敢于瞪眼黑脸，勇于执纪问责。

习近平总书记曾以"四个不容易"告诫全党："功成名就时做到居安思危、保持创业初期那种励精图治的精神状态不容易，执掌政权后做到节俭内敛、敬终如始不容易，承平时期严以治吏、防腐戒奢不容易，重大变革关头顺乎潮流、顺应民心不容易。"

深刻认识和把握确保党不变质、不变色、不变味，确保党在新时代坚持和发展中国特色社会主义的历史进程中始终成为坚强领导核心。比较习近平总书记的以往讲话，这次讲话中强调了"坚决清除"一切损害党的先进性和纯洁性的因素，在确保党不变质、不变色之后加上了"不变味"，语气更加严厉，意志更加坚决，决心更加坚定。读懂"坚决清除"和"不变味"的深意，对于我们始终坚持党要管党、全面从严治党，增强全面从严治党永远在路上的政治自觉，着力建设德才兼备的高素质干部队伍，具有十分重要的现实意义和深远的历史意义。在全面从严治党的高压之下，一些党员干部注重廉政建设，但在一些地方发生了另一种使党的好政策在执行过程中变了味、走了样的倾向，长此以往，必将威胁党的肌体健康。

"不变质，不变色，不变味"，九个字极深刻，要认真体会，切实落实。"不变质，不变色"讲得多，为什么还要加"不变味"？如果变了味，质也会变，如果变了质，色必然变！

"不落腰包"的腐败，"为官不为"的懈怠，"干不如看"的形式主义，"刻板机械"的官僚主义，"数豆子的比种豆子的多""动辄得咎、不动最好"的种种奇形怪状的主义，是对反腐倡廉的消极对抗，是"变了味"的腐败和腐朽，是必须清除的公害。不干，半点马列主义也没有！

好政策在执行中变了味，常常成为一个倾向性问题，对党的形象和党的事业带来严重危害。而以一种倾向代替或掩盖另一种倾向，是反复出现过的倾向性问题。对此，我们应有清醒的认识，并认真加以解决，防止口号喊过，一切如旧。

在严守"不变质、不变色"的同时，还必须警惕"不变味"。

7月7日

全国政协网上书院"品读红色经典
汲取奋进力量"线下讲读会纪实

主办：全国政协文化文史和学习委员会
协办：中国音乐家协会

时间：2021 年 7 月 6 日上午

地点：全国政协礼堂

参加人：中共中央政治局常委、全国政协主席汪洋同志！全国政协副主席张庆黎、刘奇葆、万钢、卢展工、马飚、李斌、汪永清、刘新成同志。

全国政协办公厅、委员读书活动指导组、文化文史和学习委员会有关领导同志，第五期、第六期委员读书活动在京读书群群主、部分全国政协委员、专家代表。上海、浙江、江西、贵州、陕西、河北等 6 省市部分住当地全国政协委员及地方政协委员通过视频连线的方式参会。

中国音乐家协会对本次活动给予了大力支持，组建了专门的团队参与筹备工作。

上周全国人民一起隆重庆祝了中国共产党建党 100 周年。习近平总书记发表了重要讲话，要求我们继续弘扬光荣传统、赓续红色血脉，永远把伟大建党精神继承下去、发扬光大。全国政协网上书院第五期读书活动从 4 月份开始，3 个月来，各读书群在委员读书活动中广泛开展了党史学习教育，党员委员和党外委员共学共悟、相互促进，大家在线上进行了热烈交流。很多委员表示，在这样高水平的读书活动中，通过"爬楼学习""深层互动"，学习了党史，感悟了思想，振奋了精神。今天我们举办这次线下讲读活动，就是展示委员们的学习成果，交流学习体会，砥砺奋进的力量。

这几天，委员们纷纷到各读书群，在线上热烈交流讨论学习习近平总书记七一讲话的体会，庆黎、马飚等副主席都作了引领性的重要发言。

刘奇葆副主席在国学群里发言说，七月一日，在天安门城楼聆听了习近平总书记重要讲话，有感于我们党浴血奋战的光辉历程，有感于伟大祖国的沧桑巨变，赋七言诗一首，请各位指正，与各位共勉。

七律·咏建党百年

斗转参横一百年，石攻烈焰补苍天。

风雷历尽乾坤健，板荡清夷日月妍。

练就金星光禹夏，欲教瀚海化桑田。

长征正度关山处，镰斧生辉再向前。

　　委员们说，奇葆主席吟好诗，众位书友再接龙，七一讲话反复读，百年庆典喜无穷。一石激起千层浪，一诗引来一串诗，大海扬波作和声，书友诗话论和诗。建党百年书群欢，诗友兴会更无前，一花引来百花妍，万紫千红春满园。

　　昨天深夜，奇葆副主席又在国学群里发言说："我的一首七言粗品，得各位诗家不吝唱和，妙品迭出，诗意浩瀚，实为书院庆祝建党百年的一桩盛事，且助国学群征诗大获丰收。感谢各位共襄此举，望各位诗友吟诗不辍，诗心不衰，青春常在！"

　　今天，我们又在线下相聚一堂，"品读红色经典　汲取奋进力量"。

　　红色经典是时代的缩影、文化的精髓、精神的凝结，是学习党史的生动教材。今天我们的讲读活动采取了一种别开生面的形式，即：配乐朗诵经典原文与委员畅谈感悟体会相结合。讲读按照不同历史时期分为四篇。

第一篇

　　中国共产党领导全国人民经过 28 年努力奋斗，走过万里长征，终于迎来协商建国的那一天，中华民族的发展进步从此开启了新纪元。

　　张连起：《长征：扭转国运的人间史诗》

　　李霭君：《不忘初心跟党走　画出最大同心圆》

第二篇

　　人生天地间，长路有险夷。世界上没有哪个政党像我们这样遭遇过如此多的艰难险阻，经历过如此多的生死考验，付出过如此多的惨烈牺牲。在应对各种困难挑战中，精神如火炬，又如明灯，始终照亮前行的道路。我们党之所以历经百年而风华正茂、饱经磨难而生生不息，就是凭跨越时空、历久弥新的伟大革命精神。今天，我们选取其中的抗美援朝精神、焦裕禄精神进行讲读。

　　肖苒：《发扬伟大的抗美援朝精神　在党的领导下建设社会主义现代化强国》

　　吕逸涛：《再读〈念奴娇·追思焦裕禄〉》

第三篇

　　改革开放是我们党的一次伟大觉醒，正是这个伟大觉醒孕育了我们党从理论到实践的伟大创造。改革开放是中国人民和中华民族发展史上的一次伟大革命，正是这个伟大革命推动了中国特色社会主义事业的伟大飞跃。改革开放是党和人民大踏步赶上时代的重要法宝，是坚持和发展中国特色社会主义的必由之路，是决定当代中国命运的关键一招，是实现中华民族伟大复兴的关键一招。坚持改革开放，是我们的强国之路。

杨毅周：《为完成祖国完全统一的历史任务而奋斗——讲读〈告台湾同胞书〉》

胡卫：《将改革开放进行到底——重温 1992 年邓小平"南方讲话"》

第四篇

中国特色社会主义进入新时代，中国共产党在开放与自信中写下继往开来、团结奋进的时代篇章。在习近平新时代中国特色社会主义思想指引下，党的建设更加坚强，全国各族人民精神面貌更加奋发昂扬，全面建成小康社会的目标如期实现，中华民族站在了新的历史起点上。

周予援：《凝心聚力　奋进伟大新时代》

潘晓慧：《巩固脱贫攻坚成果　推荐乡村振兴战略》

姜大明：《新时代人民政协的责任与担当》

海霞委员与第五期读书群群主：习近平总书记《在庆祝中国共产党成立100 周年大会上的讲话》（节选）

汪洋主席对全国政协委员读书活动，特别是开展好网上党史学习教育高度重视，多次作出重要指示和指导，多次到读书群以一员普通书友的身份，和大家交流心得体会，与大家一起民主协商。今天又专门参加我们这次线下讲读会，这是对我们的巨大激励。让我们以最热烈的掌声欢迎汪洋主席作重要讲话。

汪洋主席充分肯定讲读活动的形式和成效。他指出，这次线下交流会别开生面，展现了委员们在学党史、悟思想方面取得的成果，体现了政协党史学习教育的特色，是委员读书活动的亮点，也是政协委员履职的形式创新，值得充分肯定。要充分发挥政协自身优势，推动政协党史学习教育取得更大成效。（此段根据 2021 年 7 月 7 日《人民政协报》新闻报道）

汪洋主席的讲话，也是我们政协委员读书活动中的一段经典。我们品读昨天的红色经典，我们在党的带领下和人民一起再书写新的红色经典。我们要认真领会落实好汪洋主席重要讲话精神，进一步推动党史学习教育走深走实，推动委员读书活动走深走实，把学习成果转化为服务"十四五"开新局、履职为民办实事的工作动力和成效。

全国政协网上书院"品读红色经典　汲取奋进力量"线下讲读会圆满结束。

7月8日

诗友颂党再接龙

七月一日，在天安门城楼聆听了习近平总书记重要讲话，有感于我们党浴血奋战的光辉历程，有感于伟大祖国的沧桑巨变，赋七言诗一首，请各位指正，与各位共勉。

七律·咏建党百年

刘奇葆

斗转参横一百年，

石攻烈焰补苍天。

风雷历尽乾坤健，

板荡清夷日月妍。

练就金星光禹夏，

欲教瀚海化桑田。

长征正度关山处，

镰斧生辉再向前。

王荣@刘奇葆：

写得太棒了！

张连起@刘奇葆：

奇葆副主席《七律　咏建党百年》意境恢宏，豪情壮阔，激励雄健。意象、文采、韵律、对仗等皆精当雅致，实属上品。首联即气象非凡，以"斗转参横"暗喻开天辟地，以"女娲补天"的历史典故阐释初心使命。颔联、颈联对仗工整，表达百转千回风雷激、千秋伟业日月妍的奋斗与牺牲情怀，以及练就金星、教化桑田的大无畏气概，内蕴神追"敢教日月换新天"。

尾联堪称"诗眼"，寓意在党徽指引的新征程中，跨越关山、奋勇向前。全诗节奏张弛相宜，起承转合递进升华，是旧体诗展现新风物的不可多得的力作。

请 @ 全体成员：各位委员就此互动交流，鉴赏品味。

读奇葆副主席《七律·咏建党百年》诗有感

千载一时　一时千载
建党百年　激情满怀

千言万语　万语千言
言不尽意　吟诗来献

千军万马　万马千军
战旗猎猎　喇叭声咽

千秋伟业　伟业千秋
立足人民　英雄赳赳

千唱万和　千呼万唤
民族复兴　指日可现

千载一时　一时千载
人民江山　千秋万代

依奇葆副主席《七律·咏建党百年》诗韵

中共建党一百年，神州幡然换新天。
自强不息君行健，厚德载物竞争妍。
全面小康光华夏，脱贫攻坚尽桑田。
民族复兴圆梦处，诗人兴会更无前。

郭媛媛 @ 刘奇葆：

奇葆主席的诗在我读来，是在激越、激情中，前两句写出了党成立的开天辟地，三四句写出了中国革命的惊天动地；五六句写出了改天换地，最后两句写出了新征程将要顶天立地的民族复兴！

赞"诗友颂党再接龙"

一石激起千层浪　一诗引来一串诗
大海扬波作和声　书友诗话论和诗

刘奇葆 @ 连起、媛媛群主（国学群）并各位：

我的一首七言粗品，得各位诗家不吝唱和，妙品迭出，诗意浩瀚，实为书院庆祝建党百年的一桩盛事，且助国学群征诗大获丰收。感谢各位共襄此举，望各位诗友吟诗不辍，诗心不衰，青春常在！

奇葆即日

张连起 @ 刘奇葆：

衷心感谢奇葆副主席对国学群诗歌征集活动的关怀与支持！在庆祝党的百年华诞的日子里，本群倡导态度第一、参与第一、喜庆第一，引导和鼓励各位委员抒发一心爱党之情，宣示紧跟党走之举，我们高兴地看到，各位委员呈现出了发自内心、躬身实践的炽热情怀。诗艺如何不是最重要的，重要的是诗心不老、山河无恙。奇葆副主席的诗作对各位委员读书必将是一种有力的激励。向每一位永葆青春诗心的委员致敬！

步奇葆副主席《七律·咏建党百年》韵，
集委员诗句，庆颂共产党百年华诞

牛克诚

筚路蓝缕经百年，（张连起）
旌旗引领启新天。（郜风涛）
岂惧狂澜险路阻，（刘毛伢）
正尽千辛赤县妍。（蒋作君）
一统复兴能指日，（张连起）
八方扬绿可耕田。（张连起）

浩荡东风天地洗，（戚建国）

航远艨艟破浪前。（叶小文）

张连起＠牛克诚：

克诚兄的联句顿使本群生辉增色，这厢有礼了。联句成七律，可以想见难度之高。尤其是在下匆匆一吟的句子，竟被兄安排得熨帖有致，佩服佩服！

张连起＠各位委员：

正如大家常说，格律诗如"戴着镣铐跳舞"，传统规矩在某种程度上限制了自由表达。这就出现了诗家明知某处不合平仄或不押韵，仍不得不为之。如"乱云飞渡仍从容"的"仍从容"，系三平调，忌。改成"亦从容"如何？诗人仍之。至于毛泽东诗词不押韵（即使用湖南话）更是所在多有。故，有规矩，但不循规蹈矩（也要大体符合），不因律害义也。

郭媛媛＠刘奇葆：

感谢奇葆主席子夜重要发言！昨晚奇葆主席和各位大家委员围绕习近平总书记七一讲话的唱和，实乃读书群文化盛事。

感谢奇葆主席对国学读书的支持和鼓励！

7月9日

【读书笔记】

共同富裕取得实质性进展的一个社会学视域

习近平总书记在七一讲话中说，"新的征程上，我们必须……推动人的全面发展、全体人民共同富裕取得更为明显的实质性进展！"

共同富裕，从社会学的视域来说，推动其取得实质新进展的有效办法，就是使"利己主义与利他主义成为一股道跑的车"。

丁元竹教授在【社会关系、社会文明、社会建设漫谈—192】中说：人类历史上，利己主义与利他主义曾经是一股道跑的车，这点可以从马林诺斯基在对南太平洋岛上的原居民交易圈和交易行为的研究中看到。几个世纪以来，市场经济的发展，利己主义和利他主义分道扬镳，社交和商务也各行其道、界限分明。但现代技术进步似乎又把社会与商务融为一体，社交互动、社会信任和共享产生的活动也创造了货真价实的真金白银。

每个时代都在两者之间找平衡，在一方占主导地位时总是又会唤起另一方的崛起。一方面，如果一个社会只有整体没有个体，个体无法获得利益，我们将失去广为人知的市场经济社会的好处——它独有的自由、创造力、个性以及物质的多样性，等等。

以前，我们崇尚高度的利己主义文化，把自己的身份定位在该幸福与否建立在拥有多少的物质上；现在，我们的社会文化已迎来资源共享和协同式生活方式，消费的理念也在改变。

在共享经济中，使用权胜过占有权，"享"胜过其他。具有共享经济的理念，也是一场思想上的革命：改变拥有的态度，把心思转移到自由支配产品，享受产品带来的使用效果和体验效果，而不是拥有产品上来。

7 月 10 日

王一鸣委员关于中国式现代化道路的讲座，高屋建瓴，深刻透彻，很受教益，很受鼓舞。

习近平总书记 2019 年 9 月 3 日在中央党校讲话时特别指出，"中华民族伟大复兴，绝不是轻轻松松、敲锣打鼓就能实现的，实现伟大梦想必须进行伟大斗争。在前进道路上我们面临的风险考验只会越来越复杂，甚至会遇到难以想象的惊涛骇浪。我们面临的各种斗争不是短期的而是长期的，至少要伴随我们实现第二个百年奋斗目标全过程。"

中国式现代化新道路，可能主要面临什么样的风险考验呢？赞成王一鸣委员深刻剖析的三条，即：

一是在新一轮科技革命和产业变革背景下，我们能否在科技自立自强上取得突破，走出一条新路。

二是在全球化退潮的背景下，我们能否推进更高水平的开放，特别是制度型开放。开放带来进步，封闭必然落后。

三是在美国对我遏制日趋强化的背景下，我们能否实施有效的战略，实现从战略守势向战略均势的演进，这是我们现代化新道路走向未来很重要的影响因素。

我认为还要跨越四个陷阱：

　　一是心为物役陷阱——确保领导我们事业的核心力量——中国共产党"不变质、不变色、不变味"。

　　二是贫富差距陷阱——共同富裕不断取得实质性进展。

　　三是修昔底德陷阱——有效应对和化解美国的战略遏制。

　　四是周边纷扰陷阱——实现祖国完全统一。

三、书友谈读书

2020 年 12 月 25 日

一起读书

刘奇葆副主席 12 月 24 日在全国政协委员读书活动指导组第四次会议上的讲话指出：

邀请更多委员入群读书，既是确保读书活动深入持久开展的重要前提，也是一种科学的读书方式。有研究认为，在和他人一起阅读时，人会变得富有启发性，也就是说看问题更全面，控制能力和整合能力更强，从而更具创造力；在阅读过程中，加强社会互动，对于提高理解社会的综合能力以及创造力大有裨益。前不久，小文同志在漫谈群就这个问题引导大家进行过深入讨论。希望各专委会和书群在这方面始终如一，持续深入做工作，吸引动员更多委员入群读书并保持规模，努力实现入群委员人数持续增长、委员人人读书的目标。

现将综合大家讨论的《一起读书》一文的文档，包括四个部分：科学的论证，前人的榜样，个人的体会，书院的实践，特再发如下：

科学的论证

读书，当然不是读给别人看的，历来是需要个人自愿、自觉、自动、自律、自悟，自找苦吃也自寻乐趣，这是自己下功夫的事。要静下心来读，安安静静地读，锲而不舍地读，悬梁刺股地读，耐得住寂寞稳得住心神地读，下得了苦功地读。不能"凑热闹"哗众取宠，不能"小和尚念经有口无心"，不能"葫芦掉到井里还在水上漂着"。白天光阴似金，最宜多走多干多讲；夜晚沉寂幽静，更适勤读勤写勤想，我主张"白天走干讲，晚上读写想"。晚上当然是自己读、自己写、自己想。晚上就是要静下心来，让心沉、心到。记得朱熹说过，"读书有三到，谓心到，眼到，口到。心不在此，则眼看不仔细，心眼既不专一，却只漫诵浪读，决不能记，久也不能久也。三到之中，心到最急，心既到矣，眼口岂不到乎？"三到尤其是心到，全都得你自己到。靠别人帮忙，跟别人跑腿，听别人吆喝，是到不了的。

读书，最需要个人下苦功，最需要"动心忍性，增益其所不能"，最需要抛弃装模作样、故作姿态，最需要摆脱平庸。"阅读的最大理由是想摆脱平庸……平庸是一种被动而又功利的谋生态度。平庸者什么也不缺少，只是无感于外部世界的精彩，人生历史的厚重，终极道义的神圣，生命含义的丰富。而他们失去的这一切，光凭一个人有限的人生经历是无法获得的。"余秋雨说，"只有书籍，能把辽阔的空间和漫长的时间浇灌给你，能把一切高贵生命早已飘散的信号传递给你，能把无数的智慧和美好对比着愚昧和丑陋一起呈现给你。区区五尺之躯，短短几十年光阴，居然能驰骋古今，经天纬地，这种奇迹的产生，至少有一半要归功于阅读。"这种阅读，当然是自己去读。靠别人代替，照着念别人的话，嚼别人吃过的馍，你还是摆脱不了平庸。

总之，我们可以讲很多理由，强调个人读书的必要和重要。那么，为什么要提倡"一起阅读"？从另一方面，当然也可以讲很多理由。但各重一侧，各偏其理，未必服人。

有位高人，发现一篇小文，题为《一起阅读提高创造力》，特地批送我阅，虽不着一字，却在上面划满了杠杠（见图）。的确，我们各持一理，不妨听听科学家经过一番研究论证，所得出的道理。兹转载如下：

阅读是熟悉和掌握语言的过程，其中包括大脑对语言的处理，既是基本的学习方法，也是获取知识的重要手段。

近期，西班牙马德里康普顿斯大学研究小组发表在《大脑皮质》杂志的一项研究表明，一个人单独阅读和与其他人一起阅读，在对语言的处理上有所不同，效果也不一样，后者更具启发性，有助提高创造力。

研究小组将受试者对半分成两组，一组为个人单独阅读，另一组为与他人共同阅读，让受试者阅读语法和词义上有错误的文本，并用脑电仪记录阅读时大脑内的生物电活动，进行分析和研究。结果发现，在和他人一起阅读时，人会变得富有启发性，也就是说看问题更全面，控制能力和整合能力更强，从而更具创造力。单独阅读则不同，在语言处理方面，主要表现在对算法运用能力更强，也就是说更为自动、有约束、守规则。

研究人员认为，尽管语言从进化上讲，主要是出于社交目的而出现和发展的，但关于语言处理如何受到社交环境影响，至今尚有许多未知。上述研究结果表明，当一个人单独阅读时，大脑对语言的处理，通常采取基本算法或规则策略，而当有另一个人在场进行阅读时，即社交场合，大脑兴奋程度明显增强，显示出启发式语言处理策略，与社会认知和注意因素有关。

因此，如不考虑社会存在效应的影响来理解语言，是片面的，因为这是最基本交流情景所固有的，在阅读或接受教育过程中，加强社会互动，对于提高理解问题的综合能力以及创造力大有裨益。

委员们在讨论中也认为，个人阅读与一起阅读相得益彰。在个人阅读的基础上，增加一起阅读，互相启发，相互提高，效果会更好。从科学研究的角度可以旁证集体读书的好处。直观经验看，个人读书相对更加静心，更便于专心思考，潜心记忆。而集体读书更刺激大脑活跃度，激发主动积极思考，要求不同个体间的应对互动，更具有相互激励、互相学习、互相启发的效果。漫谈群里的读书，就常有在相互交流探讨中，不断深化对某一问题认识的情景，是一个汇集大家学习成果和智慧的过程。

另外，根据知识积累、个体环境、思维方式的差异，每个人都形成了特定的习惯性读书思考模式。集体读书能够拓宽思路和个体习惯模式，领悟他人的角度，体验他人的感受，汲取他人智慧，升华个人认识，达到事半功倍的效果。在国学群学习经典及人类命运共同体群探讨国际关系就常有这样的体会。

前人的榜样

前人注重"一起阅读"的榜样很多，仅举两个典型。

一是伟人毛泽东。

在漫谈群的专题讲座中，陈晋同志谈道，毛泽东的一种重要读书方法，就是注重讨论式阅读，亲自组织读书小组，找几个同志来"一起阅读"。在延安，毛泽东组织过克劳塞维茨《战争论》和其他哲学书籍的读书小组。1959年，又组织过著名的苏联《政治经济学》（教科书）读书小组，在杭州和广州读了40多天。这期间，中央在上海开会，他便去上海，开完会，赶回来读。记录毛泽东读书讨论中的谈话，就记了6个笔记本。

二是古人王阳明。

王阳明自幼"为了将来做圣贤"而刻苦读书、博览群书。他按照朱熹格物致知的道理，"格"了七天竹子之"理"而病了一场，足见其读书的真诚和刻苦。

对王阳明的读书，钱穆在《阳明学概述》这样评价道："他有热烈的追求，有强固的抵抗，他从恳切的慕恋里，转换到冷静的洗伐，又从冷静的洗伐里，转换到恳切的慕恋。他狂放地奔逐，他彻悟地舍弃。他既沉溺，又洒脱。"一代天才奇才、状元公子王阳明，因得罪大宦官历经磨难，九死一生，终于从最恐怖的诏狱中活了下来，从锦衣卫的追杀里活了下来，从武夷山的虎口活了下来，最后来到当时自然条件极其险恶的龙场。"龙场在万山之中，毒虫瘴气，到处都是，几非生人所堪。其地又没有居室。"①王阳明躺在这个石洞的一口"石棺"（实乃一个钟乳石小槽）里等死。一天半夜，电闪雷鸣中突然大彻大悟，仰天长啸："始知圣人之道，吾性自足。向之求理于事物者误也。""至此心外无物，心即理也。"至此从他个体顽强的生命中，闪出中华民族文明一朵璀璨的光芒——阳明心学就此诞生。按照阳明心学，他应该是最主张个人阅读的。

可王阳明恰恰最看重的是"一起阅读"，因为他一辈子都在讲学，最看重、最喜欢讲学，在讲学中论学，在讲学中思想碰撞，在讨论中做大学问。他的学术成就，如果只靠关门个人苦读，是断然成就不了的。他的代表作《传习录》，就是在讲学中和弟子一起读书、一起讨论的记录。

王阳明传奇的一生，是在病中最后返乡未成的归途中终结的。归途的颠沛流离中，尽管身体已日渐衰弱，他还在梦想回乡之后和弟子们一起论学的快乐。他在临终前一个月最后的书信中这样写道："而余姚、绍兴诸同志又能相聚会讲切，奋发兴起，日勤不懈，吾道之昌，真有火燃泉达之机矣，喜幸当何如哉！"

一起读书，喜幸当何如哉！

个人的体会

在政协委员这个最善于读书群体中"一起读书"，在线上各读书群浏览，偶尔驻足参与交流，个人体会真有"一起来读书，胜读十年书"之感。随手记下心得、体会、笔记，不到一年，竟然，垒煞成土、集腋成裘，出两本书。一本是由中央党校出版社出版的《"书香政协"百日漫游》，一本是文史出版社正在编辑中的《处处书友遍地书》。

"一起读书"，体会甚多。又想起南宋朱熹的《观书有感》，大概也是在赞扬"一起读书"吧：

---

① 叶圣陶点校：《传习录》。

半亩方塘一鉴开，天光云影共徘徊。

问渠那得清如许？为有源头活水来。

书院的实践

2020 年 4 月 23 日，全国政协委员读书活动正式启动，同日，全国政协书院宣告成立。汪洋主席在启动仪式上的讲话提出，政协委员怎么读书？乃是心怀天下，围绕中心，从兴趣出发、同实际结合、向履职聚焦，读有所思、思有所悟、悟有所用，努力把读书的收获转化为做好政协工作的过硬本领、转化为履职尽责的工作成果。由此，委员读书活动有五个重要特征，一是政治性，二是实践性，三是互动性，四是主动性，五是持续性。我体会，这五个重要特征归结到一起，是否可以说也就是"一起读书"。

正如汪洋主席所说，政协读书是有组织的读书，能够广泛交流、深入讨论应当是政协读书的最大特点和优势之一。我们有 34 个界别，有各领域专家学者、行业翘楚和部门骨干，天下谁人不读书，但能够在这样条件下读书的组织并不多。加强交流互动，才能把书读好，读出质量，读出水平。有人说："教育的本质意味着一棵树摇动一棵树，一朵云推动一朵云，一个灵魂唤醒一个灵魂。"读书也是如此，在共同阅读中播撒阅读的种子，聚合阅读的力量。

从 4 月启动，半年多过去，政协书院分两批，在委员履职平台上先后建立了几十个读书群，已有近两千名全国政协委员参与进来，进入不同的书群讨论交流，线上线下书卷常开，昼夜灯火不熄。

这样一个"最善于读书的群体"，这样大规模地通过互联网聚集起来，昼夜不息地一起读书，可以说，翻遍中外读书史，可能还是第一次。

能否持续下去？

11 月 5 日，汪洋主席在"委员读书漫谈群"线下活动的即席讲话，满怀深情地说：

对于读书活动，我们要有信心，虽然有一段时间里，当大家都更加注重追求物质的时候，读书的人感觉减少了。但现在我们很有自信，会回来的。我们还是一个崇尚读书的民族，中国还是一个崇尚读书的国家。只要我们积极倡导和推动，大家会以各种不同的方式去读书。我们用政协的读书活动去影响社会，做得好了，就能够引领社会读书，这是功德无量的事情。我觉得坚持下去，可以做到久久为功。中华文明五千年，咱们有几千年读书的历史传统，要充满自信。全国政协开展委员读书活动是合乎潮流的，坚持下去一定能够越做越好。

自 7 月 1 日第二期委员读书活动启动以来，11 个读书群中，委员"一起读书"的亮点纷呈。例如：

【新时代提案工作】读书群：读工作书，议工作事，促进提案工作质量提高；

【深化改革促发展】读书群：推动读书活动成为委员履职尽责的有效延展；

【乡村振兴】读书群：充分发挥界别委员优势，注重提升读书实效；

【人口发展】读书群：读书实践，知行合一，履职建言，精彩纷呈；

【科技与创新】读书群：线上学习和线下考察相结合，读书讨论和履职建言相结合，有声阅读和履职体验相结合，日常活动和专题项目相结合；

【各民族共同团结奋斗共同繁荣发展】读书群：创新阅读方式，读出履职担当；

【走近台湾】读书群：以全周期管理推动读书活动走深用实；

【全球化的发展与中国】读书群：发挥读书平台作用，促进读书与履职深度结合；

【国学】读书群：感受国学之美，分享思辨之乐；

【人类的明天】读书群：在读书中凝聚共识，在思考中眺望未来；

【委员读书漫谈群】：形漫神聚，博中有专。

等等。

丁伟群主叮嘱我，可以重点剖析一下漫谈群，这就是最好的"一起读书"的典型啊。

是的，漫谈群是按照汪洋主席的指示，于 7 月 10 日由文化文史和学习委员会在网上开设的。尚之、丁伟先后担任群主。截至 9 月底，已有 173 名委员发言 13741 次，浏览人数达 1032 人。汪洋主席在群中发言 11 次，刘奇葆副主席发言 3 次。漫谈群里话题多样，氛围宽松，百花齐放，美美与共。一批"读书大咖"应呼而至，纵横捭阖，天天畅谈，各显神通。这个平台，既可为已参加专题读书群的委员跨群交流，有地方讲一讲从本群里迸发的思想火花，引出的题外之话，生发的弦外之音；也可为未参加相关主题群组的委员，或因工作繁忙跟不上专题群读书节奏、因"不赶趟"不便插话、仍在"潜水"中保持"观察与思考"的委员，以及对各主题读书群书目范围之外进行其他图书阅读的委员，提供一个交流平台。"漫谈群"之"漫"，从形式到内容都不拘一格，顾名思义，"漫"为特色。但这"漫"，不是信口开河，不是唠叨碎语，而是"读万卷书、行万里路"的委员们归来的心系天下之言，是各行翘楚、精英们的"聚会讲切"，自然常常是直抒胸臆而纵横捭阖，厚积薄发又信手拈来。这个群有十几个连续不断的专栏，已形成此起彼伏的靓丽品牌，其中好几个专栏已过百期，仍然持续不断，锲而不舍。更有接连不断的专题讲座，让大家大开眼界，美轮美奂，叹为观止，大饱眼福。漫谈群的风光，真如五百年前王阳明所理想的境界，是"聚会讲切，奋发兴起，日勤不懈，吾道之昌，真有火燃泉达之机矣，喜幸当何如哉！"

阎晶明委员在群里发了篇漫谈，题为《漫谈群是个好地方》，谈得真好，剖析深刻，照录如下：

网络手机时代，可交流的工具以及发布信息的平台太多了，花样不断翻新又互相交替存在，让人目不暇接。我开有新浪微博，十年累加的个人微博，竟然还整理出版了一本小书：《文字的微光》。也有腾讯微信，虽然不频繁，但时而也会发一发朋友圈。加入政协读书漫谈群还不到半年，越来越体会到它的特别之处。它具有其他媒介不具备的优势，值得珍视。

一，与在报刊上发表文章相比，漫谈群充分体现了新媒介的优势，一条信息、一篇文章一旦发布，即有反馈，这对于一个写作者来说还是充满了喜悦的，也充分体现了文字本是交流工具的性质。要知道我们在报纸或刊物上发表一篇文章，有时甚至激不起一点反响的涟漪。即使是同期或者同一个版面的作者见了面，也懒得提起或交流相关的事情。每个人都会有一种心理暗示，不就是发了一篇文章吗，有什么可得瑟的。然而漫谈群的朋友相遇，最津津乐道也最热烈"漫谈"的，似乎就是本群的各种大小话题，而且还滋生出、衍生出许多其他谈资。

二，与微博相比，漫谈群的交流对象都是具体的、可信的，实名制是必需的，不但实名，即使是完全陌生的名字，也后缀着所从何来，让人感到是见字如面的交流，亲切，踏实。我们在微博里虽然看上去有众多的所谓的粉丝，事实上，发布信息的有效性并不高，真正关注你的人是非常有限的，一些不着边际的留言、评论也颇显诡异，有时觉得远在天边，又难免怀疑近在眼前，还有时连有无"此人"都是个问号，僵尸粉甚多。由于渐渐缺少心目中的交流对象，所以很多话语也是碎片式地稍纵即逝，化为乌有。

三，与微信朋友圈相比，在漫谈群里发言，有一种既在新媒体平台上自由交流，又感觉是在从事一项有组织、有秩序的工作。到一个信息平台上去发布信息、发表文章，与认识的不认识的朋友（委员）交流也是一项工作，也是一种履职，参与多了还是优秀履职，这大概是只有政协的读书平台才会有的情形吧。

漫谈群里有专业讲解，也有问答互动。有诸如文物、古琴、交响乐的系列讲座，也有影视、综艺、戏剧的创作经验分享；有关于军事、外交、科技、社会文化的战略参考，也有易经、诗词、出版、阅读的感悟、故事。鼓励发言，也允许潜水，庄谐并行，促气氛活跃，包罗万象，又秩序井然。发言、交流、互动的表达方式不拘一格，长短不限，鼓励原创，欢迎推荐，链接也可。

这是一个开放的空间，天天在线被视作模范但不是所谓大 V，新人路过打个招呼，同样有故友重逢、热烈欢迎的不亦乐乎。这里逐渐形成一种独特的交流格式"小文体"，但绝不强制要求成为"官方语言"，甚或排斥其他"语种"。

群主，漫谈群的新老群主，有点像一座公寓楼里的楼长，既是由组织指定，也得到群众认可；来自上级信任，发自内心热情；既是有一定掌控力的管理者，也是辛苦约稿，鼓励人、招呼人，甚至恳求人"入伙"的"店小二"；既有公共管理上的层级感和权威性，又有平等交流的亲切感和亲和力。群主这种认真负责、不领特贴的领导方式，也是一种值得推广的新媒体管理形态。我每在线上线下见到他们，总仿佛觉得其左臂上闪烁着红袖箍，既热情指路，也文明监督。

综上所述，为什么要"一起阅读"，我从四个方面谈了体会。用一位委员的话作总结，就是：共读共写共同生活，才能有共识共情共同价值。群读群议，观点碰撞，头脑风暴，确有利于拓宽思维，吸取精华！

1月16日

前天下午的"全国及地方政协委员读书经验网上交流会"上，主持会议的李斌副主席说：汪洋主席的重要讲话充分肯定了前期读书活动的做法和成效，要求进一步深化对读书活动重要性的认识，持续探索创新，推动读书活动高质量发展。讲话内涵深刻，体现了新时代对人民政协工作的新要求，具有重要指导意义。办公厅和各专门委员会要认真组织学习，对汪洋主席讲话中提出的任务要求逐项抓好落实。希望大家进一步深化认识，增强做好委员读书活动工作的思想自觉和行动自觉，再接再厉、乘势而上，推动读书活动高质量发展，为提高专门协商机构建设的水平，更好地把人民政协制度优势转化为国家治理效能而共同努力。

这些话，掷地有声。

> 马上到牛年
>
> 先耕这块田
>
> 读书乃大事
>
> 主席侃侃谈
>
> 漫谈群直播
>
> 可以细思量
>
> 今天再爬楼
>
> 满目闪金光

【牛马年，好耕田。先耕读书这块田】

新年伊始，全国政协再抓"委员读书"！

这是适应互联网时代大势更好履职的新要求。

这是提高建言资政和凝聚共识水平的新平台。

这是做好界别群众工作、扩大团结面的新探索。

这是培育协商文化的新途径。

【提升专门协商机构的成色品质】

开展委员读书活动是提升专门协商机构成色品质的一项基础性工程。政协组织和政协委员要深入学习贯彻习近平总书记重要论述和重要批示精神，提高政治站位，把读书学习作为一种政治责任、一种精神追求、一种生活方式，作为新时代人民政协的一种履职途径、工作内容、基本技能，把握工作规律，将这项打基础、利长远的事做实、做细。

委员读书活动是适应党和国家工作大局、专门协商机构职能责任、时代和形势发展变化要求推出的一项履职创新举措，为人民政协提高双向发力水平注入了积极动力。

【内化于心　外化于行】

从内化于心的层面看，读书的成果首先是提升自我，政协有书香的基础是委员有书香，带着这样的认识和心态去读书，就会有更好的提升效果。要深刻认识学习交流中的"闻道""悟道""传道"都是成果。

从外化于行的层面看，读书会促进履职能力的提高，促进工作内容的深入，进而促进双向发力水平的提升。可以围绕协商议题开展有针对性的读书活动，也可以结合读书活动成果开展协商调研。

【委员读书活动四大进展】

扎实读书，天天书香四溢

交流讨论，碰撞思想火花

知识资政，聚焦委员履职

结合融入，丰富工作内涵

【委员读书活动五大做法】

鲜明读书活动定位

强调读书交流质量

突出网络读书优势

发挥读书骨干作用

强化读书组织保障

【委员读书回味无穷】

线上和线下相结合、读书和考察相结合、集中主题和读书漫谈相结合，既有键对键的隔空交流，也有面对面的促膝论道；既有聚焦主题的高言说论，也有即兴而发的妙趣偶得；既有书海里的畅游之乐，也有笃行中的深思感悟。

【汪主席表扬漫谈群】

读书活动形式灵活、氛围宽松，不时会看到"漫谈群"的即兴赋诗和主题群的切磋辩论。这种平等议事、有来有往、良性互动、层层深入的氛围，有助于培育专门协商机构独特的协商文化。要引导好、利用好委员读书活动，使其更好成为协商文化培育的试验田和天然沃土。

【奇葆副主席表扬漫谈群】

文化文史和学习委员会开设的"委员读书漫谈"群和"国学"群，选取委员感兴趣、有话说、可争议的议题开展讨论……引发委员持续热议，取得良好效果。

【一起读书三大法宝】

发挥"网"的优势

下足"导"的功夫

增强"群"的引力

【读书活动八字方针】

深化提高　持续发展

【拓展外溢】

把委员读书形成的思想火花汇聚成智慧火炬，不要有遗珠之憾。要进一步拓展外溢方式，积极对接"全民阅读"活动。

1月18日

读书无尽意

读书有何意义？言不尽，意无尽。

开展政协委员读书活动，是适应互联网时代大势更好履职的新要求，是提高建言资政和凝聚共识水平的新平台，是做好界别群众工作、扩大团结面的新探索，是培育协商文化的新途径，是提升专门协商机构成色品质的一项基础性工程。

从内化于心的层面看，读书的成果首先是提升自我，政协有书香的基础是委员有书香，学习交流中的"闻道""悟道""传道"都是成果；从外化于行的层面看，读书会促进履职能力的提高，比如围绕协商议题开展有针对性的读书活动，结合读书活动成果开展协商调研，通过知识资政，工作内容更深入，进而促进双向发力水平的提升。

这么丰富深刻的道理，言犹未尽，意犹未尽。一个故事，可以生动精辟地画龙点睛：

孙子问爷爷，你每天都在看书，你能记住多少呢？反正都会忘记看的内容，那你为什么还要看？

爷爷要孙子把旁边装煤的竹篮拿来。孙子很疑惑，还是跑去把脏兮兮的竹篮拿了过来。爷爷又发话了，拿了这个竹篮去河边打点水上来。孙子疑惑了，但还是照做，很明显竹篮是没办法装水的。

孙子气恼地跑回来，爷爷你到底要我做什么？爷爷说你再去试试。就这样反复跑了几次，水还是没打上来。爷爷这时候对着恼怒的孙子说，孩子你看看这是先前的竹篮吗？孙子一看愣住了，先前脏兮兮的竹篮，经过几次的清水清洗，已经焕然一新了。

爷爷这才说道：读书过程就像是这竹篮打水一样。虽然每次都会从竹篮缝隙中流走，表面上看好像我们什么都没有得到，但不知不觉中，人的心灵就像这竹篮一样，已经被净化得澄澈明亮。这就是读书的意义。你读过的书虽然记不得内容了，但它还是会融入你的骨血影响你。就像吃饭，你不记得你吃过什么，但会因你吃什么东西，而长成什么样的骨肉和血。书读多了会改变容颜和性格甚至命运。

书友们对这个故事，纷纷热议：

有的说，道出了读书的终极意义之一：在追求获得终觉少的过程中，净化灵魂。这个故事耐人寻味。改变，从读书开始。"掬水月在手，弄花香满衣。兴来无远近，欲去惜芳菲"。书香有如水中月、衣芳菲、竹篮水。道出了朴素的哲理：如同你走过的地方，必留下痕迹。读书让你用最低的成本，培养你的眼界和格局。故事看似轻淡，实为寓意深刻。读书，不是让自己成为一个知识的容器，读书就是一个向内而行，通往心灵的大道。要让知识来淘洗自己，淘尽铅华，洗去泥淖，发现本真的自我。读书净化心灵，腹有诗书气自华。

有的说，在政协博大精深的书香世界中，我们阅读，我们在潜移默化地改变。阅读，开启生活美好的时光。阅读，能使我们在别人的故事中看到自己的影子，借鉴他人的经验调整自己的生活。阅读拓展了心灵的宽度与广度，让我们在人生的风风雨雨中拥有一颗平和的心。阅读能使我们拥有温暖而有力的力量，能长久地体贴心灵，拨动心弦，触摸到我们感情深处最柔软最深沉的部分……

我体会：当了半辈子“官”，到政协书院天天读书，果然有焕然一新的感受了；也做过一点学问，到政协书院天天读书，真感到焕然一新了；也爱好点音乐，到政协书院天天读书，竟然更多地感受到音乐里的意蕴了……

读书的意义，言未尽，意无尽。想起了赵朴初的书斋，就名“无尽意”。

1月26日

关于读书

读书大哉问
深思老群主
两点真温润
做好必持久

吴尚之@刘奇葆：

谢谢奇葆主席对漫谈群的鼓励和鞭策！您提出，如何持久深入地开展委员读书活动，如何更有效地做到高质量读书？这两个问题的提出，对深化政协委员读书活动，很重要也很及时。

下一步读书活动：一是要更加突出政协特色。政协读书有别于个人读书，要把读书与履职更加紧密地结合起来，切实做到在读书中履职，在履职中建言。二是要更加倡导交流讨论。围绕一本图书或一个主题，多安排一些时间，多展开深入交流，提高读书的质量，拓展交流的深度和广度。

1月27日

你理解多少　它懂你几分——读书易理

上周，魏玉山作关于阅读的讲座，果然“书中美玉在玉山”，讲座精彩纷呈，书友热议纷纷。

连珍为此写了一段《读书易理》，贴在漫谈群里。隔了几天来看，似还存余香，还闻余音。兹照录如下：

小文教授、晓冰、老群主尚之、丁伟，晓宏群主：

这几天玉山院长的讲课上水平，有深广度，很实在，可操作。

关于玉山讲的经典，我的粗浅理解"经"是竖着逆时，典是范，经典要有原创性，普遍性，恒久性，有无限解释时空的可能性，经典确实要经过时间的考验、磨炼，岁月的洗礼，人间的践行、思悟，我感到经典是一辈子也很难悟透的书：

> 你对它理解多少
> 它就能懂你几分

"百姓日用而不知"，其实有些东西看似不可思议，但它确是实实在在地发生了，我们不能把已知，当成全知、终知。我们要读书，学研，特别是干部，玉山院长推荐的三方面的书。田进、小影、媛媛你们说得很对，要静下心来读书，沉下心来读书，不能用碎片化阅读替代系统阅读，用资讯代替文化滋养。静下心来读书真幸福，清欢、甘恬、怡人、天真、纯粹、养生。

我体悟"静若心莲"——

静：静如止水

若：有无之间

心：修养身心

莲：出淤不染

建国、永新、嘉极、元竹、晶明逸涛、多杰热旦，向你们学习读书！

阔步走进中国特色社会主义新时代！

张连珍

戚建国将军@张连珍：

为"静若心莲"点赞！这是沉思的心声，也是充满哲理的慧语。

"静，静如止水。若有无之间心，修心养性莲，莲出心境。"

静，对于人生，是一种心怡的状态。静思修心智，静默养神情，静观任其变，静听凡间音，静待岁月吟……发现世界细微的美好，简单、微笑、静心，守一方净土，何其幸，何其美……

1月29日

"我们的理想，在希望的田野上"。录戚建国《智慧学习平台构想》。在希望的平台上，有我们的理想：

在"互联网＋智能＋N"的时代，开始进入学习资源实时共享、知识创新协同建设、读书服务在线迭代的智慧学习新模式，正进一步推动智能学习向着开放、共享、可持续方向发展，为委员读书活动提供智慧平台，构建面向委员、面向未来、面向创新的读书学习新生态。

其一，智慧学习平台是面向委员的服务性平台。传统学习环境是导读者与学习者同处一个时空并线性地交换思想，智慧学习平台则是将学习时空扩展为任何时空，且知识的传播由单向转为多向，放大了优质学习资源的作用和价值，也让跨领域、跨时空协作学习成为可能，很大程度上规避了低水平的信息复制，加速了知识创新的速率。

其二，智慧学习平台是面向未来的动能型平台。一方面，智慧学习平台是去中心化、去线性化的，打破了知识垄断壁垒，使优质学习资源得到充实和丰富，并以碎片化和链接化的学习方式逐步取代集中式的学习方式，从而在大幅降低知识获取成本的同时提高知识获取效率。另一方面，智慧学习平台又是集资源化、集群智化的，能够发挥导读引领者与学习者的集体智慧，构建共生型的数字资源新生态，有效解决以往知识创新者与学习者之间的信息鸿沟，提供众筹、众享、众建的学习平台。

其三，智慧学习平台是面向创新的重构型平台。智慧学习平台的形成过程可促进三个层面的创新重构：一是学习模式的重构，探究式、自主式、互助式学习观念和泛在学习、开放学习、移动学习形式革新了传统学习模式，并以智能时代的科学理论为指导形成新的读书方法论。二是前沿科技的重构，5G等网络技术及智能终端、交互模式的创新应用，将使智慧学习大环境的形成过程成为科学技术新形态的发展过程。三是读书生态的重构，智慧学习平台对信息素养、数字化思维、互联网思维以及与多平台要素交互能力等要求的强化，将推动智能化读书更快向委员普惠。

智慧学习平台构建既需要充分发挥读书网站、智能化电子书、图书馆等多主体知识优势，建立多方参与的协同互利机制，也需要依托大数据、互联网、云计算等技术将跨区域和跨类别的信息汇聚为庞大资源库，建立系统高效的运作模式。同时，智慧学习资源管理服务也会随着参与者的增多日趋完善，提升共建共享的质量和效益。这些发展过程都将深度打通社会各方面、各层面的学习资源，促进知识生产方、传播方与使用方之间多维度的互动，从而在动态过程中推动社会信息资源的流动与平衡。

1月30日

【委员读书金句录】

三个"摆进去"　一篇好文章

汪洋主席说："读书群是个大学校！"在这所大学校里当一名合格学生，要在读书学习中真正做到三个"摆进去"。

一是把自己摆进去。"学而后知不足"。放眼当下，大局演进、变革激荡、知识迭代、信息爆炸，放松学习必然落伍、掉队。"活到老、学到老、改造到老"是一种境界，进入这个境界，才能在不停步的自我净化、自我完善、自我革新、自我提高中跟上新时代步伐。

二是把职责摆进去。政协委员责任大。提高责任担当能力，靠实践淬炼，也靠知识更新。本领恐慌后面往往是知识恐慌。深学笃行才能去恐慌、长才干，进入"懂政协、会协商、善议政"的行列。

三是把工作摆进去。读书学习要精、要管用，要有学思用贯通、知信行统一的高度自觉。在"推进两岸关系和平发展"读书群中，委员们边读书、边学习汪洋主席在2021年对台工作会议上的重要讲话，议论风生，火花迸放，有领悟、有思考、有互动、有建言、有共识，这样的学习成果定能转化为推进工作的新举措、新行动。

融入大学校、学出新进步、交出好答卷，坚持下去，必有好处。（录朱小丹在漫谈群的发言）

【委员读书趣谈录】

——晓冰说，晓宏群主（和尚之、丁伟两位老群主）如同班里尽职尽责的学习委员，发布计划，督促学习，鼓励提醒，为学习委员点赞。

——但学习委员都知道，"理工妹"晓冰是班里的"学霸"。

——我想竞选文艺委员，但班里早有晶明，才华横溢，金光闪闪……

——还是加入"丁伟等"的"等"中，做一个埋头学习、认真读书、热心入群等等的好学员。

1 月 31 日

书香气要成为生活气
——连珍读书八字诀

读：有些书可以不求甚解，有些书可以只是了解，只是工具书。正如陶渊明讲的"不求甚解"。有的书要重读、反复读，如经典就要反复读，经典重读又成了初读。经典走向生活，生活返回经典。

记：有的东西，像一些古籍名言警句，就是要硬记、牢记。关于记忆法，也有各种技巧，要选择适合自己的。

思：读书要善于思考，还要不断学习新知识，研究新情况、新问题。荀子曾讲："思索以通之。"思索是学习、实践之间的桥梁。"学愈博则思愈远，思之困则学必勤"。只有认真思考和研究新情况、新问题，走进新时代，才能不断充实自己。思路才会越来越开阔，能力才会越来越全面。

懂：有些知识是似是而非，随着时空变化慢慢似非而是。逐渐在生活中、人生中读懂了。

悟：有渐悟、顿悟、恍然大悟、"灵、敏、觉"。

通：通是对本源本体东西的亲自亲证。

用：知识、学问、智慧要践行，活用，就是建国讲的要"活读书"，关键在"用"，知行合一，有效，化人，奉献，这才有价值意义！

化：（我再加一字，凑足八字）化而能食，食而能化；出神入化，化为文化。

连珍说：读书的重大意义太深远了！穿越日月时空、古往今来，好书是明灯，是电梯，是古贤，是良师，是益友，是亲人，是良药，是好梦……我深深地感受到读书是福，读书愉悦，读书清静，读书忘我，读书养身，读书高尚！我们读书群要真正做到汪洋主席讲的"是所大学校"。书香气要成为生活气！

2月6日

关于"说话"的穿越
——再读李瑞环《看法与说法》

昨天到政协开会，指导小组副组长刘晓冰对我笑言，群中讨论"说话"，你能"穿越"时空啊！

关于"说话"的穿越，缘起白岩松、张连珍委员对"说话"问题发表了系统、精彩的高见，书友们热烈讨论，建国将军贴出李瑞环同志当年在天津发表的一篇关于说话的短文，于是也就使我"穿越"出了2013年4月25日我在《人民日报》发表的一篇文章，题为《"学习型"政党怎么学》。这篇文章，其实是学习瑞环同志《看法与说法》一书的读后感。

瑞环同志的这套书共4册，百余万字，极为精彩。中国人民大学出版社2013年3月出版。

第一册开篇的《编者说明》讲清了缘由（其中还点到我的名），值得一读：

"学习型"政党怎么学①

党的十八大提出建设学习型、服务型、创新型的马克思主义执政党，首先提到的，是"学习型"。

学习，标志成"型"，勤学，应蔚然成"风"。"学习型"政党怎么学，也即以什么样的学风来学习？

李瑞环同志新出的《看法与说法》一书，可作教材，好在学风。

学风问题是思想方法问题。学好用好哲学，思想方法对路，看问题就能抓住本质一针见血，把握规律通透见底；说话有精神，下笔如有神。瑞环同志是木工出身，但酷爱学哲学，下了"真学，学真"的功夫。例如，他学《矛盾论》《实践论》，全能背下来，他的看法与说法，总含着透彻的哲理、深厚的哲思、鲜活的哲学。

学风问题是我们对待马克思列宁主义的态度问题。我们党把马克思主

---

① 叶小文：《"学习型"政党怎么学》，《人民日报》2013年4月25日4版。

义普遍真理同中国具体实际相结合，形成了毛泽东思想和中国特色社会主义理论体系，先后为革命和建设，提供着正确的理论指导。但教条主义、经验主义，总是在、尤其关键时刻总是在困扰着全党。就在我们身边，"狗屎都不如"的教条主义，"常常是由于无知"的经验主义，总在那里"以其昏昏使人昭昭"。瑞环同志的这些段子，很多都是同教条主义、经验主义斗争的产物，今天读起来仍感亲切、深刻。他的讲话，不少是来自基层的实话，富有活力的新话，好记管用的短话，群众喜欢的笑话。例如，1992年，瑞环同志作为主管宣传工作的常委，在全国宣传部长会上如何告诫大家少讲空话？他举了一个来自湖北神农架地区，用高音喇叭没法驱赶野猪的案例，叫你忍俊不禁。"空话连野猪都骗不了，何况人呢？"

学风问题是全党同志的工作态度问题。在群众面前说话做事，首先要端正态度。瑞环同志常说，群众看我们干部，无非两条，一是怎么干事，二是怎么说话。干群众的事，就要特别上心，全心全意为人民服务。对群众说话，也要特别上心，是"随谈"，却不"随意"。党的干部把话讲实在了、讲明白了，党的理论才能彰显应有的魅力，党的政策才会有实践的感召力。但话要说好，既要有底气，也要下功夫。"所谓'一觉醒来，疑团顿解'，实际上是一夜未眠，冥思苦索。讲艰苦，这种头脑的加工最艰苦。"此乃"是大家常讲家常，凡才子夜读子夜"。

《看法与说法》里透着的学风，一是有神气，这个"神"，是哲学思维；二是接地气，这个"地"，是"人民至上，实践第一"，是坚持以研究问题为中心，拿起理论的武器，到社会实践中敏锐发现问题、正确分析问题、切实解决问题；三是带灵气，这个"灵"，来自下苦功琢磨问题，塌下心研究问题，方"心有灵犀一点通"。

毛泽东同志说过，如果我们党有一百个至二百个系统地而不是零碎地、实际地而不是空洞地学会了马克思列宁主义的同志，就会大大地提高我们党的战斗力。"学习型"政党怎么学习？《看法与说法》里，有系统而不是零碎的，实际而不是空洞的，务实求理、与时俱进的，充满旺盛生命力和坚强战斗力的马克思列宁主义。

2 月 11 日（大年三十）

录委员读书活动指导组的新春祝词：

律回岁晚冰霜少，春到人间草木知。

在难忘的过去一年里，我们辛勤耕耘、携手同行，在人民政协事业发展的壮阔画卷中，共同描绘出"书卷常开、灯火不熄、百花齐放"的亮丽图景，交出了砥砺奋进的履职答卷。农历牛年的新年就要到了，牛马年好耕田，让我们发扬"三牛"精神，继续携手奋斗，共同耕好委员读书田，耕好委员履职田，谱写新时代中国特色社会主义更加美好的画卷！

祝愿伟大祖国山河锦绣、国泰民安！祝愿各位委员和顺祥致、幸福美满！

今天除夕，要放假了。

牛马年好耕田，耕好委员读书田，耕好委员履职田。再发读书心得三则：《读书与做人》《白天走干讲、晚上读写想》《读书无尽意》，谨以小文给书友拜年，也是大年三十忆旧。

有愿意一睹的书友，请打开以下 word 文档（不挤占楼梯）。

读书与做人①

做官，先要做人。做人，应该读书。

怎么做一个好人？要读书。"为什么读书便能学得做一个高境界的人呢？因为在书中可碰到很多人，这些人的人生境界高、情味深，好做你的榜样……他们是由千百万人中选出，又经得起长时间的考验而保留以至于今日，像孔子，距今已有二千六百年，试问中国能有几个孔子呢……为什么我们敬仰崇拜他们呢？便是由于他们的做人。"钱穆说，"假如我们诚心想学做人，'培养情趣，提高境界'，只此八字，便可一生受用不尽。"

怎么做一个摆脱平庸的人？要读书。"阅读的最大理由是想摆脱平庸……平庸是一种被动而又功利的谋生态度。平庸者什么也不缺少，只是无感于外部世界的精彩，人生历史的厚重，终极道义的神圣，生命涵义的丰富。而他们失去的这一切，光凭一个人有限的人生经历是无法获得的。"余

---

① 原载《人民日报》2015 年 7 月 1 日 5 版。

秋雨说，"只有书籍，能把辽阔的空间和漫长的时间浇灌给你，能把一切高贵生命早已飘散的信号传递给你，能把无数的智慧和美好对比着愚昧和丑陋一起呈现给你。区区五尺之躯，短短几十年光阴，居然能驰骋古今，经天纬地，这种奇迹的产生，至少有一半要归功于阅读。"

怎么做一个高人？要读书。习近平同志说："各级领导干部要深刻认识现代领导活动与读书学习的密切关系，深刻认识领导干部的读书学习水平在很大程度上决定着工作水平和领导水平，真正把读书学习当成一种生活态度、一种工作责任、一种精神追求，自觉做到爱读书、读好书、善读书，积极推动学习型政党、学习型社会建设。"

怎么做一个新人？要读书。进入"互联网＋"的时代，不能读死书，死读书。所谓"互联网＋"，就是"互联网＋各个传统行业"，利用信息通信技术以及互联网平台，让互联网与传统行业进行深度融合，创造新的发展生态，促进创业创新、协同制造、现代农业、智慧能源、普惠金融、公共服务、高效物流、电子商务、便捷交通、绿色生态、人工智能，形成若干新产业模式。今天，要善于在"互联网＋"的大趋势中，在经济发展的新常态中，创造性地读书。如果"互联网＋读书"呢，会不会也创造奇迹？不妨一试。

读书，要读懂读透。朱熹《观书有感》云："半亩方塘一鉴开，天光云影共徘徊。问渠那得清如许，为有源头活水来。"读书到了这样的境界，是何等的明了开朗，通达畅快！

读书，要夜以继日。白天走干讲，晚上读写想。白天光阴似金，最宜多走多干多讲；夜晚沉寂幽静，更适勤读勤写勤想。坚持走干讲，才能读得透、写得深、想得远；不懈读写想，才能走得实、干得好、讲得准。如此周而复始，其实会另生出一番快乐的滋味。享受工作，一心一意，忙并快乐着；享受生活，一茶一书，闲并快乐着；享受天伦，一生一爱，爱并快乐着。

一位领导同志给"是大家常说家常"对出上半句："凡才子夜读子夜"。其意境，或许"夜读子夜"就是"晚上读写想"，"常说家常"就是"白天走干讲"吧？读书与做人，做到这样的境界，即是"才子""大家"。

白天走干讲　晚上读写想①

有段话耳熟能详："予尝求古仁人之心……居庙堂之高则忧其民，处江湖之远则忧其君。是进亦忧，退亦忧。然则何时而乐耶？其必曰'先天下之忧而忧，后天下之乐而乐'乎。噫！微斯人，吾谁与归？"②

予尝求之座右铭，源自这"古仁人之心"，在进退皆忧、忧国忧民中，总传承着一股"沛乎塞苍冥"的浩然之气。

多忧，必多思；多思，要多干。这"忧、思、干"何以相得益彰？听一位"处江湖之远"的基层干部说，他是"白天走干讲，晚上读写想"。有了，我的座右铭，就是它了。

白天走干讲：走下去、干起来、讲出水平。走，毛泽东在《反对本本主义》中说："迈开你的两脚，到你的工作范围的各部分各地方去走走，学个孔夫子的'每事问'。"走，不仅要开动双脚，还要开动脑筋，不能走马观花，"葫芦掉进井里，还是在水上漂着"。干，就是实践。纸上得来终觉浅，绝知此事要躬行。干部干部，先干一步。讲，是领导干部向广大人民群众讲解和宣传党的方针政策，动员、组织群众的重要手段。能不能讲、会不会讲，往往体现出一个领导干部的水平。我们有的干部，与新社会群体说话，说不上去；与困难群众说话，说不下去；与青年学生说话，说不进去；与老同志说话，给顶了回去。"套话一说完，主客便只好默默地相对，逐渐沉闷起来。"

晚上读写想：耐心读、勤于写、创造性地想。读，过了学生时代，没有专门时间读书，也没有老师督着你读书，就看自己愿不愿挤出时间读书。再忙，睡前总能挤一小时。关键是耐得住寂寞，稳得住心神，便可以进入另一个美妙的世界，从读书中获得心灵的充实和内心的愉悦。写，是反映客观事物、表达思想感情、传递知识信息的创造性脑力劳动过程。读书是学习，摘抄是整理，写作是创造。邓小平讲过："用笔领导是领导的主要方法，这是毛主席告诉我们的。凡不会写的要学会写，能写而不精的要慢慢地精。"想，

---

① 原载《光明日报》2015年8月3日1版头条。
② 范仲淹：《岳阳楼记》。

学而不思则罔，思而不学则殆。朱熹说："读书有三到，谓心到、眼到、口到。心不在此，则眼看不仔细，心眼既不专一，却只漫浪诵读，决不能记，记不能久也。三到之中，心到最急。心既到矣，眼口岂不到乎？"

走干讲与读写想，相辅相成。读写想是坐而思，走干讲是起而行。白天光阴似金，最宜多走多干多讲；夜晚沉寂幽静，更适勤读勤写勤想。坚持走干讲，才能读得透、写得深、想得远；不懈读写想，才能走得实、干得好、讲得准。

白天走干讲，晚上读写想，夜以继日，累也不累？其实进入这样一种生活方式，便不难体会孔夫子的那股豪迈："子在川上曰：逝者如斯夫，不舍昼夜！"

白天走干讲，晚上读写想，周而复始，烦也不烦？其实会另生出一番快乐的滋味。享受工作，一心一意，忙并快乐着；享受生活，一茶一书，闲并快乐着；享受天伦，一生一爱，爱并快乐着。

白天走干讲，晚上读写想，积以时日，我就写出了若干短文，拿去发表。互联网时代，这类文章读者不会多了，但总还有人关注。记得五年前，有位领导同志来信说："小文大作，每每拜读，感慨良多。言简意赅，有彩无华，实不多见。还望能坚持下去，一以贯之。"鼓励之后，留了个作业题："我常想'是大家常说家常'，也一直想找到上对，终不得，求教为盼。"

我回信说："人民出版社为我出过一本《小文百篇》，其后我又发表了近百篇。拟凑够250篇之数后，再集一本，或名《小文二百五》，既有'小文的250篇小文'之意，也想说明：学海无涯，天外有天；佳作无穷，读之汗颜。我虽笔耕不辍，杂论一番，其实捉襟见肘，败笔时现。充其量，还只是个'二百五'而已。唯有学习再学习，努力再努力，突破'二百五'，进入新境界。"当然，毕竟没人喜欢"二百五"，人民出版社出的是《小文三百篇》。

如何给"是大家常说家常"对句？这位领导对的是："凡才子夜读子夜，是大家常说家常。"其意境，或许"夜读子夜"就是"晚上读写想"，"常说家常"就是"白天走干讲"吧？

白天走干讲，晚上读写想，一位基层干部的话，透着"古仁人之心"，我奉为座右铭。尽管"官"已"居庙堂之高"，但"微斯人，吾谁与归？"

读书无尽意①

读书有何意义？言不尽，意无尽。我是政协委员，就从政协读书说起。

开展政协委员读书活动，是适应互联网时代大势更好履职的新要求，是提高建言资政和凝聚共识水平的新平台，是做好界别群众工作、扩大团结面的新探索，是培育协商文化的新途径，是提升专门协商机构成色品质的一项基础性工程。

从内化于心的层面看，读书的成果首先是提升自我，政协有书香的基础是委员有书香，学习交流中的"闻道""悟道""传道"都是成果；从外化于行的层面看，读书会促进履职能力的提高，比如围绕协商议题开展有针对性的读书活动，结合读书活动成果开展协商调研，通过知识资政，工作内容更深入，进而促进双向发力水平的提升。

这么丰富深刻的道理，言犹未尽，意犹未尽。一个故事，可以生动精辟地画龙点睛：

小孙孙问爷爷："你每天都在看书，能记住多少呢？反正都会忘记看的内容，那你为什么还要看？"

爷爷要小孙孙把旁边装煤的竹篮拿来。小孙孙很疑惑，还是跑去把脏兮兮的竹篮拿了过来。爷爷又发话了，拿了这个竹篮去河边打点水上来。小孙孙虽疑惑还是照做，很明显竹篮是没办法装水的。

小孙孙气恼地跑回来："爷爷你到底要我做什么？"爷爷让他再去试试，就这样反复跑了几次，水还是没打上来。爷爷这时候对着恼怒的小孙孙说："孩子你看看这是先前的竹篮吗？"小孙孙一看愣住了，先前脏兮兮的竹篮，经过几次的清水清洗，已经焕然一新了。

爷爷这才告诉小孙孙，读书过程就像是这竹篮打水一样。虽然每次都会从竹篮缝隙中流走，表面上看好像我们什么都没有得到，但不知不觉中，人的心灵就像这竹篮一样，已经被净化得澄澈明亮。这就是读书的意义。你读过的书虽然记不得内容了，但它还是会融入你的骨血影响你。就像吃饭，你不记得你吃过什么，但会因你吃什么东西，而长成什么样的骨肉和血。书

---

① 原载《中国青年报》2021年2月8日2版。

读多了，会改变容颜和性格甚至命运。

书友们对这个故事，热议纷纷：

有的说，故事道出了读书的一个终极意义，在追求获得终觉少的过程中，净化灵魂。故事耐人寻味，改变，从读书开始。"掬水月在手，弄花香满衣。兴来无远近，欲去惜芳菲"，书香有如水中月、衣芳菲、竹篮水。故事看似轻淡，实为寓意深刻，道出了朴素的哲理：如同你走过的地方，必留下痕迹。读书让你用最低的成本，培养你的眼界和格局。读书，不是让自己成为一个知识的容器，读书就是一个向内而行，通往心灵的大道。要让知识来淘洗自己，淘尽铅华，洗去泥淖，发现本真的自我。读书净化心灵，腹有诗书气自华。

有的说，在政协博大精深的书香世界中，我们阅读，我们在潜移默化地改变。阅读，开启生活美好的时光。阅读，能使我们在别人的故事中看到自己的影子，借鉴他人的经验调整自己的生活。阅读拓展了心灵的宽度与广度，让我们在人生的风风雨雨中拥有一颗平和的心。阅读能使我们拥有温暖而有力的力量，能长久地体贴心灵，拨动心弦，触摸到我们感情深处最柔软最深沉的部分……

我体会：当了半辈子"官"，到政协书院天天读书，果然有焕然一新的感受了；也做过一点学问，到政协书院天天读书，真感到焕然一新了；也爱好点音乐，到政协书院天天读书，竟然更多地感受到"兴于诗、立于礼、成于乐"的意蕴了……

读书的意义，言犹尽，意无尽。想起了赵朴初的书斋，就名"无尽意"。

2月24日

今天下午《人民政协报》将请来诸多委员，为报纸改进报道支招献策（见下面）。

我有一建议，委员上线一起读书讨论，是"书香政协"的一大创造。报纸也应时上线，了解动态，关注诸如"晨读诸多好风暴"（晓宏语），把风暴一露头就捕捉到，把"兴风作浪"的委员再拉到报纸上，深入讨论，深化认识，就像高尔基笔下的海燕，"让暴风雨来得更猛烈些"！

互联网把委员拉上线一起读书，这是读书的 2.0 版。

如果报纸能再把上线的委员拉下来一起读书，这样有上有下，上下结合，有望探索读书的 3.0 版。

我在人民政协报社特邀委员记者座谈会上的发言

今天人民政协报社请来诸多委员，为报纸如何做好两会及日常报道支招献策。宝川同志提出了很好的安排意见，高招不少，重在落实。永新的发言常有"永新的秘诀"。振国的发言令人振奋。连起的思考让人浮想联翩，连起来看，就是好看。其他委员还会有精彩发言，人人持和氏之玉，个个握灵蛇之珠啊。

去年 4 月 23 日，全国政协委员读书活动正式启动，全国政协书院宣告成立。正如汪洋主席所说，政协读书是有组织的读书，能够广泛交流、深入讨论应当是政协读书的最大特点和优势之一。全国政协有 34 个界别，有各领域专家学者、行业翘楚和部门骨干，天下谁人不读书，但能够在这样条件下读书的组织并不多。加强交流互动，才能把书读好，读出质量，读出水平。

问题是如何真正做到把"政协读书的最大特点和优势"发挥出来？经过这段实践看，一个重要的办法，就是大家来"一起读书"，就是"互联网＋"读书，借助"互联网＋"，聚合阅读的力量。近一年来，全国政协书院分三批，通过互联网在委员履职平台上先后建立了几十个读书群，已有近两千名全国政协委员参与进来，进入不同的书群讨论交流，线上线下，书卷常开，灯火不熄，群读群议，观点碰撞，头脑风暴，共读共写共同生活，共识共情共同价值。可以说，全国政协委员读书活动，通过互联网把委员们都拉到线上来一起读书，一起讨论，这是"书香政协"的一大创造，是自古以来读书的 2.0 版。

《人民政协报》对于这样一个伟大的创造和生动的实践，当然不会袖手旁观。首先是要深入进去。进去看看啊，多少委员日以继夜在线上读书、思考、讨论，比如在座的元竹、永新，每天凌晨一睁眼，就看见他俩总在线上，我们的记者们，能否也随时"潜水"进去，和他们一起"观察与思考"一番呢？"衙斋卧听萧萧竹，疑是民间疾苦声；些小吾曹州县吏，一枝一叶总关情"。我们的记者，也要卧听萧萧竹，不能睡懒觉啊。

　　其次是要拉得出来。例如，"委员读书漫谈群"之"漫"，从形式到内容都不拘一格，以"漫"为特色。但这"漫"，不是胸无点墨之辈的信口开河，不是"小人长戚戚"的唠叨碎语，而是"读万卷书、行万里路"的委员们归来的心系天下之言，是各行翘楚、精英们的"聚会讲切"，自然常常是直抒胸臆而纵横捭阖，厚积薄发又信手拈来。但也有个遗憾，各种想法竞相迸发，"你未唱罢我登台"，楼梯上，虽然琳琅满目，也让人眼花缭乱，思想的火花稍纵即逝，头脑的风暴时过境迁。这时候，我们的政协报能否应时上线，紧跟动态，风暴一露头就捕捉到，把"兴风作浪"的委员再拉到报纸上，深化认识，深刻思考，深入讨论，形成思想的闪电，头脑的风暴，而且像高尔基笔下的海燕，"让暴风雨来得更猛烈些"！敏感的记者，聪明的报纸，如果能及时捕捉，把上线的委员再拉下来一起读书，围绕一个话题深入讨论，真正把头脑的风暴鼓动起来、聚集起来、放大起来，甚至为"知识资政"提供素材，这样有上有下，上下结合，有进有出，进出自如，"互联网+"加上"报纸+"，有望探索、创造出读书的3.0版。则当如当年王阳明对"一起读书，聚会讲切"的热烈期盼，"吾道之昌，真有火燃泉达之机矣，喜幸当何如哉！"

　　现成的例子唾手可得。今天一大早，在"漫谈群"里，戚建国委员发布"战略参考之207"：《马克龙：现代资本主义模式已经无法运转》。马克龙认为，以市场经济为首的资本主义确实取得了成功。但是，伴生的是社会不平等，是价值创造和利润之间的脱节，是制造了不可持续性的社交网络的加速发展和虚构事务的全球化，是资本主义把气候问题也外包了。这四种现象引发了社会不平等危机、民主危机、民主制度的可持续性危机、气候危机。同开放市场经济连在一起的现代资本主义模式已经无法在这种环境下运转了。此前形成的平衡和共识现在被上述四种现象的加速完全打乱了。

　　我立刻评论，"这个小马哥，讲得还真好。百年大变局，也算在思考。命运共同体，有点感觉了。"

　　丁元竹委员接着说，"马克龙讲的这些东西，是自马克思主义理论产生以来一直探讨的一个重大理论问题。从《共产党宣言》到列宁的《帝国主义是资本主义的最高阶段》，到20世纪后期，像美国的伯恩斯坦《同舟共济》，以及其他人关于《资本主义3.0》《资本主义4.0》，都是对这种制度的深度理论探索。我认为，理论界在这个问题上应当立足中国的实践，有所创新。"

吴尚之委员说，"马克龙《现代资本主义模式已经无法运转》值得一读，令人深思！疫情带给世界两大教训，资本主义面临四种危机。"

丁伟委员说，"马克龙谈话的意义还在于，在新冠疫情和世界尖锐分解对立的当今，世界又走到一个十字路口。人们在普遍思考：我们往哪里去？人类再一次寻求真理灯塔的指引。"

戚建国委员接着说，"是的，理论界应当下大功夫，就一些基本问题进行创新探索，回答好百年大变局带来的深刻变化。"

这时我就想，如果《人民政协报》就这些话题下点功夫，在委员中继续组织一场深入的讨论，就有可能掀起一场高质量的"头脑风暴"。

顺便再说说，今天的会议，作"视频发言"的只有我和杨扬委员。杨扬委员 2002 冬奥会就为中国获得首枚金牌，大概正紧张训练备战，不能来参会。我凭什么也要"视频"一把呢？就因为报社告诉我，今天的会议，同时采用腾讯视频会议模式，我想以身一试。

我们的委员读书群里，如果用上"腾讯会议模式"，"见字如面"变成"见到真身"，读书讨论如虎添翼，"头脑风暴"及时迸发。尽管现在读书平台的技术支撑，保证现有运转已有点力不从心，但听说政协报的王相伟社长正领着一帮精兵强将，探索建设新平台、新功能。希望政协报也到委员读书群里去组织几次"腾讯会议模式"。这点活儿，你懂的。

2 月 28 日

告一段落说读书

明天进入"两会"时间，漫谈群要告一段落，暂停一段了。【漫谈群日记】也要告一段落了。

依依不舍，今天多说几句。谈五则，读书真是有深意，读书真是"无尽意"，书友读书出新意，"反复玩味"是要义，常动笔墨好读书。

无论何时，读书是不会停的。委员履职，知识资政，离不开读书的积累，更有"书到用时方恨少"的"本领恐慌"，抓紧读书的紧迫需求。

一、读书真是有深意。再录永新金句——漫谈群中天天谈读书的朱永新，就有"永新的秘诀"：

阅读，能让人永新；永新，秘诀在阅读。

再录朱永新的【名家谈阅读】金句如下：

阅读，不一定使我们变得更加富有，但一定可以使我们变得更加智慧；不一定能改变我们的长相，但一定可以改变我们的品位和气质；不一定能延长生命的长度，但一定可以改变生命的宽度，增加我们生命的厚度，提升生命的高度；不一定能实现我们的人生梦想，但一定可以使我们更接近人生的梦想。

二、读书真是"无尽意"，录吴尚之的《十则读书笔记》，常读常新常温馨。

在委员读书漫谈群新开的"古人谈读书"专栏，全国政协委员、漫谈群任群主吴尚之整理出十则读书笔记：

其一，刘向："学无迟暮"

刘向，西汉经学家、目录学家、文学家。曾校阅群书，撰成《别录》，为中国目录学之祖。辑录《楚辞》16卷，收录其所作《九叹》，另有《洪范五行传》《新序》《说苑》《列女传》传世。刘向在《说苑》中，收录了晋平公与师旷的一段对话，谈及读书无迟暮。《说苑》记载：晋平公问于师旷（春秋时盲人乐师）曰："吾年七十，欲学，恐已暮矣。"师旷曰："何不秉烛乎？"平公曰："安有为人臣而戏其君乎？"师旷曰："盲臣安敢戏君乎？臣闻之：'少而好学，如日出之阳；壮而好学，如日中之光；老而好学，如秉烛之明。'秉烛之明，孰与昧（暗）行乎？"从刘向的记述来看，人生读书学习，70岁开始也不晚，少年、壮年、老年时期，读书学习，各有风景，各有千秋，不分早晚，何谈迟暮？

其二，董遇："读书当以三余"

董遇，三国时期魏国的著名学者，精通《老子》《左传》。他在如何运用时间读书学习方面，颇有见解。据《三国志·魏志·董遇传》记载：人有从学者，遇不肯教而云："必当先读百遍。"言"读书百遍，其义自见"。从学者云："苦渴无日（苦于没有时间）。"遇言："当以三余。"或问"三余"之意。遇言："冬者岁之余，夜者日之余，阴雨者时之余也。"董遇的读书观，值得我们思考：一是"读书百遍，其义自见"。倡导书要熟读、反复读，读书上百遍，书中之义自然领会。二是"当以三余"。不少人曾提出，想读书，没时间。董遇提出，读书要抢时间，运筹好时间，岁之余、日之余、时之余，总能抢到读书的时间。生活中还有一个常见的现象，即越是忙的人，越是喜欢读书，越是读书多。董遇的读书观，给后人启示良多。

其三，陶渊明："好读书，不求甚解"

陶渊明，东晋诗人、辞赋家、散文家。他归隐田园，以书为乐，关于读书，有不少独到见解流传至今。一是倡导以读书为乐。他在《读山海经十三首》中写道："既耕亦已种，时还读我书。穷巷隔深辙，颇回故人车。欢言酌春酒，摘我园中蔬。微雨从东来，好风与之俱。泛览《周王传》，流观《山海图》。俯仰终宇宙，不乐复何如？"耕种之余，读书为乐，这是一种读书的追求，也是一种读书的境界。读书让人认识社会，增长知识，也可以开阔胸襟，陶冶情操，岂能不乐？二是倡导一起读书。他在《移居二首》中写道："敝庐何必广，取足蔽床席。邻曲时时来，抗言谈在昔。奇文共欣赏，疑义相与析。"此处"奇文"一词，或指自己与朋友所作文章，或指前人文章。陶渊明提出"奇文共欣赏"，一个"共"字，表达出要与心地淡泊之人，一起欣赏。一起欣赏，一起读书，这既是一种读书的乐趣，也是一个提高读书质量和效率的途径。三是倡导"好读书，不求甚解"。他在《五柳先生传》中写道："闲静少言，不慕荣利。好读书，不求甚解；每有会意，便欣然忘食。"此处"好读书，不求甚解"何意？意谓虽然好读书，但不作繁琐之训诂，所喜乃在会通书中旨略。"好读书，不求甚解"，不是贬义，是不作繁琐之训诂，或谓不钻牛角尖？精读与泛读，要有所区分，有所侧重才好。

其四，杜甫："读书破万卷，下笔如有神"

唐代诗人杜甫，在诗歌艺术方面，集古典诗歌之大成，并加以创新和发展，被后人尊为"诗圣"，对历代诗歌创作产生巨大影响。除此之外，他在阅读方面也给后人留下不少名言，影响深远。现分享其中流传甚广的两则佳句。其一："读书破万卷，下笔如有神。"语出杜甫《奉赠韦左丞丈二十二韵》："纨绔不饿死，儒冠多误身。丈人试静听，贱子请具陈。甫昔少年日，早充观国宾。读书破万卷，下笔如有神。"此处，杜甫提出"读书破万卷，下笔如有神"，意在提倡博览群书，书读多了，写起文章，方可下笔敏捷，得心应手，有如神助一般。其二："富贵必从勤苦得，男儿须读五车书。"语出杜甫的《柏学士茅屋》："碧山学士焚银鱼，白马却走深岩居。古人已用三冬足，年少今开万卷余。晴云满户团倾盖，秋水浮阶溜决渠。富贵必从勤苦得，男儿须读五车书。"此处，杜甫明确提出，男儿首先要苦读书，其次要多读书。古人将冬天分为十月、十一月、十二月共三个月，故称"三冬"。用足"三冬"，即是用足全部时间来读书。

其五，韩愈："读书四患"

韩愈是唐代文学家、哲学家，河南孟县人。他与柳宗元等人倡导古文运动，开辟了唐宋以来古文的发展道路。在读书方面，韩愈有诸多见解，值得借鉴。韩愈在他的《赠别元十八协律六首》中，提出了"读书四患"。他写道："读书患不多，思义患不明。患足己不学，既学患不行。"韩愈认为，读书学习，担心的是学得不够多；领会要义，只怕悟得不够透；以为自己学得差不多了，从而骄傲自满，停止学习；已经学了的东西最怕不能掌握，不付之于实践，不付之于行动。我们在读书学习中，也要克服古人早已看到的"四患"，做到多读多思，终身为学，知行合一。

其六，司马光："读书在得道利民"

司马光，北宋政治家、史学家，著有《资治通鉴》《司马正公文集》等。他在阅读方面，强调读书首先在于明道，反对追求利禄。同时，他还提出了许多读书的方法。现与书友们分享其中三点论述。一是主张"读书在得道利民"。司马光在《与薛子立秀才书》中谈道："士之读书岂专为利禄而已哉？求得位而行其道以利斯民也。国家所以求士者，岂徒用印绶粟帛富宠其人哉？亦欲得其道以利民也。"司马光认为，读书要超越自我、超越利禄，不仅要明大道、求大道，还要有为民情怀，为民而读。二是主张"读书在正心、修身、齐家、治国"。司马光在《进〈孝经〉指解札子》中写道："所谓学者，非诵章句、习笔札、作文辞也，在于正心、修身、齐家、治国、明明德于天下也。"在此，司马光强调读书要注重提高修为、涵养情操，还要利于社会、利于国家、利于天下。三是主张"书不可不成诵"。《三朝名臣言行录》记载了司马光的一段话："书不可不成诵，或在马上，或中夜不寝时，咏其文，思其义，所得多矣。"诵者，朗诵或背诵或吟诵。司马光提倡，书要反复诵读，反复琢磨，或在马背上，或在未寝时，多思则多得。

其七，欧阳修："坐则读经史，卧则读小说"

欧阳修，北宋文学家、史学家，古文运动的倡导者，唐宋八大家之一，有《欧阳文忠公文集》传世。在阅读方面，欧阳修平生惟好读书，主张好读、勤读、多读、巧读。欧阳修在《归田录》一文中说："在西洛（即西京洛阳）时，尝语寮属，言平生惟好读书，坐则读经史，卧则读小说，上厕则阅小辞，盖未尝顷刻释卷也。"此处，"小说"一词，指经书以外的诸子百家以及杂记、笔记等。"小辞"，指词曲小令。欧阳修主张读书要做到好读、勤读、多读、巧读。从欧阳修的言谈之中，我们似乎看到了他勤奋读书的忙碌身影，或坐或卧，抑或上厕之时，充分利用分分秒秒看书。不仅如此，他在《归田录》的同一篇文章中，还谈及做文章要做到"三上"。"余平生所作文章，多在三上，乃马上、枕上、厕上也。盖惟此尤可以属思尔。"所谓"三上"，即利用一切能利用的时间，思考文章的构思布局、遣词造句，打好腹稿。写文章如此，读书亦如此，要如饥似渴，抓住一切时间，多读多思。

其八，张载：读中求疑

张载，北宋哲学家，原籍大梁（今河南开封），生于长安（今陕西西安），长期在陕西郿县横渠镇讲学，被时人称为横渠先生。其弟子多为关中人，学派被称为"关学"。有《正蒙》《横渠易说》《文集》《张子语录》传世。他在如何读书方面，提出了许多独到见解，现就其中读书求疑的论述，与书友们分享。张载倡导读中求疑，倡导"于不疑处有疑"。张载在《经学理窟》一文中谈道："所以观书者，释己之疑，明己之未达。每见每知所益，则学进矣；于不疑处有疑，方是进矣。"张载提出读书要做到读中求疑，很有意义。我理解，读中求疑有两层含义：一是读书过程中，"释己之疑"，解决不懂的问题。一遍读不懂，不懂即是疑。再读几次，或许读懂了，释己之疑。二是读书过程中，提出自己的质疑、怀疑。对所读文章、所读书籍的观点、论据、史实等等，"于不疑处有疑"，或发现书中的错讹，或提出自己的质疑，或产生自己新的见解。如此求疑，读书记得更牢固，读书更有收获，读书更有进步。读书求疑，岂不妙哉？

其九，陆游：纸上得来终觉浅

陆游，宋代诗人，字务观，号放翁，今浙江绍兴人。自幼好学不倦，自称"我生学语即耽书，万卷纵横眼欲枯"，有《陆放翁全集》传世。在论及读书方面，陆游有几则名言流传至今，给我们以启示，现与大家分享。其一，"纸上得来终觉浅，绝知此事要躬行。"陆游在《剑南诗稿·冬夜读书示子聿》中谈道："古人学问无遗力，少壮功夫老始成。纸上得来终觉浅，绝知此事要躬行。"在这里，陆游一方面道出了古人读书、做学问从来不易，须勤奋刻苦，不遗余力，少年努力，老有所成；另一方面更强调了从书本上得到的知识终归是不够的，与实际相比还是肤浅的。如果要真正理解和掌握书本中的知识，把书本知识变为实际本领，还是要靠躬身践行。其二，"读书本意在元元。"陆游在《剑南诗稿·读书》中提出："归老宁无五亩田，读书本意在元元。灯前目力虽非昔，犹课蝇头二万言。"这里，"元元"是指庶民、百姓。陆游认为读书不是为了富贵而读，是为了百姓而读，表达了陆游高尚的读书情怀，值得我们学习。

其十，朱熹：读书贵专不贵博

朱熹，南宋哲学家，字元晦，今江西婺源人。一生从事教育工作40年，对于经学、史学、文学、佛学、道教以及自然科学，都有涉及，著作颇丰，有《四书集注》《四书或问》《太极图说解》《通书解》《周易本义》《易学启蒙》《朱子语类》等。其子朱在编辑有《朱文公文集》传世。朱熹读书广泛，治学严谨，在读书方面多有论述。他主张熟读精思，读书贵专不贵博。他在《朱文公文集·答沈叔晦》中提出："与其泛观而博取，不若熟读而精思，得尺吾尺，得寸吾寸，始为不枉为功力耳。"朱熹认为，读书的目的是要有所获，即有所得。与其泛泛浏览，过目就忘，一无所获，不如多读几遍，边读边思，读熟了，认真思考了，就有收获。得一寸是一寸，得一尺是一尺，也不枉读一回。所以，朱熹在《朱文公文集·答朱朋孙》更加明确提出："夫学非读书之谓，然不读书又无以知为学之方，故读之者贵专而不贵博。盖惟专为能知其意而得其用，徒博则反苦于杂乱浅略而无所得也。"朱熹强调，读书要注重专一，而不是注重广博。唯有专一，读书才有效用。我体会，朱熹讲的"专"，不是说不要多读书，而是要读懂、读好每本书，反对那种为"博"而博而又一无所获的读书行为。朱熹的观点很有意义。每个人的精力是有限的，时间也是非常宝贵的。为了不枉费精力，浪费时间，要注重读好每一本书，做到开卷不仅有益，还要开卷有得。

三、书友读书出新意。录"小波体"《吴尚之"古人谈读书十则"读书笔记》阅读笔记：

（一）

晋公师旷谈学，少好学如日出，
壮好学如日中，老好学如秉烛。
刘向校阅群书，对话说苑辑录。
读书各有风景，早晚何谈迟暮？

（二）

冬者一岁之余，夜者一日之余。
阴雨时之余也，岁余日余时余。
人教先读百遍，我学若渴无日。
越忙越喜读书，越读越觉渴饥。
董遇读书三余，抢得时间学习。
不觉厚积如许，熟读自见其义。

（三）

耕种还时读书，泛览流观几何。
陶令不求甚解，归隐以书为乐。
微雨欢言春酒，故人穷巷深辙。
俯仰宇宙同在，奇文会意共着。

（四）

年少万卷余，已用三冬足。
富贵勤苦得，男儿五车书。
读书破万卷，下笔如有神。
诗歌大成者，诗圣犹天助。

（五）

读书患不多，思义患不明。
患足己不学，既学患不行。

韩愈言四患，读书见地深。

终身为学时，知晓便实行。

（六）

读书得道利民，著书资治通鉴。

岂能专为利禄，求士修齐治平。

诵章习笔作文，更须明德于心。

咏文思义多得，马上中夜不寝。

（七）

坐则读经史，卧则读小说。

顷刻未释卷，好勤且巧多。

三上马枕侧，分秒必攫得。

如此欧阳修，读写似饥渴。

（八）

张载读中求疑，时称先生横渠。

于不疑处有疑，每见每知进益。

（九）

放翁学语即耽书，眼枯万卷欲纵横。

古人学问无遗力，少壮功夫老始成。

纸上得来终觉浅，绝知此事要躬行。

读书本意在元元，归老无田犹课蝇。

（十）

与其泛观而博取，不若熟读而精思。

为知其意得其用，杂乱浅略无所得。

得尺吾尺寸吾寸，始为不枉为功磨。

读书贵专不贵博，朱熹为学依此说。

四、"反复玩味"是要义。读书笔记《掰开了揉碎了摆正了捋顺了》：

读吴尚之的【读书参考＊古人谈读书】之二十《程端礼：读书更须反复玩味》，有言："凡玩索一字一句一章，分看合看，要析之极其精，合之无不贯，去了本子，信口分说得出，合说得出，终身心体认得出，方为烂熟。朱子谆谆之训，先要熟读，须是正看背看，左看右看，看的是了，未可便道是，更须反复玩味，此之谓也。"

我想起全国政协老主席李瑞环同志也有类似的话，他一再强调，读书要善于琢磨，学会分析综合，认真把情况搞全了、弄准了，把材料掰开了、揉碎了，把关系理顺了、摆正了，要将繁杂、零碎的材料掰开了、揉碎了、摆正了、捋顺了。要分好类、排好队、归好堆、论好辈，不断地分，来回地分，边分边合，分分合合。

这种读书法，其实就是一个去粗取精、去伪存真、由此及彼、由表及里，寻找事物内在联系、探求客观规律的过程，是一个由简单到复杂、由复杂到简单、循环往复、螺旋式上升的过程，是最难的一步，也是最苦的一关。

又想起了钱穆《阳明学概述》的一段类似的精彩论述：

王学的萌芽，他所倡良知的根柢，是有生命的，有活力的，是那样地执着，那样地跳脱，从多方面的兴趣、很复杂的经历中流变而来的。

他有热烈的追求，有强固的抵抗，他从恳切的慕恋里，转换到冷静的洗伐，又从冷静的洗伐里，转换到恳切的慕恋。他狂放地奔逐，他彻悟地舍弃。他既沉溺，又洒脱。

他所认识的"良知"，绝不是一件现成的东西，也不是平易简单的把戏，更不是空疏无着落的一句话。要研究王学的人，不要忘了他成学前的那一番经历。他说"立志"，说"诚意"，说"事上磨炼"，说"知行合一"，说"易简"，说"真切"，凡他说的一切，我们要把他自己成学前的种种经历来为它下注释。

若忘了他的实际生活，空来听他的说话，将永不会了解他说话的意义。若空听了他的说话，又忘了你自己当身的实际生活，那便更不会了解他说话的一番真义所在了。

五、常动笔墨好读书。四处看书友，回眸看古人，便知己浅薄，唯有再读书。

嘉极昨夜赋诗鼓励我：

> 如今学问书极阔　　凡间无人可尽博
> 一生努力阅文章　　终归专深不蹉跎

向书友汇报：永新"坚持每日写一千字"的谆谆教诲，晶明"学习天津青皮韧性"的善意讽喻，丁伟等日日在群里读书交流，榜样的勤奋和温馨……促我自参加政协委员读书活动以来，也"接近了一点出书的梦想"，出版两本读书笔记了。

读书无尽意，真是"问渠哪得清如许，为有源头活水来"。

至此，【漫谈群日记】暂告一段落。

全神贯注，开好"两会"。

3月12日

抓牢两大特色　　持续深入读书

汪洋主席作的政协常委会工作报告，总结政协2020年工作的第一项是"深化理论学习，夯实共同思想政治基础"，其中在总结系统学习习近平新时代中国特色社会主义思想之后，紧接着就提到"深入开展委员读书活动"。在政协大会闭幕会上的简短致辞中，再次提到委员读书。

委员读书活动，是可以载入政协史册的创举。有两大特色：一是全国政协委员一起读书，创造了读书的崭新空间；二是"互联网＋"随时读书，扩展了读书的有效时间。在委员读书活动的新时空中，打开了委员履职、民主协商、政协议政、知识资政的新天地。

一大特色，是全国政协委员一起读书。委员读书活动开展以来，大家对此已习以为常，似乎就是如此，本该如此，为什么还叫"特色"？其实仔细一想，一起读书，是中国优秀文化传承中一直就有的追求、一再向往的境界，但要做到大规模、长时间、高质量一起读书，谈何容易？毛泽东同志一生读万卷书，就特别注重讨论式阅读，无论是战火纷飞的年代，还是指挥建设的关口，毛泽东都亲自组织过读书小组，找几个同志来一起阅读，甚至数十日两地来回奔波就为一起读书。古人王阳明最看重的也是一起读书，他在临终前一个月最后的一封给家乡的书信中这样写道:"而余姚、绍兴诸同志又能相聚会讲切,奋发兴起,日勤不懈,吾道之昌,真有火燃泉达之机矣,喜幸当何如哉!"这次全国政协委员读书活动,就是大规模、高水平、长时间、有组织的一起读书。我们有34个界别,有各领域专家学者、行业翘楚和部门骨干。天下谁人不读书?但能够在这样条件下一起读书的组织并不多。两千多全国政协委员通过一起读书,充分发挥广泛交流、深入讨论这一政协读书的最大特点和优势,真正把书读好,读出质量,读出水平。当年的毛泽东同志,乃至古人王阳明,如能见到这样持续、大规模、前所未有的"一起读书"的境界,真要感叹"喜幸当何如哉"!

另一大特色,是"互联网+"随时读书。所谓"互联网+",就是"互联网+各个传统行业",利用信息通信技术以及互联网平台,让互联网与传统行业进行深度融合,立即创造出新的发展生态、新的产业模式,从而创造了新的生产力。而"互联网+"读书,果然也可以创造读书的新生产力。宋代欧阳修在《归田录》中说:"余平生所作文章,多要三上:马上、枕上、厕上。盖惟此,方可心属思尔。"如再加一个"网上",真要再感叹"喜幸当何如哉"!

全国政协委员读书活动开展近一年,开设了47个读书群,1900多名委员进入,参与率达88%,委员读书交流感想14余万人次,在线浏览超过110万人次。汪洋主席、刘奇葆副主席几十次在线上和委员一起讨论,还多次参加线下读书活动。线上线下书卷常开,政协书院灯火不熄,共读共写共同生活,共识共情共同价值。观点碰撞,头脑风暴,拓宽思维,吸取精华。可以随时随地一有时间就上线读书讨论一把,一有思想火花就找到地方闪烁、放大、碰撞、激荡。在政协大会的发言中,中国防治新冠肺炎疫苗领军人物陈薇委员的发言,也提到读书活动的启发。的确,半年前我和一些委员就在线上向她请教过疫苗问题。"互联网+"读书,可以发挥读书平台、交流平台、资政平台的作用,使委员读书活动成为一种不受时空限制的全天候、全覆盖、扁平化的履职方式。

最重要的,是通过"互联网+"读书,可以使持续不断、大规模深入地一起阅读成为可能,使个人阅读与一起阅读相得益彰。在个人阅读的基础上,增加一起阅读,互相启发,相互提高,效果会更好。从科学研究的角度可以旁证集体读书的好处。直观经验看，个人读书相对更加静心，更便于专心思考，潜心记忆。而集体读书更刺激大脑活跃度，激发主动积极思考，要求不同个体间的应对互动，更具有相互激励、互相学习、互相启发的效果。"委员读书漫谈群"里的读书，就常有在相互交流探讨中，不断深化对某一问题认识的情景。集体读书能够拓宽个人思路和个体习惯模式，领悟他人的角度，体验他人的感受，汲取他人智慧，升华个人认识，人会变得富有启发性，控制能力和整合能力更强，从而更具有创造力。我每天早上一睁眼，读一则戚建国委员的【战略参考】才能起床，已连续 200 多期。我个人参加政协委员读书活动近一年，出版了两本各 30 余万字的读书笔记，一本是《"书香政协"百日漫游》，一本是《处处书友遍地书》。

推进委员读书活动可持续、高质量开展，要进一步抓牢这两大特色——全国政协委员一起读书和"互联网＋"随时读书。

进一步抓好一起读书，一起广泛交流、深入讨论，一起集中民智、凝聚共识，一起深学笃行、学以致用，一起通过"知识资政"进入"懂政协、会协商、善议政"的行列，一起使委员读书和委员履职、协商议政更好地结合，一起培育出专门协商机构独特的协商文化。

进一步抓好"互联网＋"读书，积极回应委员呼声，改进加强技术保障，进一步发挥"网"的优势，增强"群"的引力。再进一步说，"互联网＋智能＋N"的时代提供了智慧学习的新模式。如果我们能建起智慧读书平台，实现学习资源实时共享，知识创新协同建设，读书服务在线迭代，构建面向委员、面向未来、面向创新的读书学习新生态，（参见戚建国《智慧学习平台构想》）则真要再感叹"喜幸当何如哉"！

3 月 13 日

以读书深化读史　以读史促进读书①

"两会"一结束，汪洋主席就来到漫谈群，和委员一起读书，一起听陈

---

① 本文主要内容，以《将委员读书活动融入党史教育学习中》为题，发表于 3 月 8 日《人民政协报》。

晋的党史讲座，昨天还特别发言："陈晋同志讲得很生动入脑入心，建议办公厅用活页文选印发委员"，极大地鼓舞了大家认真读书，学好党史的热情。正如群主晓宏所说，"两会刚结束，汪洋主席就入群发表重要指示，我理解也是对下一步学好党史和四史提出了要求和希望，讲者要生动，听者要入心入脑。陈晋主任是党史文献专家，讲的生动，也非常严谨。所有的视频和文字他自己都认真看过，并线下几次沟通。孙庆聚、张小影、田进、童刚四位委员与曹耘山、李洪峰先生的视频和文字发言也非常精彩，陈晋主任称赞说，'丰富了我的认识，也很受启发'。昨晚12点潘凯雄委员又发来收视体会：'陈晋委员从上世纪80年代的青年文学评论家转向毛泽东同志和党史研究专家，成就卓著，令人钦佩。综观陈晋委员的研究成果，一个最显著的特点就是坚定地立足于史料史实基础之上，陈晋同志这样的讲解有据、才能让人信服。''学党史首先就是要尊重史实尊重第一手史料，在此基础上悟出的规律与原理才能真正地入脑入心！'"

推进委员读书活动可持续、高质量开展，要在党史教育活动中，以读书深化读史，以读史促进读书。

"在全党开展党史学习教育，是党中央立足党的百年历史新起点、统筹中华民族伟大复兴战略全局和世界百年未有之大变局、为动员全党全国满怀信心投身全面建设社会主义现代化国家而作出的重大决策。"读书明理，读史明智，委员读书活动当然要融入其中。

委员读书不同于政治学习，如何与党史学习教育活动结合好，进一步打造委员读书的升级版？漫谈群这次讲座的实践，进行了有益的探索。我初步考虑，有三条：

一是形成聚焦党史学习教育活动的委员读书新阵容。一切向前走，都不能忘记走过的路。而走过的路，就记载在书中。学史，当然要读书，要好读书，读好书。委员读书指导小组计划，集中开设一个党史学习教育的主题读书群，其他12个群和两个地方群，结合各自特点，从深刻铭记中国共产党百年奋斗的光辉历程，深刻认识中国共产党为国家和民族作出的伟大贡献，深刻感悟中国共产党始终不渝为人民的初心宗旨，系统掌握中国共产党推进马克思主义中国化形成的重大理论成果，学习传承中国共产党在长期奋斗中铸就的伟大精神，深刻领会中国共产党成功推进革命、建设、改革的宝贵经验等方面，选择自己的侧重点，穿插学习，形成"1+12+2"的聚焦党史的读书新阵容。当然，漫谈群的党史专题讲座，在选择侧重点穿插学习中，更可以别开生面。

二是突出统一战线特色。汪洋主席作的政协常委会工作报告指出，要以庆祝中国共产党成立100周年为重点，强化思想政治引领。统筹运用常委会集体学习、专题座谈、委员读书等形式，加强以中共党史为重点的"四史"教育。通过学习教育，引导参加人民政协的各党派团体和各族各界人士，切实增进政治认同、思想认同、理论认同、情感认同，坚定不移跟党走、携手奋进新征程。比如，北京政协开展"团结在光辉的旗帜下"活动。又如，正如刘家强委员在政协大会的发言所说，"栉风沐雨见肝胆，砥砺奋进续华章。各民族党派始终不忘与中国共产党合作的初心，始终同中国共产党想在一起、站在一起、干在一起。"

三是一滴水可以映出大海的光辉。在读书群里，委员可以讲好故事。汪洋主席在政协党员常委会上讲，大家要先学一步，深学一层，入脑入心，同时结合自身成长经历，通过读书平台，讲好党为人民谋幸福、为民族谋复兴的故事，传承好党的优良作风和初心使命。

中共百年华诞日，正是委员读书时。在全国普遍开展的党史教育学习活动中，我们的政协委员读书活动，可以在与全党一起思考，与全民一起读书中，乘势而上，风生水起，进一步可持续高质量开展。

4月3日

更有特色　更有质量　更有成效

在全国政协委员读书活动转段之际，委员读书活动指导组组长刘奇葆副主席要求，"把这期读书活动搞得更有特色、更有质量、更有成效。"汪洋主席要求，不断总结深化、探索创新，推动读书活动走深走实，努力把政协书院办成高质量的大学校。

这期读书，以学党史促进读书，以读书深化学党史，紧密结合实施"十四五"、迈向新征程的重大现实问题读书，可以搞得更有特色，更有质量，更有成效，可以朝着"办成高质量的大学校"再迈进一步。

如何"不断总结深化、探索创新，推动读书活动走深走实"？我认为推进委员读书活动可持续、高质量开展，还是要进一步抓牢两大特色——全国政协委员一起读书和"互联网＋"随时读书。

进一步抓好一起读书，一起广泛交流、深入讨论，一起集中民智、凝聚共识，一起深学笃行、学以致用，一起通过"知识资政"进入"懂政协、会协商、善议政"的行列，一起使委员读书和委员履职、协商议政更好地结合，一起培育出专门协商机构独特的协商文化。

进一步抓好"互联网＋"读书，积极回应委员呼声，改进加强技术保障，进一步发挥"网"的优势，增强"群"的引力。再进一步说，"互联网＋智能＋N"的时代提供了智慧学习的新模式。如果我们能建起智慧读书平台，实现学习资源实时共享，知识创新协同建设，读书服务在线迭代，构建面向委员、面向未来、面向创新的读书学习新生态（参见戚建国《智慧学习平台构想》）。

4月11日

"（1+3+N）+2"——这期读书活动的特色、布局和阵容

全国政协副主席、全国政协委员读书活动指导组组长刘奇葆同志，在昨天欢迎上海、陕西两省委员入群全国政协网上书院读书的致辞中，特别指出："这期读书活动是在全党开展党史学习的大背景下展开的，读书活动主题鲜明，突出'两个重点'：既围绕'十四五'规划纲要实施、开启新征程新任务主题开展读书，又突出开展中共党史学习、把学习党史主题贯穿读书活动全过程。"

我体会，按照全国政协领导批准的《网上"全国政协书院"开展"党史学习"读书交流活动总体方案》，指导组对这期读书活动进行了精心部署。在一年来全国政协网上书院读书的基础上，彰显两个特色——"一起读书"和"上网读书"；突出两个重点——党史学习和开启新征程，形成整体布局，即"（1+3+N）+2"的特色、布局和阵容。

"（1+3+N）+2"的"1"，是"头部群"或"龙头群"——是联络局主办的中共党史学习读书群。这个群，纵向安排对《中国共产党简史》四个板块

的逐章导读，横向则有三大专题学习，数次线上集中交流，还有八个民主党派的八期"统一战线史"学习专题讲座。

"（1+3+N）+2"的"3"，即三个整体配合龙头群的书群。提案委员会的"战略群"以中国共产党的战略研究贯穿党史学习，好比"提神"；文化文史和学习委员会的"国学群"集中解读毛泽东诗词，好比"聚魂"；文化文史和学习委员会"漫谈群"，则围绕总书记要求的开展党史学习教育活动提出的六个学习重点，即中共百年的光辉历程、伟大贡献、初心宗旨、理论成果、伟大精神和宝贵经验，分题开设专家讲座和线上讨论，还请六个"红色资源省"来"漫谈"，作六次党史专题讲座。

"（1+3+N）+2"的"N"，即其他近十个专题读书群，紧密结合和各专委会所关注的"围绕'十四五'规划纲要实施、开启新征程新任务"的重点课题，选择相关主题的书籍集体阅读，从专题角度和专门领域角度配合深入学习党史。如——

经济委员会的读书主题是"持续优化营商环境"，党史学习主题是"学习中国共产党经济工作"；

农业和农村委员会读书主题是"乡村振兴"，党史学习主题是"学好百年党史，助推乡村振兴"；

人口资源环境委员会读书主题是"生态文明建设"，党史学习主题是"中国共产党生态文明建设理论"；

教科卫体委员会读书主题是"办好人民满意的教育医卫事业"，党史学习主题是"学党史，守初心"；

社会和法制委员会读书主题是"人民政协与社会治理现代化"，党史学习主题是"中国共产党史和人民政协史"；

民族和宗教委员会读书主题是"画出最大同心圆"，党史学习主题是"中国共产党统一战线史"；

港澳台侨委员会读书主题是"发挥侨胞作用，共建人类命运共同体"，党史学习主题是"中国共产党百年历史与华侨华人"；

外事委员会读书主题是"推动共建'一带一路'高质量发展"，党史学习主题是"中国共产党领导的改革开放史"。

"（1+3+N）+2"的"2"，即两个地方书群进入全国政协书院，上海书群——"从石库门到天安门读书群"，陕西书群——"延安精神悟初心读书群"。

如果说"（1+3+N）"是一条大龙，两个 4 月 10 日上线的地方群"2"，就是一起腾跃的两条小龙啊。好一个三龙齐跃，"金蛇狂舞"！

这样的特色、布局和阵容，以学习党史统领政协委员读书深化，以政协委员读书促进学习党史深入。

"通过学史明理、增智益群，共同进步、共同提高，共建书香政协！"（奇葆副主席语）

4 月 12 日

"书香政协"的"书香"

"书香政协"的"书香"，在体现学以致用。刘奇葆副主席说，书香落到笔头，变成资政的"金句子"；落在心头，化为创新的"金点子"；落在实处，打造履职的"金钥匙"。

"书香政协"的"书香"，在成为委员共识。前天，胡卫委员在【委员风采】讲座中说，诚如汪洋主席所言，政协委员应是最喜欢读书的群体，最有条件读书的群体，最能够把书读好的群体。今年全国"两会"期间汪洋主席参加民进和九三联组会，我就"'书香政协'要在'香'字上作文章"作了发言。结合参与"防控疫情读书群"的经历，谈了"目不暇接、'疲于奔命'"的体会，并讲述了读书活动以来，政协"多了清气聚人气，少了官气接地气"的感受。我还对建设"书香政协"提出了建议："书香政协"通过前瞻性、全局性的顶层设计，助力委员知情明政，营造充满人文气息的环境，让大家有话能在政协说、有话敢在政协说，有话会在政协说。建设"书香政协"要在笃好读书、崇尚文化的环境下，把学风、文风、作风统一推进。一要体现踏实的学风，委员在立足专业的同时，要放眼国家发展大局，学政治理论、时事形势，在历史与现实中读出自信，提高政治站位，保持清醒立场。二要体现朴实的文风，读书活动同专业结合、向履职聚焦；人云亦云不云，老生常谈不谈；做到言之有物，言之有据，言之有理；态度诚恳，意见明确，道理清楚，办法管用。三要体现严谨的作风，把读书和调研结合起来，深入实际掌握第一手材料，用案例、数字说话，形成有血有肉的履职成果，做到"不调研，不提案"。

发言的话音刚落，汪洋主席马上回应：我在你的发言中闻到了书香味。

4月15日

【读书：线上？还是线下？】讨论之一

关于"线上一起读书"

这次全国政协委员读书活动的一大特色，就是"互联网+"随时读书。读书活动开展近一年，开设了47个读书群，1900多委员进入，参与率达88%，委员读书交流感想14余万人次，在线浏览超过110万人次。汪洋主席、刘奇葆副主席几十次在线上和委员一起讨论，还多次参加线下读书活动。线上线下书卷常开，政协书院灯火不熄，共读共写共同生活，共识共情共同价值。观点碰撞，头脑风暴，拓宽思维，吸取精华。可以随时随地一有时间就上线读书讨论一把，一有思想火花就找到地方闪烁、放大、碰撞、激荡。"互联网+"读书，可以发挥读书平台、交流平台、资政平台的作用，使委员读书活动成为一种不受时空限制的全天候、全覆盖、扁平化的履职方式。欧阳修在《归田录》中说："余平生所作文章，多在三上：马上、枕上、厕上。盖惟此，方可心属思尔。"如再加一个"网上"，真要感叹"喜幸当何如哉"！

马克思在《〈政治经济学批判〉序言》中指出，"人们在自己生活的社会生产中发生一定的、必然的、不以他们意志为转移的关系"。我以为，全国政协委员来到网上书院读书群，特别是我们漫谈群中，也发生了一定的、必然的、符合大家意志的"书友关系"。

正如奇葆副主席所说，"网上书院读书群是政协委员读书、交流、资政的平台，是一所没有围墙的特殊的大学校。这所学校的根在政协、校在云上，充分展现了'互联网+'的优势。在这个大平台上，委员们打破时空界限，线上线下、随时随地一起读书交流，共读共学、同思同享，教学相长、学学相长，共同提高、共同进步，收获了知识和读书的喜悦，实现了'人人参与、人人收获、人人贡献'的读书目标。要进一步发挥好这个学思践悟大平台的优势和作用，助推读书群大学校建设。"

4月23日

选择了读书就是选择了进步　抓好了读书就是抓好了未来
——"网上全国政协书院"一周年感言

今天，又逢"中国全民阅读日"，"世界读书日"。

一年前的今天，2021年4月23日，全国政协委员读书活动启动仪式在政协机关举行，汪洋主席出席并讲话，18位全国政协副主席出席。张庆黎副主席传达了习近平总书记关于政协读书活动的重要批示，刘奇葆副主席作学习习近平总书记关于读书学习重要论述的发言，李斌副主席主持会议。2位委员交流读书体会，4位委员代表（我也是其中一位）为"网上全国政协书院"揭幕。

一年来，"网上全国政协书院"分五个阶段建立了60多个读书群，6个省级地方政协的读书群也分批进入，2000多名全国政协委员在各群主的带领下入群读书交流，书院书卷常开，昼夜灯火不熄。这个书院，根在政协，校在云上，充分发挥了"互联网+"的优势，委员们打破时空界限，线上线下、随时随地一起读书交流，共读共学、同思同享，教学相长，学学相长，人人参与、人人收获、人人贡献，共同提高、共同进步。

回顾汪洋主席在启动仪式上的一段话，经过一年的实践，倍感亲切、倍受鼓舞，更加体会到深刻透彻、掷地有声：

人民政协在读书学习中走到今天，也必然在读书学习中走向未来。选择了读书，就是选择了进步；抓好了读书，就是抓好了未来。我们相信，在全体委员坚持不懈的努力下，读书活动一定能办出特色、办出水平，人民政协多读书、读好书、善读书的氛围一定会更加浓厚，政协委员一定会多一些笔墨书香、少一些浮躁喧嚣，多一些真才实学、少一些慵懒松散，更好负担起职责使命，为发挥和人民政协专门协商机构的作用、推动人民政协事业发展做出应有贡献。

持之以恒，久久为功。要进一步把"网上全国政协书院"的读书群办成高质量的大学校，需要在五个方面努力：

——更加突出平台功能；

——更加注重博学与专攻；

——更加体现学以致用；

——更加强调办学质量；

——更加发扬协商民主好学风。

附 委员读书活动指导小组刘晓冰副组长清早在【漫谈群】的发言

今天是全国政协委员读书活动暨网上书院启动一周年的好日子！回望这一年，在汪洋主席的高度重视和领导下，在刘奇葆副主席和各位副主席的带领下，在各责任单位和各位群主的有力组织下，广大委员积极参与，读书活动蓬勃开展，成绩可喜。一年来，共举办读书活动 5 期，荐读书目 85 种，开设全国政协委员读书群 59 个，地方政协书群 6 个。全国政协领导同志带头示范，全部参加了线上线下的读书活动，汪洋主席和 14 位副主席在线上发言 300 余次，与委员们交流读书体会，研究探讨问题。有 1956 名委员登录网上书院读书，占委员总数的 91%，1655 名委员发言超过 20 万人次，浏览人次超过 146 万人次。有 67 名委员不辞辛苦，先后担任了群主。组织线下活动 45 次，深化读书交流。108 名委员被评为读书积极分子，受到表扬。形成重点提案、读书简讯、社情民意信息、委员活页文选、媒体报道等一批读书成果。正如汪洋主席所说，读书群已经成为一所大学校，委员们在增长知识、增加智慧、增强本领的同时，双向发力水平不断提高，并影响和带动了社会各界的书香建设，产生了广泛的社会影响。书卷常开，灯火不熄是新时代人民政协的一道亮丽风景！让我们在爱读书、读好书、善读书的路上继续携手前行，共享书香！

"书香政协"溢出书香

今天，又逢"中国全民阅读日"，"世界读书日"。一年前的今天，刘奇葆副主席在全国政协委员读书活动启动仪式上的讲话中说，"政协委员是最喜欢读书、最有条件读书和最能把书读好的一个群体，广大政协委员多是各界的代表、各领域的专家、各行业的精英，理应在全民阅读中走在前面、做出表率，又努力带动和影响各界群众开展读书活动。"

作为一个政协委员，响应这段话要求，应该从我做起。

一、与常熟政协同志讨论推荐书目

为了促进我们全国政协"书香政协"的"书香外溢"和我们"漫谈群"的线上线下谈相结合，朱永新群主推荐我去常熟讲一次"读书与音乐"。

尽管我也想去一边拉琴一边讲座，有助于"扬长避短"，有时"说的比拉的好听"，有时又"拉的补说的不足"。但一想起常熟是著名的江南水乡，是因"土壤膏沃，岁无水旱之灾"而得名"常熟"的一座千年古城，是吴文化发祥地之一，这里人杰地灵，人文荟萃，可不敢冒昧造次。于是我就准备换个题目，讲《话说画大同心圆》，一是为何要"画大同心圆"，二是在西藏"画大同心圆"，三是到台湾"画大同心圆"。避开江南水乡的话题，扯得远一点。

倾闻秘书转告，常熟政协同志问：

能不能问问叶主任：可不可以为我们政协委员再推荐 5 本其他人书写的适合委员读的书目（除我们推荐叶主任和朱主席各一本给我们的委员外）？

我正犯踌躇，正好读到朱永远新群主的专栏【名家谈读书（245）：草婴《我都读些什么书》】，感觉讲得好，令人豁然开朗，我就以此答常熟同志选书之问。

草婴认为，人的生命很有限，但书海无边。读一本好书同读一本平庸的书，所花的时间、精力相同，而得益却大不相同。因此选什么书读，的确非常重要，也是一门大学问。关于读什么书，他认为应该有三个方面：

一是好书，什么是好书？草婴认为，书不是时装，不是皮鞋，不用一味研究今年流行什么款式，时兴什么色彩。当然，了解一些新思潮，知道一些新观念，也是必要的，但不必刻意求新，更不能拿"时代新潮流"作为读书的标准。书是人类知识的结晶，书是文化积累的成果。任何门类的书都要经过广大读者的鉴定，都要通过历史长河的考验。"优胜劣败""自然淘汰"这一规律也适用于图书。因此，所谓好书，主要指经过时间和读者考验得到公认的第一流作品。

我由此想到，全国政协书院一年多来，分阶段建立的几十个读书群中，已读过几十本好书，都可供常熟同志挑选。

二是工作上需要读的书。草婴认为，为了更好地领会原作精神，就得多读些有关原作者和作品的图书资料。

我由此想到，今年，全党开展党史学习教育活动，当然首先要读好中央指定的若干本重要的党史书目。

三是调剂精神的书。草婴认为，工作之余，除了运动和听音乐之外，也可翻阅各种报刊和轻松的书，如古代诗词和旅游笔记之类……

我由此想到，全国政协书院"国学群"中选读的书，既是国学经典，其实也可作调剂精神的书。例如《诗经》，不妨请"国学群"现任群主张连起常委去常熟讲一次，他讲的当然会比我讲的更好听。

常熟政协同志反馈：

我们的想法本来是这样的，就是让他提供 5 本书的目录，然后我们会印到册子上的，我们让叶主任也推荐 5 本，朱主席也推荐 5 本，然后推荐出来的书目，就是他来做报告的时候，我们政协委员人手一册。我们要做一个读书活动，今年读书活动专门做一个册页，册页上面，交代清楚我们今年读书活动的几个阶段，还有就是我们给政协委员推荐几十本书，所以最好让叶主任推荐 5 本把书目给我们，我们会印到册子上的。

我遂推荐 5 本书如下：

1.《万历十五年》（黄仁宇）

2.《论语》

3.《诗经》

4. 5G 社会：从"见字如面"到"万物互联"

5. 人类简史三部曲：《人类简史》《未来简史》《今日简史》（尤·赫拉利）

5 月 24 日

【读书：线上？还是线下？】讨论之三（共九条）

关于"线下深入思考"

读书，来到线上，互联网＋读书，在线上建立若干读书群，委员们读书随时上线，昼夜书卷常开、灯火不熄，无疑是"线上政协书院"的一道最靓丽的风景线。

但读书，归根结底还要个人思考。线上一起读书，绝不是取代，而是有助于线下深入思考。

　　本群的待任群主张小影委员，曾介绍过一篇《经济日报》刊登的中国上市公司协会会长、中国企业改革与发展研究会会长宋志平的文章。这篇文章值得收藏、细读。

　　宋提出，"现代知识大爆炸使得我们淹没在知识碎片的海洋里，如果我们不进行专业知识的选择，就会使得大量时间用于浮浅地了解方方面面的信息，什么都懂点，什么都不精，大家都浮在表面，无法深入下去。""互联网社交对人们的影响，尤其是智能手机的使用，手机微信的应用，占用了人们大量时间。"的确讲得很有道理。

　　我赞成宋的主张："深度学习应保证每天有1—2个小时的阅读，这种阅读最好在晚上9、10点钟。深度思考应是在每天清晨醒来后，进行1—2个小时的思考，每个月也应选一个周末的一天作为'思考日'进行深入思考，每年选一整周的时间作为'思考周'进行深度思考。"

　　如何使二者结合好，这其实是关系到政协委员读书活动深入开展的大问题。所以我说：

宋文果然写得好，

只是"深读"讲深了。

信息时代新读法，

这个问题要探讨。

读书不必求强同，

坐着沉思也是悟。

漫谈群中几专栏，

天天跟读亦深读。

　　比如，戚建国将军的【战略参考】，朱永新群主的【名家谈读书】都已发到300则，天天跟读，对在战略问题上开阔眼界、对在读书问题上深入思考，真是善莫大焉，功莫大焉。

　　附　宋志平《为什么我不建议"秒回"信息？》（略）

6月3日

讲好中国故事　搞好国际传播
——文化交流一席谈

新华社讯：5月31日下午，习近平在中共中央政治局第三十次集体学习时强调，加强和改进国际传播工作，展示真实、立体、全面的中国。习近平指出，要加快构建中国话语和中国叙事体系，用中国理论阐释中国实践，用中国实践升华中国理论，打造融通中外的新概念、新范畴、新表述。

加入线上全国政协书院的、由上海市政协主办的委员读书群【从石库门到天安门】热闹非凡。前天，上海市政协常委、上海大学音乐学院院长王勇教授导读，委员们围绕文化议题讨论、分享的上线信息达数万条，实在是丰富多彩、目不暇接！王勇教授的导读要点是：党的十九届五中全会审议通过的《中共中央关于制定国民经济和社会发展第十四个五年规划和二〇三五年远景目标的建议》就"十四五"时期"繁荣发展文化事业和文化产业，提高国家文化软实力"作出了系统阐述，明确要求"以讲好中国故事为着力点，创新推进国际传播，加强对外文化交流和多层次文明对话"。发言围绕"交流互鉴是文明发展的本质要求，只有同其他文明交流互鉴、取长补短，才能保持中华文化的强大生命力"等话题展开，一天之内竟达数万条，以致一度网络阻塞。

我参加过三次王勇教授主持的经典音乐讲座会，我们是老朋友。他给我发来短信，"明天政协读书活动，我们上海在全国政协履职平台上的那个读书群，是我做领读人。有空的话，请您来群里指导一下。文化交流您又特别熟，如果来的话，事先告诉我一声，我来表示欢迎。"

我即回复，"7：30准时打卡报到。讨论中，如需要，可提供我当年我作为中国的国家宗教局长，在美国讲宗教问题的几个案例和体会，供大家讨论如何讲好中国故事，加强和改进国际传播工作，作一点参考。"

我提供的几个案例如下：

案例一：神级段子手、史上最萌胖官员的宗教三部曲（视频）

https：//mp.weixin.qq.com/s/Kk9z2tcV0Vity10_0ViuPw

案例二：《中国需要新的叙事方式》

（参见 WORD 文档）

案例三：《文化他信？很少有人这么说》

https://mp.weixin.qq.com/s/_Cq2ziPnFL3Fe1-W0jnoMw

案例四：《向西方说明中国，既要讲道理，也要讲故事（视频）》

https://mp.weixin.qq.com/s/AShFK4yC109ktpFviHu9Pg

6 月 25 日

委员读书活动"有板有眼"五则

其一【汪洋主席批示】

近日，汪洋主席在政协书院读书简讯第 50 期《党史学习"龙头"群带动作用发挥有力》上批示："有声有色，有板有眼。特色鲜明，效果明显。"这是对网上书院开展第一阶段党史学习教育的充分肯定，也是对组织好下一段学习的殷切期望。希望各读书群按照汪洋主席重要批示精神，以学习习近平总书记"七一"重要讲话为新起点，把握自身特色，深化交流讨论，努力增进共识，推动党史学习教育更加深入开展。（读书办 2021 年 6 月 23 日）

其二【一首好诗"摘红英"】

汪洋主席在 6 月 24 日全国政协宣传思想工作座谈会上的重要讲话中，高度评价了委员读书活动，并且引用了全国政协委员蒋定之撰写的关于委员读书活动的一首词《摘红英》。转发如下：

全国政协委员读书活动开展一年有余，从上到下，参与踊跃，史无前例。委员多读书，深明理，再建言，献良策，乃自身建设之根本也。昨日智勇主任话及，今作此长短句以遣怀。

摘红英

蒋定之

红旗舞，

春风鼓，

墨翻书屋钟声度。

人依旧，

灯如昼。

夜来无寐，

丝丝不苟。

透！透！透！

疑难处，

争相睹，

荧屏采得花无数。

休言瘦，

芳香厚。

建言资政，

挽君衣袖。

走！走！走！

其三【我的一点体会】

"有声有色，

有板有眼。

特色鲜明，

效果明显。"

委员读书，

线上常见。

讨论切磋，

互学互鉴。

协商文化，

此处已现。

再接再厉，

风光无限。

其四【漫谈群中风光一瞥】

每天在漫谈群迎着晨曦

最早的信息是元竹的萧萧晨语

最长的信息是世光的党史天天读

最催人晨读的信息是永新

尚之永远谈不完的各色人等

古今中外说读书

最打开眼界的信息是将军的战略大参考

最打开脑洞的信息是来燕的哲人哲语

最引吭高歌的是连起的"兴于诗"

最引人瞩目的是丁伟等（含晓冰，晓宏，小文——）的赞叹问候点评

最盼着出台的是晶明的读与思

下午，还有三道茶

晚上，总有一场好戏，让你难以入眠，首尾相连

其五【《光明日报》报道】

党史映初心　书香润政协

——网上"全国政协书院"开展党史学习读书交流活动纪实

一个线上的"书院"，一群特殊的"书友"。65个读书群，1900多名全国政协委员参与，交流感想24万余人次，在线浏览超过165万人次。

这是全国政协"网上书院"2020年4月搭建一年来，"书声琅琅"的盛况。

中共党史学习教育开展以来，网上书院紧扣全面建设社会主义现代化国家新征程、庆祝建党100周年，以"1+1+10"的读书新格局，围绕"十四五"规划实施和中共党史学习教育开展读书交流，并将党史学习贯穿读书活动全过程。开设"中共党史学习"读书群，常设群组"委员读书漫谈群"，其他10个读书群分别开展各具特色的党史学习活动。

学史明理、学史增信、学史崇德、学史力行。政协委员们在群里读书、评书、荐书，在阅读学习、交流互动中提升履职能力，用"书香政协"助推"书香社会"建设。网上的"读书群"渐成委员的"大学校"。

人民政协，这个72年前成立的爱国统一战线组织，在新时代，用读书、学党史的方式，回顾建党百年来波澜壮阔的征程，也重温各民主党派、无党派人士和中国共产党勠力同心、共克时艰、共历风雨、共同前进、共襄伟业的历史。"书院"里书香四溢，"书院"外画起最大同心圆。

书友：身份转化孕育协商文化

"各位委员、书友好！"这是全国政协第五期"中共党史学习"。读书微信群聊中，常信民委员每天通报读书进度和阅读安排前必说的一句话。短短几个字让群里的政协委员们多了一个新的身份——书友。

从"战略思维"到"乡村振兴"，从"生态文明建设"到"持续优化营商环境"，从"办好人民满意的教育医卫事业"到"推动'一带一路'高质量发展"，主题读书和党史学习有机结合、相互促进。委员们可以选择感兴趣的群加入，通过"互联网＋"的形式随时阅读党史书籍、学习党史知识、聆听党史讲座。

在党史读书群里，委员们以书友身份共读共学，平等交流、共同进步。围绕某一问题的学习与探讨，二三百条的感想和交流十分常见。

4月20日，全国政协主席汪洋在出席全国政协机关党史学习教育线下读书交流活动时指出，要探索创新善读书，建立完善"知行读讲堂"等相关载体和制度机制，注重讨论交流，扩大外溢效应，为建设书香政协作出积极贡献。

读书活动本就是一种"不见面"的平台和"无领导"的讨论，这种平等议事、有来有往、层层深入的氛围，正是培育协商文化的试验田和天然沃土。大家因读书而会聚一堂，又因学习党史种下同心圆的种子。

碰撞：委员"读书群"成为履职"大学校"

4月16日晚，91岁的党史研究权威金冲及先生在"中共党史学习"读书群中完成了他长达1个小时、有1万多字记录的文字讲座。群里委员们对讲座内容的探讨持续到了次日凌晨2时39分。

金冲及先生是我国近现代史学界、党史研究领域的顶级专家。他的悉心讲授对委员们而言，既是一次学习党史的宝贵经历，又是一次接受初心教育的政治洗礼。

独学而无友，则孤陋而寡闻。"中共党史学习"读书群于4月初开群，采取每日推送、委员导读、名家辅导、线上讨论、线下交流等方式组织读书学习。其中，委员导读和名家辅导环节均邀请党史研究领域的专家带领委员们学习。除金冲及先生外，王伟光、黄一兵、魏海生、李颖等名家、专家也纷纷开讲。

专家的讲座不断将阅读和学习引入更深层次：围绕党史中的重大历史事件，阐述中国共产党为什么能，马克思主义为什么行，中国特色社会主义为什么好；围绕党史中的伟大历史人物，学习了解道路抉择、战略思维、领导艺术、工作方法；围绕从党的非凡历程中感悟思想伟力，引导委员感悟马克思主义的真理力量和实践力量。

在党史学习中，委员们更加体会到中国共产党是在注重不断学习中走到了今天。早在延安的时候，毛泽东同志对干部就提出了本领恐慌问题。如今，习近平总书记关于加强读书学习的重要论述，也是全国政协开展委员读书活动的重要遵循。

委员们纷纷发挥专业特长，将学习党史同工作和履职结合起来，用不断学习来克服能力不足、本领恐慌，来提高建言资政的质量。

"读书群"成了委员的"大学校"，线上线下相协同、读书履职相结合，为"书香政协"建设打下坚实基础。崔昌军委员说："深感权威阐要义、专家讲专著，体现了高起点开局、高水平推进，必将取得高质量成效。"

交融：在学党史中画出最大同心圆

读中国共产党的历史，重温党团结带领人民不断把中国革命、建设、改革事业推向前进的惊心动魄；

读统一战线的历史，回顾各民主党派同中国共产党团结奋斗、风雨同舟的光辉历程，体悟多党合作的初心；

读协商民主的历史，遥想各界爱国人士响应"五一口号"一路北上的逸兴遄飞，从政协会议上的高朋满座感受荡气回肠的开国气象。

政协委员学党史，其独特之处在于参与者不仅仅有中共党员，还有各民主党派和无党派人士。读书群为此量身定制了以上三部分的读书方案。此外，还组建了专门的"画出最大同心圆"读书群。

"学习统一战线的历史，更加体会到'三大法宝'之一——统一战线的巨大威力。"九三学社委员周锋在群里说。

这一读书群里，每一期都会请不同党派的委员，讲述各时期各领域的历史事件和鲜活故事。在这里不分党派，大家各抒己见，有观点的争锋，也有志同道合的拍案叫绝，在开展交流研讨的同时，进一步加深对党的历史的理解和认识。少数民族界常委白庚胜说，同心圆是对多元一体的形象表达。只有尊重文化多元性，才能把当代中国的社会主义文化这个同心圆画得更大。

动力：读书活动"溢出效应"不断扩大

经过一年多的探索发展，全国政协读书交流活动的制度机制进一步健全，群主充当"店小二"为大家统筹协调、骨干导读委员组织实施、保障团队为各个群出谋划策……读书群的"四梁八柱"基本建立。

从文化文史与学习委员会品读毛泽东诗词坚定文化自信，到港澳台侨委员会读中国共产党与华侨华人史看人类命运共同体建设；从社会和法制委员会读《治理与善治》探讨人民政协与社会治理现代化，到外事委员会读《"一带一路"建设的持续性》看中国共产党领导的改革开放史……读书的主题在不断丰富，委员们对党史的理解更加全面、立体。

从全国政协到地方政协，再到这些自带流量的委员们身边凝聚起来的每一个人，读书活动的"溢出效应"在不断扩大，读书成果也在不断转化，为大政方针和决策部署提供了有益参考。2021年全国两会期间，一些委员的提案、建议就是在读书平台上思考汇聚而成。为促进委员读书成果转化，读书活动指导组办公室创设了《读书简讯》，及时反映委员读书成果。积极拓宽信息报送渠道，利用提案建议、政协信息等形式，不断扩大读书活动的影响力。

在知识的交锋中，产出了很多有益的成果。张云勇等"5G时代展望"读书群委员结合群里发言，联名提出的《关于推进和加快我国5G发展的提案》，被列为今年重点提案，将以走访承办单位形式进行督办；"全球化的发展与中国"读书群聚焦重大战略性问题开展深度研究，共收到委员撰写的12篇研究分析文章，召开2次专题研讨会，形成每日社情信息，报送中央有关部门参考。

用这样的方式读书，既是一种协商文化的培育，又是政协委员增强履职本领的方式；既是党史学习的有效途径，又凝聚了共识；既提高了建言质量，促进了成果转化，又以"书香政协"助推了"书香社会"建设。委员们从学习党史中不断汲取经验、启迪智慧，凝聚起全面建设社会主义现代化国家的磅礴力量。

本报记者　俞海萍

7月8日

关于阅读的六条讨论

昨天晚上群主永新在群里系统地谈阅读，今天还要接着谈，这是本期群主最后送给大家，让你念念不忘的告别礼啊。

我也翻出几条笔记，凑凑热闹。

【读书：线上？还是线下？】讨论之五（共九条）

关于"读书只为自己高兴"
——录自朱永新【名家谈读书（242）】

这一篇文字，写读书的欢喜，读书的姿态，读书的习惯。

"在我看来，好书就是好书，形式不是问题。自然有人会说这太杂了。这一说，使我联想到一个故事：两道学先生议论不合，各自诧真道学，而互诋为假，久之不决，乃共请正于孔子。孔子下阶，鞠躬致敬而言曰：'吾道甚大，何必相同，二位先生真正道学，丘素所钦仰，岂有伪哉？'两人大喜而退。弟子曰：'夫子何谀之甚也？'孔子曰：'此辈人哄得他去够了，惹他甚么？'"

"读尽天下才子书，是人生极大的赏心乐事。在我而言，才子的定义，不能只框在纯文学这三个字里面。"

【读书：线上？还是线下？】讨论之四（共九条）

关于"组建阅读共同体的价值"
——录自朱永新【名家谈阅读（214）】

少年们爱听表情朗读，但是对作品的领悟程度与听众的数量和朗读的时间有关。听众必须不超过一个班级，他们必须有共同的精神需求。（《苏霍姆林斯基选集》第3卷，第590页）

钱伯斯认为：证据显示，让不再愿意阅读的青少年和五六岁的孩子一样听故事，很容易让他们有重拾书本阅读的欲望。

绝大多数人都是通过听故事走进书本的世界，从而成为读者的。许多孩子因为喜欢书中的故事，慢慢认识了书中的文字，借助这些文字，又慢慢走进了其他的书籍，发现了新的故事。"群人共学"比"一人独学"效果要好得多。组建阅读共同体，对于培养阅读兴趣，提升阅读能力具有不可替代的重要作用。这就是古人说的"独学而无友，则孤陋而寡闻"。

青少年如此，成年人也如此。政协委员读书会，不就是这样的读书共同体吗？

【读书：线上？还是线下？】讨论之六（共九条）

关于数字阅读、手机阅读
——录自赵梅【委员风采】

在担任第十二届政协委员期间，我参加了2015年8月召开的聚焦传统和新媒体融合的政协双周座谈会。会上，我以"重视媒体融合发展中的内容建设"为题做了发言。我认为，以互联网为依托的新兴媒体迅猛发展，人们的阅读方式随之发生了很大变化，数字阅读尤其是手机阅读，成为如今人们阅读、特别是在碎片化时间阅读的重要方式。在新媒体日益普及的今天，在讨论全民阅读的时候不应当把新媒体的读者及阅读内容排除在外。在媒体融合发展时代，如何运用新媒体推进全民阅读、打造书香社会，让民众在"人人低头看手机或者平板电脑"时，也能获得高质量的内容？我建议，一方面要把提供高质量的阅读内容作为推进传统媒体与新兴媒体融合发展的重要方面和抓手；另一方面要依法建立完善的知识产权保护制度，规范版权使用，严惩盗版行为。同时，为促进青少年数字化阅读，还应当注重整理、开发适合青少年数字化阅读的电子出版物。

【读书：线上？还是线下？】讨论之七（共九条）

关于"大学四年中国学生能力全面下降"
——录自朱永新谈读书

昨天与美国斯坦福大学经济学教授罗斯高（Scott Rozelle）进行了交流。他提到了他们团队发表在《自然》杂志上的一个值得思考的研究成果。中美俄印四国大学生，刚刚入学的时候，中国学生创造性思维和数学物理成绩最好，但是到了第四年的时候，美国最好，中国变得最差。我脱口而出，中国学生第四年都去找工作了。罗斯高教授说，全世界的大学生第四年都要找工作。他谈到的两个原因很重要——第一，美国大学差不多有 50% 的淘汰率，一般的美国大学生不能够正常读到四年级；第二，中印俄三国的 STEM 本科生普遍比美国学生少修读人文和社会科学课程，这导致了学生批判性思维的下降。这两个原因，值得我们反思。他对领导这项研究的同行给予高度评价。我看到了国外学者们发自内心的互相欣赏的真诚。以下是他们的研究报告——《中美俄印大学生调研结果显示"大学四年中国学生能力全面下降，表现垫底"，如何看待？》https://mp.toutiao.com/profile_v4/graphic/preview?pgc_id=6941831711420334604

【读书：线上？还是线下？】讨论之八（共九条）

关于"读书之两怕"
——录自吴尚之"古人谈读书"

吴尚之：**【读书参考 * 古人谈读书】**之四十六　曾国藩：读书有两怕

上则【古人谈读书】介绍了晚清政治思想家曾国藩关于读书四要素，即看、读、写、作不可缺一的见解。今天与大家分享他读书有两怕的观点。

曾国藩在《谕纪泽》中谈道："尔读书记性平常，此不足虑。所虑者第一怕无恒，第二怕随笔点过一遍，并未看得明白，此却是大病。"曾国藩在这里谈到的"两怕"，一怕无恒心，二怕不明白，指出了我们读书过程中经常所患的毛病。有的人读书，经常是有头无尾，看了书开头的几个篇章甚至是几个片段，就被别的事情耽搁而放下，没有恒心看下去，更没有恒心读完一本书，往往是经常买书而不常常看书，这样的读书实在无益。另一毛病是读书未看明白，不求甚解，如此读书，效果甚微。从曾国藩谈到的读书"两怕"中，我们可引以为借鉴，读书不仅要有恒，还要有心。

> 两怕之言
> 令人汗颜
> 更有一怕：
> 言之谆谆
> 听者藐藐

【读书：线上？还是线下？】讨论之九（共九条）

摘阎晓宏金句：

读书重要，可是在多种媒介多种信息充斥的现实中，要认真定心读书，还真不容易。

一个民族特别是青少年，不养成读书的习惯，沉迷游戏，对一个家庭可能是悲剧，对一个民族将是灾难性的。

如果问：游戏重要，还是读书重要，都知道是读书重要。

但是如果问：游戏好玩，还是读书好玩，结论就是相反的。

党和国家在宏观调控、政策引导方面应该有措施，而不是一般的口头上讲讲，号召读书，读书重要。

社会各界对此也应该有一个清醒的认识。

当然，纸质图书，电子图书，网络图书，听书等都是读书，区别是：只有纸质图书在阅读中可以停顿，可以重复，便于思考。

6月11日

@吴尚之：

> 畜素琴一张，每酒适，辄抚弄以寄其意
> 听尚之说法，每晨读，能拍案当称其绝

【阅读的方法】之八：探幽察微法。

探幽察微法，是指读书过程中，发现那些隐潜于字词句里的细微、精妙而蕴含深奥的内容，以求融会贯通的读书方法。幽微一词是指隐曲、微妙、深奥之意。

如何做到探幽察微，通常有两种途径或方式：

一是敏于置疑发问。陆九渊有句名言："为学患无疑，疑则有进。"比如大家读过《陋室铭》，其中有"可以调素琴，阅金经。"关于"素琴"，究竟是哪一种琴，很少有人置疑发问。"素琴"一词，历来有争议。《词源》对"素琴"有两种截然不同的解释：其一为不加修饰的琴；其二为无弦琴，即没有上弦的琴。梁代萧统《昭明太子集·陶靖节传》记载："（陶）渊明不解音律，而畜素琴一张，每酒适，辄抚弄以寄其意。"置疑也要"置"在点子上，防止怀疑一切，草木皆兵。

二是善于过细入微。读书有时可一目十行，有时需要十目一行，即求精不求多。求精，则需要过细、入微，不放过每一个细节。如读《庄子·养生主》："今臣之刀十九年矣，所解数千牛矣，而刀刃若新发于硎。"其中，"十九年"一语，历来解释就有争议。或作十九年，或作十多年，多数解释为十九年。学者蒋礼鸿先生提出另一种解释，即解释为九到十年。

6月12日
【读书笔记】

也谈读书的"得意忘形法"

尚之在【阅读的方法】之二中说，读书的得意忘言法，是指不拘泥于语言而重在把握文章和作者深层意义的一种阅读方法。一般而言，语言不能完全达意，实质上只能表达普遍的东西，难以表达人们所想的特殊的和个别的东西。哲学家冯友兰说："在读书的时候即使书中的字都认得了，话全懂了，还未必能知道作书人的意思。从前人说，读书要注意字里行间，又说读诗要得其弦外音，味外味，这都是说要在文字以外体会它的精神实质，这就是知其意。"

得意忘言法的要义在于"意会"。忘言不是忘掉或丢掉言，而是不拘泥于言，以分析语言、玩味语言为途径和手段，来领悟与探得语言的底蕴精神，获得语言深层的言内之蕴和语言隐层的言外之意。得意忘言是一种很有价值的阅读方法，尤其适应于汉语阅读。例如，《诗经》中的"硕鼠"，字面意义是指大老鼠，字外之意是指贪婪无情的剥削者。

这段阐述，使我想起了王阳明读书，就是"得意忘形法"的典型。

王阳明的"良知"之说，实乃他长年累月积累、历经千辛万苦后的大彻大悟。他说，"一语之下，洞见全体，真是痛快，不觉手舞足蹈"。"某与此良知说，从百死千难中得来，不得已与人一口说尽，只恐学着得知容易，把做一种光景玩弄，不实落用处，负此之尔。"（"实落用处"就是要"事上练"）"此良知二字，实乃前古圣圣相传一点滴骨血也。"

钱穆《阳明学概述》说，王学的萌芽，他所倡良知的根柢，是有生命的，有活力的，是那样地执着，那样地跳脱，从多方面的兴趣、很复杂的经历中流变而来的。他有热烈的追求，有强固的抵抗，他从恳切的慕恋里，转换到冷静的洗伐，又从冷静的洗伐里，转换到恳切的慕恋。他狂放地奔逐，他彻悟地舍弃。他既沉溺，又洒脱。他所认识的"良知"，绝不是一件现成的东西，也不是平易简单的把戏，更不是空疏无着落的一句话。要研究王学的人，不要忘了他成学前的那一番经历。他说"立志"，说"诚意"，说"事上磨炼"，说"知行合一"，说"易简"，说"真切"，凡他说的一切，我们要把他自己成学前的种种经历来为它下注释。若忘了他的实际生活，空来听他的说话，将永不会了解他说话的意义。若空听了他的说话，又忘了你自己当身的实际生活，那便更不会了解他说话的一番真义所在了。

"得意忘形"，读书而能"得意"，"一语之下，洞见全体，真是痛快，不觉手舞足蹈"也！

6月13日

贺尚之【阅读的方法】开栏

> 今天漫谈群中晨景
> 晓冰小影媛媛齐来
> 为何如此这般热闹
> 原来尚之新开专栏
> 阅读不比说话容易
> 静思妙悟方知其然
> 躬行体察识没字理
> 两位大家悉心指点①

【阅读的方法】之一：设身处地法

阅读是一种从语言符号中提取意义的心理过程，也是一种基本的智力技能。叶圣陶先生说："阅读跟写作不会比走路跟说话容易，一是得其道，二是要经常地历练，历练倒成了习惯，才算有了这种能力。"所谓得其道，即是了解和掌握阅读的一些基本方法和技能。近日，读了曾祥芹先生主编的《阅读技法系统》一书，很受启发。我将书中介绍的若干读书方法和技巧，陆续推荐给各位书友，供大家参考。

---

① 漫谈群中天天谈读书、谈阅读的大家乃朱永新，已在用"设身处地法"谈自己的阅读史，很感人啊。还有一位就是吴尚之，在谈个人读书一百条的精品之后，又开始谈阅读方法若干条，逐日推出，让你期待。谢谢两位大家，精心指点大家。

设身处地法，主要是指读书主体把自己当成局内人，以当境者一员的身份，调动和发挥自身巨大的主观能动作用和再创造潜力，认真思考，切实体验，全身心投入阅读活动，进而从所读的文章或书中，求索真知、获得实感的一种阅读方法。主要包括以下两个方面的内容：

一是凝神养气、入境会心。首先要能潜下心来，读得进去。其次要能借助经验或通过联想，跻身于作品所具体描绘的意境当中去，使读者、作者、作品，三者浑然一体，与书中之情景、事件、人物会心会意，到达流连忘返、欣然忘食、乐而不疲的境界。二是躬行体察，静思妙悟。善读书者往往是"读有字书，却要识没字理。"为此，需要做到如陆游所言："纸上得来终觉浅，绝知此事要躬行。"亲自实践，躬身体验。同时，也要进入角色，反复品味，思考领悟。

6月14日

读《读书小谈：我的阅读史之十二》

在政协委员读书活动开展以来的一部新的阅读史上，我记住了老群主朱永新的一句话：每天坚持写一千字，坚持一年，就可以看到奇迹。

对阅读，古人早有"不动笔墨不读书"的劝诫。我的亲身经历则告诉我，从某种意义而言，写作是对一个人阅读生活的梳理与衍生。我很早就发现，动笔的确能有效提高阅读的质量，因此在阅读中始终坚持做读书笔记，对感触更深的书籍则及时撰写读后感，在痴迷文学的青年时期，还整本抄写过诗歌。时间长了，读书多了，就渐渐不甘于仅仅是抄写，而是尝试着开始了创作，希望自己的所读所思，能与更多人分享。于是，在我大学毕业以后不久，就与人民教育出版社结了缘。

当时，我有幸参加了中国第一本心理学史教科书的撰写工作。那是一个百废待兴的时代，那是一个青黄不接的时代，研究中国心理学史的学者就更加凤毛麟角。所以，在导师燕国材教授的推荐下，我有幸成为潘菽先生和高觉敷先生这两位中国心理学界的泰斗主编的第一本《中国心理学史》的作者之一。

那个时代，编一本教科书的复杂程度，远远比现在大得多。光是教科书的大纲，就开过好几次研讨会。我记得，我们先后在江西的庐山、山东的曲阜等好几个地方开过研讨会，除了潘菽先生、高觉敷先生外，还有刘兆吉先生、李国榕先生、燕国材先生、杨鑫辉先生、杨永明先生、许其端先生、邹大炎先生等老一辈心理学家。现在，他们中的大部分已经离开人世了，但是他们开创的中国心理学史研究领域，以及他们编写的这本《中国心理学史》，已经永远地留在了历史上。是的，一切都将烟消云散，只有文字是永恒的。他们也经由这些永恒的文字而不朽。

6 月 15 日

关于读书的几句真言：

当了半辈子不同层级的"官"，最后一站来到政协，原听人说"老干部，不要怕，还有政协和人大"，一笑。这次通过读书促进履职，履职认真读书，才真正领会到作为政协委员，还真是"老干部遇到了新问题"，担子重，责任大，压力山大啊。

向各位日夜读书的书友、委员学习致敬！

四、战略参考述评

1月23日

善良的天使

1月21日，外交部举行例行记者会。发言人华春莹在回答记者关于美国新总统拜登就职的相关提问时表示，"我们对拜登总统宣誓就职表示祝贺。"

华春莹说，"过去几年中，特朗普政府特别是蓬佩奥在中美关系当中埋了太多的雷，需要排除；烧了太多的桥，需要重建；毁了太多的路，需要修复。我想中美双方都需要拿出勇气，展现智慧，彼此倾听、正视和相互尊重，我想这是中美两个大国应有的担当，也是国际社会的期待。只要下定决心，一切都有可能。"

其实，岂止中美关系，今天的美国，自己也遇到了"太多"的麻烦。正如拜登总统就职演讲所坦陈的，"我们在这个危险而充满巨大可能性的冬天有很多事情要做。我们有太多要完成，太多要治愈，太多要恢复，太多要建设，还有太多要收获。在我们国家的历史中，很少有人遇到过更大的挑战，也很少有人遇到过像如今一样如此充满挑战和困难的时代。百年一遇的病毒潜入我们的国家，在一年中夺走的生命比整个二战还要多。数百万人失业，数十万的生意关门。……政治极端主义、白人至上、国内恐怖主义兴起……"正如当期美国《时代》周刊杂志的封面所形象地描绘的，拜登入主白宫，面对的是"太多""太多"的麻烦。

拜登说，"这是一个伟大的国家，我们都是善良的人。"希望如此，应该如此。华春莹说，"我相信，在双方的共同努力下，中美关系中的善良的天使能够战胜邪恶的力量。"都说得精彩，都说到"善良"。

"善良的天使"的确只能来自"善良的人们"，来自人类的理性，来自总有一天人类对命运共同体的共识和共建，来自人类的善良和良知。而在中美关系中要实现"善良的天使战胜邪恶的力量"，当然要寄希望于善良的中美两国人民的共同努力，希望"我们都是善良的人"。

己所不欲，勿施于人，己欲立而立人、己欲达而达人，"善良的天使"，更来自善良的中国人民不仅善良无比，更有坚韧无比的内心的定力。在中国共产党的坚强领导下，有着广泛、深沉、充实的文化自信的中华民族，确立、滋养、磨炼、凝聚了内心的定力，全党不忘初心，全民万众一心，此心无比笃定、坚韧、强劲，"此心光明，亦复何言"，"事物之来，但尽吾心之良知以应之"（王阳明语），就一定能成功跨越重重陷阱，特别是跨越修昔底德陷阱，沉舟侧畔千帆过，病树前头万木春。

我们期盼"善良的天使"，天使来自我们的"此心光明"。

1月24日

23日我在【漫谈群晨景】发了一则杂感《善良的天使》，25日《人民政协报》改为《善良的分量》短文，在一版发表，全文如下：

善良的分量

"经历了内战、大萧条、世界大战、'9·11'事件，经历了斗争、牺牲和挫折，我们本性中更善良的天使总是占上风。"1月20日，美国第46任总统拜登在就职演说中，多次提到了一个词："善良"。

1月21日，中国外交部发言人华春莹在拜登宣誓就职之际展望中美关系时说，"我相信，在双方的共同努力下，中美关系中的善良的天使能够战胜邪恶的力量。"又一个"善良"。

按照中国人代代相传的信念，善良来自"己所不欲勿施于人"，来自"己欲立而立人、己欲达而达人"。然而，当善良上升到国家层面，意味着什么呢？我们身处这个百年未有之大变局中，无论国内事务和中美关系，都考验着大国的智慧和担当，而要治愈沉疴新疾，善意更不能缺位。

"善良的天使"来自人类的善意和良知，来自人类理性的回归，来自不断增强中的人类对命运共同体的共识和共建。在中美之间要实现重新"建桥修路"，当然要寄希望于两国人民的共同努力，"拿出勇气，展现智慧，彼此倾听、正视和相互尊重"，都清醒地看到"合则两利，斗则俱伤"，用善意和良知化解损伤，填补沟壑。

"善良的天使"更来自中国人民坚韧无比的内心的定力。在中国共产党的坚强领导下，有着广泛、深沉、充实的文化自信的中华民族，不断滋养、磨炼、凝聚了内心的定力，全党不忘初心、牢记使命，全民万众一心，无比笃定、坚韧、强劲，"此心光明，亦复何言"，"事物之来，但尽吾心之良知以应之"，就一定能成功跨越重重陷阱，特别是跨越"修昔底德陷阱"。

我们期盼"善良的天使"，天使来自我们的"此心光明"。

（作者系全国政协文化文史和学习委员会副主任）

1月30日

> 晨起书友声声呼
>
> 引来联合国古翁
>
> 中美关系当重启
>
> 大江歌罢掉头东①

我们有文化自信，中国的文化基因里，有精神文明的底蕴，但要去启发，去疏导。这件事做好了，有利于我们实现民族复兴的进程。

推动这件事，人民政协应该有独特的优势。

2月26日

【读书笔记】

评美国新任防长奥斯汀之首言

再读今天戚建国将军发布的【战略参考】之205。据美国《国防》杂志网站报道，美国国防部长奥斯汀19日出席上任后的首场简报会。在讲话中，他将中国描绘为美国防部的"首要挑战"，但又表示两国在国际安全问题上存在合作可能性。他声称美国致力于维护国际秩序，而中国为自身利益"不断破坏"这个秩序。面对中国"首要挑战"，"我们相信北约能够帮助我们更充分地思考自己的运作理念和投资战略。"

毕竟人家"新官上任三把火"，我们的外交部发言人华春莹在例行记者会上礼貌地回避了对奥斯汀防长的评论，只是说，希望北约以客观、积极、

---

① 据戚建国【战略参考】之182，路透社：联合国秘书长古特雷斯称希望美中关系能够"重启"。当地时间27日，被提名担任美国常驻联合国代表的琳达·托马斯·格林菲尔德在美国参议院的质询听证会上宣称，她将在联合国平台对中国提出的"威权议题"展开有力抵制。与此形成对比的是，此人2019年——在美国一所大学的孔子学院发表演讲，还呼吁中美在非洲寻求"共赢"。

开放的态度看待中国发展，多做有利于维护国际和地区安全与稳定的事。冷战思维没有前途。如此表示，王顾左右而言他，有理有利且有节。

在漫谈群里，我们则不妨作一番评论。

想起了嘉极之言，"美国如果讲道理，那是因为他打不过。"既然单挑，打不过，就首先想着拉北约掺和进来。这的确道破了奥斯汀的那点"小肚鸡肠"。

其实，中国讲道理，那是因为它尽量争取不打。如果有人一定要打，就只能奉陪到底。组织起来的中国人民是惹不得的，如果惹翻了，那是不好办的。现在不仅组织起来而且强大起来的中国，不会惹事，当然更不会怕事。

既然川普走了，大家都冷静下来，不妨再琢磨一下以下这番道理。

一个是最大的发达国家，一个是最大的发展中国家。发达的，要继续发达，而且欲全方位发达。发展的，正快速发展，而且是大块头崛起。发达，是美国的硬道理。发展，是中国的硬道理。都硬，是真的；都得讲道理，也是真的。两大国虽处于不同发展阶段，却走在"可持续发展"的同一条轨道上，只能相向而行，不可迎头相撞。如果发达的总想遏制发展的，天下只许我发达，不容人发展，只能自找麻烦，徒增烦恼。如果发展的总是与发达的对着干较劲，闷着头生气，也会引来麻烦，徒增干扰。大家都要摒弃冷战思维，客观理性地看待对方的发展。发达的，要有"包容性增长"的胸怀；发展的，要有坚持和平发展科学发展的定力。地球只有一个，你要发达，我要发展，当然难免竞争。但相互竞争中还要相互合作，善于控制竞争、发展合作，在合作中求发展，在竞争中谋优势。竞争，不是去支持和加剧各种形式的动荡和地缘政治冲突，更不是固守冷战思维甚至不惜再打一场热战，而要以和为贵。在承认"两国在国际安全问题上存在合作可能性"（这是奥斯汀防长的进步，毕竟开始讲道理了），进一步致力于在不同领域和不同层次扩大和深化"利益汇合点"，进入良性竞争，则发达的还可以继续发达，发展的必然大步向前。

其实这番道理，北约想必是看得清的。

我就曾给北约前秘书长索拉那讲过，中国的确是一只已经醒来的雄狮，但世界大可不必"为它发抖"（拿破仑语）。中国，是一只和平、可亲、文明、宽厚的狮子。

以后我们两人再见面，索拉那就笑言，"狮子来了"，他记住了。

3月16日

拜登上台后，一度急速下滑的中美关系，能否有所缓和、好转？

据新华社北京3月11日电，外交部发言人赵立坚11日宣布：应美方邀请，中共中央政治局委员、中央外事工作委员会办公室主任杨洁篪、国务委员兼外长王毅将同美国国务卿布林肯、总统国家安全事务助理沙利文于3月18日至19日在安克雷奇举行中美高层战略对话。

这条消息，举世瞩目。虽然还有几天，大家都翘首以待，特别关注最近有关的重要信息。

戚建国将军在漫谈群里连续发的几期【战略参考】，很值得回味、推敲。

拜登政府已亮出底牌

3月3日，美国总统拜登发表了他上任以来最具分量的《美国国家安全战略临时指南》，其中有两个要点：

一是，报告从全球安全格局出发，把中国的位置大大前移。认为中国已超越俄罗斯，成为美国最大的竞争对手。"中国是唯一有潜力把自己的经济、外交、军事和技术实力综合起来，对稳定和开放的国际体系构成长久挑战的竞争国。俄罗斯则属于与伊朗、朝鲜一类的第二层次威胁。"

二是，指南再次强调技术革命的重要性，认为美国需要保持技术领先，比如在人工智能、量子计算、5G。美国把中国视为竞争对手，跟过去有一点很大的不同是，军事早就不是优先手段，科技才是。

据美国媒体近日报道，美国新任国务卿布林肯在任内发表了首次外交政策讲话，并不出人意料的是他把与中国的竞争视为"21世纪最大地缘政治考验"及拜登对外政策的头等大事，并承诺不允许中国挑战美国的"领导地位"。他宣称："有几个国家对我们来说意味着重大的挑战，包括俄罗斯、伊朗等，但中国构成的挑战则不一样。中国是唯一拥有经济、外交、军事和技术实力来对美国领导的国际体系构成重大挑战的国家。这一体系是能让世界按照我们希望的方式运转的规则、价值观和关系。"

这位新任国务卿指出，今后美中两国的关系有可能是一种混合体，"在应该时竞争，在可以时合作，在必要时对抗"。不过到目前为止，拜登政府已经罗列了一大堆要与中国进行竞争和对抗的目标，但合作仅仅停留在改善全球气候等个别问题上，且就算在气候问题上拜登政府仍然在指责中国，延续上届特朗普政府"中国是最大环境污染源"的说法。

"美媒灵魂发问"

"上帝要谁灭亡，必先让其疯狂"，这个信仰上帝的国度啊。

中国当然不会随之起舞，更不会为之殉葬。关键在中国真正强起来，有大实力，大定力，大智慧。"组织起来的中国人民是惹不得的，惹翻了，是不好办的"。我们有不惹事的耐心和定力，有不怕事的本事和实力，更有成大事的愿景和毅力。

3月17日

中国更要有清醒的战略谋划和坚定的战略定力

陆克文说，"21世纪20年代对美国和中国的全球影响力而言将是成败攸关的十年，华盛顿和北京之间的战略、经济和技术力量对比很可能会变得比以往任何时候都更接近对等。因此，21世纪20年代将是危险的十年。新兴大国挑战老牌大国的历史是一部发人深省的历史。无论双方采取什么策略，无论事态如何发展，美中之间的竞争将加剧。"是的，百年未遇之大变局，这是焦点。暴风雨会来的更猛烈，这是"风眼"！

陆克文大谈"危险的十年：美中对抗对亚洲的影响"，在对亚洲国家，尤其是东盟国家如何应对暴风雨进行战略谋划，中国更要有清醒的战略谋划和坚定的战略定力。

中国和这个在迷恋昔日辉煌和昔日霸权中，自己却已每况愈下，但仍然强大，因而不断增长着内外焦虑的大国打交道，会不断飞出幺蛾子、长出黑天鹅、跑出黑犀牛。中国需要大智慧、大能力、大定力，才能"两岸猿声啼不住，轻舟已过万重山"。

3月18日

历史上的今天　今天又写历史

1947年3月18日，毛泽东、朱德、刘少奇、周恩来、任弼时等率领中共中央机关主动撤离延安，开始了为期一年转战陕北的艰苦斗争。在撤离延安前，毛泽东接见参加保卫延安的人民解放军部分领导干部时指出：我军打仗，不在一城一地的得失，而在于消灭敌人的有生力量。存人失地，人地皆存；存地失人，人地皆失。敌人进延安是握着拳头的，他到了延安，就要把指头伸开，这样就便于我们一个一个地切掉它。要告诉同志们：少则一年，多则二年，我们就要回来，我们要以一个延安换取全中国。

两年后，真的实现了"我们就要回来，我们要以一个延安换取全中国"。

今天，中美高层战略对话。

关键时期关键一步——科技竞争
中流击水浪遏飞舟——不进则退

读【党史百年·天天读】，1978年3月18日邓小平在中共中央召开的全国科学大会开幕式上的讲话中指出：科学技术是生产力，这是马克思主义历来的观点。现代科学技术的发展，使科学与生产的关系越来越密切了。科学技术作为生产力，越来越显示出巨大的作用。现代科学技术正在经历着一场伟大的革命。近30年来，现代科学技术在几乎各门科学技术领域都发生了深刻的变化，出现了新的飞跃，产生了并且正在继续产生一系列新兴科学技术。现代科学为生产技术的进步开辟道路，决定它的发展方向。知识分子的绝大多数已经是工人阶级和劳动人民自己的知识分子，是工人阶级自己的一部分。他们与体力劳动者的区别，只是社会分工的不同。必须清醒地看到，我们的科学技术水平同世界先进水平的差距还很大，科学技术力量还很薄弱，远不能适应现代化建设的需要。认识落后，才能去改变落后。学习先进，才有可能赶超先进。提高我国的科学技术水平，当然必须依靠我们自己努力，必须发展我们自己的创造，必须坚持独立自主、自力更生的方针。但是，独立自主不是闭关自守，自力更生不是盲目排外。科学技术是人类共同创造的财富。任何一个民族、一个国家，都需要学习别的民族、别的国家的长处，学习人家的先进科学技术。我们不仅因为今天科学技术落后，需要努力向外国学习，即使我们的科学技术赶上了世界先进水平，也还要学习人家的长处。①

这段话，今天读来，更感振聋发聩、掷地有声！

中华民族的伟大复兴，已经到了关键的时期。中美之间的竞争，已经到了关键的一步。

时代不同了，历史条件不同了，中美之间的竞争，昔日的冷战打不起来。科技领域的激烈"热战"却日益尖锐激烈。关键时期关键一步——科技竞争，中流击水浪遏飞舟——不进则退。

拜登政府出台的美国国家安全战略临时指南，有两个要害：

一是，报告从全球安全格局出发，把中国的位置大大前移，认为中国已超越俄罗斯，成为美国最大的竞争对手。"中国是唯一有潜力把自己的经济、外交、军事和技术实力综合起来，对稳定和开放的国际体系构成长久挑战的竞争国。俄罗斯则属于与伊朗、朝鲜一类的第二层次威胁。"

二是，指南再次强调技术革命的重要性，认为美国需要保持技术领先，比如在人工智能、量子计算、5G。美国把中国视为竞争对手，跟过去有一点很大的不同是，军事早就不是优先手段，科技才是。

3 月 19 日【漫谈群晨景】

来自美国的对"冷战"的冷静思考

中美的一场重要接触正在进行。当地时间 18 日凌晨，应美方邀请，由中共中央政治局委员、中央外事工作委员会办公室主任杨洁篪，国务委员兼外长王毅率领的参加中美高层战略对话的中方代表团成员抵达安克雷奇并入住下榻酒店。根据双方商定，3 月 18 日至 19 日，中共中央政治局委员、中央外事工作委员会办公室主任杨洁篪、国务委员兼外长王毅将同美国国务卿布林肯、总统国家安全事务助理沙利文在安克雷奇举行中美高层战略对话。

---

① 见《邓小平文选》第二卷，题为《在全国科学大会开幕式上的讲话》。

这是中美元首除夕通话后的首次高层接触，也是美国新政府执政以来中美首次面对面会晤。中方在此前表示，希望通过对话，双方能按照两国元首通话精神，聚焦合作、管控分歧，推动中美关系健康稳定发展。而据此前美国国务院发布会声明称，在此次会谈中，香港、台湾、新疆、气候变化等问题都将是重点内容。根据双方商定，中美双方高层战略对话将在当地时间 3 月 18 日至 19 日两天内共举行 3 场会议，首场会议将于当地时间 3 月 18 日下午举行。

美前驻俄大使文章：《冷战教训警示大国竞争》，堪称是一篇美国战略家对"冷战"的冷静思考。在美国应对中国和平崛起的工具箱中，还没有找到他们希望的"精细化管理"的工具，现在常常手忙脚乱，弄巧成拙，或者"杀敌一千，自伤八百"，或者"搬起石头砸了自己的脚"。正如作者迈克尔·麦克福尔所说，"随着美中之间的争吵日趋激烈，会有越来越多的人支持加大对抗力度——包括制裁、脱钩、支持分裂主义组织甚至宣扬更迭政权。但冷战时期的经验教训与之相反：决定中国政治制度前景的是中国人而不是外部势力。与此同时，美国在近期不可能结束与中国的大国意识形态竞争。美国要做的是管理这种竞争。"

尽管如此，作者还在强调，"维护边界和亚洲海上航行自由是美国至关重要的国家安全利益。事实证明，冷战时期保卫柏林和划定战后边界的做法对于维护欧洲和平至关重要。与之类似，我们要向外界表明我们对于维护这些战略必需品的承诺真实可信，而这种表态是成功的 21 世纪对华战略中最重要的一部分。"到人家大门口不断耀武扬威，哪怕擦枪走火也在所不惜，怎么就成了"21 世纪对华战略中最重要的一部分"？仍然是磨刀之声霍霍啊！

但作者也毕竟看到，"中美战略与经济对话虽然现在已经中断，但曾经创造出在美国双边关系中最全面、最频繁的政府间接触框架。"的确如此，中美合则两利、斗则俱伤，恢复中美战略与经济对话，是当务之急。

3 月 20 日

算上 13 小时的时差，3 月 18—19 日的中美高层战略对话，应该结束了。从以下看到的信息，戚建国将军转载的《中美对话，必须从理清平等原则开始》（参见其四），应该是目前看到的关于这次对话的比较客观的介绍。

理清什么"平等原则"？杨洁篪在首轮对话中就明确地告诉美方：我们的价值，就是人类的价值；我们遵循的是以联合国为核心的国际体系，以国际法为基础的国际秩序。美国有美国式的民主，中国有中国式的民主，美国的民主到底做得怎么样，不是美国一家说了算的。美国很多人，对美国的民主并没有信心。……

参见：

其一，中美高层战略对话开场一小时前的交锋；

其二，杨洁篪：中国人是不吃这一套的；

其三，实况录像：首轮对话中方代表杨洁篪发言全文（寰亚 SYHP），（尽管实况录像通过手机微博已在全世界满天飞，遗憾我们的这个平台的技术支撑不能转载）；

其四，杨洁篪在中美高层战略对话开场白中阐明中方有关立场；

其五，中美对话，必须从理清平等原则开始（戚建国发布【战略参考】之 219）；

其六，新华社报道：中方谈中美高层战略对话；

其七，新华社再报道：杨洁篪、王毅同布林肯、沙利文举行中美高层战略对话。

3 月 21 日

"春分"，已是"大势所趋"

戚建国将军今天发布的【战略参考】之 220《外媒评价中美高层战略对话开场白：外交场上罕见的公开交锋》，值得一看。

其中，透出了发生在"春分"时节的这样一次中美高层战略对话后面透出的信息——中国的和平崛起"强起来"，与美国固守霸权但日显不支的"心虚"，已截然分明。"春分"，已是"大势所趋"。

从这张照片双方的神态和表情，尽管没有开口，似乎也可以看到"春分"的"大势所趋"。

　　在这样的高级别会议上，面向记者的开场致辞通常只有几分钟，这次却持续了一个多小时，两国代表团为媒体何时被带出会议厅产生了异议。美国有线电视新闻网（CNN）也说中美高层战略对话中出现了"外交场上罕见的公开交锋"。开场陈述迅速偏离镜头前常见的外交辞令，中方的一连串反驳"出人意料"。

　　在 CNN 看来，这样的你来我往表明，拜登团队在海外要与日益崛起且自信的中国角力，在国内又面临严峻挑战。而他们面前的中国，已经认为自己与美国处于同等的竞争环境，不满足于扮演一名初级合伙人——拜登可能是首位面对这样一个中国的美国总统。

　　支撑美国的霸气后面，确也露出点点心虚。

　　例如，美国国家安全顾问沙利文说："布林肯部长和我对我们能够在这里讲述美国的观点感到自豪，这个国家在拜登总统的领导下，在控制这一流行病、拯救我们的经济以及确认我们民主的力量和持久力方面取得了重大进展。"①

　　可是就在此刻，美东时间 2021 年 3 月 19 日周五 23:45，美国新冠肺炎患者累计确诊近 3042.6 万（昨 3035.9 万）殁达 55.4 万（昨 55.2 万），死亡率维持 1.8%。

　　美国控制"这一流行病"果然又有"重大进展"。

　　你看看沙利文说话的神态，是否有点"苦撑"和"苦逼"？

　　西方媒体的评论，有道理："双方都不是即兴而为，而是做了充分准备与沙盘推演。"纵观整个火星四溅的开场，美国先发制人的言论强硬，杨洁篪具有戏剧性的回击辛辣且更具攻击性，而王毅、布林肯、沙利文随后的补充与回应则在维护立场的同时，让会谈还能继续。

　　《纽约时报》在"中美对话：朋友和敌人的会面"一文中指出，这是自拜登政府上任以来，两个全球大国之间的首次高层会谈。白宫和国家安全记者桑格（David E.Sanger）认为，这就是一场发泄情绪、用于衡量彼此优先事项的会议。"我们又回到了超级大国相争的现实世界——一个崛起的、雄心勃勃的大国与一个原有大国的较量。"甚至，"我们以前见过这画面。想想

---

① 摘自《美国国务院刊登的关于中美双方 2+2 对话的全文内容》。

美国在 19 世纪 90 年代崛起的时候，英国不得不决定是在世界体系中为我们腾出空间，容纳我们，还是抵制我们的扩张。"拜登团队在海外要与日益崛起且自信的中国角力，在国内又面临严峻挑战，尤其中方说不定可以借此突显美国的疲弱。

"春分"，已是"大势所趋"。

3 月 22 日

注定一战——中国能避免"新冷战"陷阱吗？

晨读【战略参考】之 221《中美激烈过招，澳大利亚学者断言：未来的中美关系将维持斗而不破》，如其所言，"美智库'蓝德公司'研究员葛罗斯曼（Derek Grossman）分析，由于美国、中国台湾、大陆彼此都不愿退让，华府与大陆关系已回不去。未来双方恐怕只能在狭隘而有限的挑战中进行合作。"

这种"狭隘而有限的挑战中进行合作"究竟是什么？说穿了，如果中美"注定一战"，中国能避免"新冷战"陷阱吗？

当然，时代不同了，中国不是当年之苏联，美国也不是当年之美国，尤其"冷战"也不是美国一家单挑，就打得起来的。

但我们也必须清醒地看到，2020 年 5 月，美国国务院发布《美国对中国的战略方针》（*United States Strategic Approach to The People's Republic of China*）报告，以政府文件的形式公开承认改革开放以来美国对华接触政策的失败。经过特朗普政府在中美贸易战中的摸索，美国已经形成了一套应对中国崛起的新战略。这份报告和 2017 年的美国国家安全报告，可以看作是美国绘制的应对中国崛起新政策的纲领性文件。事实上，"中美脱钩""修昔底德陷阱""新冷战""文明冲突"等论述早已成为美国公共话语中的流行概念，美国政府的这份新战略报告强调以"基于原则的现实主义"（the principled realism）对中国发起全面围堵遏制的"新冷战"，但不同于美苏单纯基于意识形态的"冷战"，美国对中国发起的这场"新冷战"虽然有意识形态的"原则"分歧，但更是基于"现实主义"的美国国家利益，在利益竞争的背景下，美国也会为了其国家利益而与中国在有关领域中展开合作。

中国当前要警惕冷战，努力争取避免冷战，坚持对话，不打冷战。"如果有些人想追逐蝴蝶，我们为什么要和他们一起跳舞呢？"如果说苏联解体是一面镜子，让中国保持清醒政治意识，那么美国衰落也是一面镜子，让中国始终保持战略克制和战略定力，始终将战略重心放在本国国家建设上。只要我们继续强起来，谁也奈何不得我们。

说起"冷战"，不是一个轻易可谈的话题。但正如美国知名国际关系专家和防务专家格雷厄姆·艾利森的《注定一战——中美能避免修昔底德陷阱吗？》一书所言，"核大国领导人必须准备好冒险打一场无法取胜的战争"，"为了维护关键利益和价值观，即使战争可能导致毁灭，领导者也必须做好战争准备。"我想，关于冷战，其实道理也如斯。正如要避免热战，我们的解放军就要时刻准备打仗，确保有强大的军事实力战而能胜；要避免冷战，我们也要冷静分析，底线思维，妥善应对，针锋相对，才能争取主动，争取降解和消弭冷战。

立足底线思维，借鉴历史教训，不妨剖析冷战成因，以史为鉴。总之，化解冷战风险，是中国和平崛起过程中，躲不过去的、必须稳妥迈过的一道"坎"！

二战结束后，社会主义运动出现高潮，资本主义也繁荣发展，形成两大阵营对峙，逐渐演化为美苏争霸的两极格局。美国率先发起冷战，苏联不得不陷入冷战。但苏联虽步步为营却应对失当，与美国大搞军备和太空竞赛拼消耗，国内经济发展畸形。后来也知道改革了，但改革次序不当，关键时期不是加强和改善，而是打散和放弃共产党的领导，推行戈尔巴乔夫"新思维"，祸起萧墙，终致解体。苏联也重视了发展，但从根本上说，败下阵来，实质上还是在发展上出了大问题，在生产力的较量、生产方式的较量上落伍了。发展是硬道理，最终拼硬实力。一个庞然大物"呼啦啦似大厦倾"，"颠覆性风险"成了"颠覆性现实"！

今天，美国是世界最大的发达国家，一超独霸。中国是世界最大发展中国家，正在崛起。尽管谁也不愿意真的全面开战，因为正如格雷厄姆·艾利森所说，"在相互确保摧毁的情况下，一国在决定消灭另一国的同时也就等于选择了全国自杀"。现在一国要选择重开冷战，恐怕自己也难免"战战兢兢"。我们要设法通过加强高层战略对话等办法，经常告诫美国"明白战略底线"。但不能不看到,无论其总统是否"明智",无论其国会如何胡闹,无论其民意如何沸腾,今天的美国,的确一步步滑向"'基于原则的现实主义'(the principled realism)对中国发起全面围堵遏制的'新冷战'"。这是来自一个昔日辉煌却开始下坡、大声疾呼"重新伟大"的大国的战略焦虑。我们可以不去妄谈,但不能不作细想。我们不必打草惊蛇,但确需战略设防。我们必须保持战略克制,但也必须有正确的战略应对。

中国,在以习近平同志为核心的党中央的坚强领导下,已经和继续"强起来"的中华民族,有着广泛、深沉、充实的文化自信的中华民族,确立、滋养、磨炼、凝聚内心定力,全党不忘初心,全民万众一心,此心无比笃定、坚韧、强劲,"事物之来,但尽吾心之良知以应之"(王阳明语),一定能成功避免"新冷战"陷阱。

3月23日

诚如戚建国将军今天发布的【战略参考】之222所言,全世界都在议论纷纷,"中美阿拉斯加会谈将影响深远"。

对"百年未遇之大变局"的这一场大戏,无论是"内行看门道"还是"外行看热闹",我们当然也应该作深入的思考和讨论(当然是在内部)。

昨天发了一篇《注定一战——中国能避免"新冷战"陷阱吗》,见到阎晓宏群主时,他鼓励我"谈得深刻啊"。

今天接着发一篇《关于"新冷战"的"12条思考"》;明天再续发一篇《走出"新冷战"陷阱》。

关于"新冷战"的"12条思考"

美国为什么执意要挑起一场"新冷战"呢?因为美国把中国的崛起视作"威胁",想尽办法极力阻挠。在中国日报社新时代大讲堂上,英国剑桥大学前高级研究员、中国问题专家马丁·雅克认为,这是一种帝国主义大国的心理在作祟。长久以来,美国拥有压倒性的全球霸权,"美国天下第一"的想法深刻于一些美国人骨子里。因此,面对中国的崛起,美国的反应就是从各个方面极力阻挠和打压。但是,马丁·雅克犀利指出,历史证明,没有哪个国家可以一直做老大。

　　另外，格雷厄姆·艾利森《注定一战——中美能避免修昔底德陷阱吗》一书，也值得一读。我们可以不赞同人家的观点，不能不佩服人家的用心良苦和大量占有材料基础上的战略考量。我们应坚持主见，不可不对世界的大变局有新的思考。该书作者作为"有智谋的政治家"立足于分析大量实例，讨论"为何战争可以避免"的"12条启示"，确能给人启示。我们从"为何新冷战可以避免"的角度，也有"12条思考"：

　　1.中方作为后起国加速发展呈超越守成国美方的态势。老大难容老二。老二越发展，老大越焦虑，尤其要抓住遏制老二的"窗口期"出手。美方从"接触＋遏制"转向"脱钩＋施压"的"新冷战"。

　　2.以根本制度对立为基础的价值观全面对立。美方谋求对中国进行"和平演变"但无法奏效。"新冷战"不同于当年"冷战"中美国苏联两个超级大国争夺世界，而是采取一种新型的基督教帝国的"开除教籍"的理论，既然中国不服从美国主导的世界帝国体系，不信仰美国新教的"自由民主"理念，那就将中国开除出美国建构的世界帝国体系。

　　3.经济发展需要向国外争夺市场和资源。中方致力于巩固经济互利的"压舱石"，美方却翻为贸易摩擦的"大赌注"。

　　4.双方都是大块头，都在国际舞台上有话语权，都有在国际上拉建阵营的能量，美方的单边主义与中方主张的多边主义冲突不断。"新冷战"的"新"，在于中美两国的分歧不再是共产主义和自由主义或社会主义与资本主义的意识形态，而是基于对现代化的发展道路以及由此引发的对全球秩序安排的不同理解。是美国建构唯我独尊的"新罗马帝国"，与中国主张共商共量共建共享的"人类命运共同体"理念的争夺人类未来前途的斗争。

　　5.中方在彻底告别百年屈辱、实现民族伟大复兴中爱国主义、民族主义高涨，美方在日渐衰落中民粹主义这种极端主义抬头。中国强起来，美国仍强大，两者强强相遇，不断激起以国家意志较量为背景的"正当"博弈。

　　6.美方因资本主义经济内生矛盾扩增产生结构性困局，特别是现在的"民主"危机，疫情扩散，有国内矛盾外移之需要。

　　7.双方都不同程度存在内外策略互相抵消、互相降解的问题。

　　8."在现实中，两个大国的战略误判与感情好恶致命结合"（修昔底德语），美方妖魔化中方，看中方好处日少恶处日多。例如，当前随着疫情在全球蔓延，美国发起"超限法律战"，鼓动全球围堵中国。其行动环环相扣，无论从哪个角度看，都是一场"内政外交配合、政府民间沟连"的旷日持久大战。

9. 双方共同利益趋于淡化、虚化，摩擦、冲突趋于增多、难控。合，未必见"两利"；斗，谋图"先下手为强"。

10. 日益剧烈的科学技术竞争产生的发展焦虑。

11. 都有核威慑毁灭对方的手段，因而虽互相厌恶却不致爆发热战。二战之后，核武器的使用使得大国较量很难诉诸直接的武力冲突，这就意味着世界帝国的权力更迭很难采用历史上惯常采用的战争和军事征服手段，而必须探索新的方式，这就是"冷战"的方式。"冷战"不是没有战争，相反始终通过代理人进行小规模的、范围可控的军事冲突；与此同时，战争从单纯的军事战场冲突变成了一场更为隐蔽的总体战，即采取政治、经济、科技、金融和文化领域的全面较量和不断渗透进行"和平演变"。面对高科技竞争和文明冲突的新挑战，核均衡的脆弱性加大。随着对热战焦虑的增长，美方冷战焦虑抬头，冷战思维高涨。

12. 美方称霸全球的战略不会改变，必视坚持实现民族复兴的中国为威胁其战略目标的最大障碍。这种结构性矛盾冲突积聚的能量，总要找个出口释放。

3月24日

走出"新冷战"陷阱

美方因内部资本主义社会固有矛盾难免引发的衰败，以及因维持外部帝国主义霸权难免滑向的衰落，日益加重着对正实质性进入世界舞台中心区的中方"威胁"的焦虑。民粹主义抬头，"美国优先"为重，难免使这种焦虑固化为发起冷战的冲动。美方坚持战略误判加剧紧张，中方意识到冷战对自己不利，力图以对话代替对抗，但恐怕难以一厢情愿。发起冷战的主动方在美方，中方有被迫拖入冷战的风险。这种实际上已经在发生的美中之间"新冷战"的对立关系，改变的条件是美国立场的转变。美国坚持认为他们是世界上唯一的主导者，但这已经不可能了。只有当美国认同必须与中国一道共同实施全球治理的时候，这种气氛和关系才会发生变化。这是中美关系出现新局面的前提条件。

正如马丁·雅克所说，我们用"冷战"这个词，并不代表我们要把现在的情况与美苏冷战混为一谈。有三个根本区别。

第一个区别是，美国和苏联所处的和所拥有的是两个完全不同的经济世界。双方永不产生接触，他们拥有两个不同的国际体系。一个是属于美国的，另一个是属于苏联的。中国的情况当然不是这样，中国与全球经济高度融合。其实在某些方面，中国与全球经济的融合程度比美国还要高。比如贸易，同为进出口贸易国，中国要比美国重要得多。他们无法将中国从全球经济中剔除，中国实在是太重要了，与全球经济一体化程度太高了，它与众多国家的关系太密切了，不可能被剔除出去。

第二个区别是，苏联在经济方面从来都不是美国的对手，顶多只有美国经济规模的60%左右，可能还不到，只有大约一半。

但中国不是这样的，2014年中国按购买力平价方法计算，经济规模就已经赶超美国了。人们普遍预计在未来几年内，也许是五年，一部分取决于疫情的影响，以国内生产总值的另一个衡量标准，也就是以美元为单位来计算，中国的经济规模将超过美国。中国经济的崛起十分强大，而且根基很深。它在许多不同的领域都显示了实力，当然也包括科技。

第三个区别是，苏联在对美关系中犯了一个根本性的错误，那就是军备竞赛。它试图在军事上与美国竞争，投入了大量资金，浪费了许多资源。这是一种灾难性的做法，中国不会犯这种错误。中国不像美国或苏联那样强调军事，中国更加重视经济的发展。

历史场景不会重演，美国的一厢情愿不会如愿，但一场笼罩着昔日冷战阴影的剧烈的中美竞争和对抗，在所难免。诚如陆克文所说，"21世纪20年代对美国和中国的全球影响力而言将是成败攸关的十年，华盛顿和北京之间的战略、经济和技术力量对比很可能会变得比以往任何时候都更接近对等。因此，21世纪20年代将是危险的十年。新兴大国挑战老牌大国的历史是一部发人深省的历史。无论双方采取什么策略，无论事态如何发展，美中之间的竞争将加剧。"

百年未遇之大变局，这是焦点。暴风雨会来得更猛烈，这是"风眼"！

注定一战——中国能避免"新冷战"的陷阱吗？

当然，时代不同了，大势所趋，我们毕竟还是有理由对目前的中美冲突以及中美关系的未来保持谨慎乐观，即中美关系不再是"冷战"背景或"9·11"背景下的委曲求全的彼此合作，而是在彼此的较量中探寻历史发展的方向。这种较量有可能失控导致全面冲突乃至战争，但是也可能在彼此较量中探寻到彼此无法逾越的底线，从而在这个底线的基础上寻求合作。"在斗争中求团结"，需要彼此冷静的政治判断和高超的政治智慧。

曾国藩有言，"凡办大事，以识为主，以才为辅；凡成大事，人谋居半，天意居半。"以此语看走出"新冷战"陷阱，信然。

3月28日

美国在竭力打造中国的"周边纷扰陷阱"

读【战略参考】之227，我认为这段话才是要害："《华尔街日报》认为，中国试图让中美关系回到奥巴马时代，既美国结束在亚洲建立所谓的'民主国家联盟'的时代，并且不能对中国香港、新疆和台湾问题进行任何批评、制裁以及威胁。"

为了遏制中国崛起，美国现在是手忙脚乱、全面出击，打贸易战中混杂打科技战，还想打金融战。但这些手段都作用有限，甚至得不偿失，"杀敌一千自伤八百"。

但他们认为寻找到了遏制中国的"命脉"，这就是为中国设置所谓的"周边纷扰陷阱"。

美国不遗余力地在我周边国家挑拨离间，接二连三地在我南海、东海生事，不间断地派军舰在我家门口"自由航行"，还公然为"台独"打气，为"藏独""疆独"招魂，为"港独""港闹"煽风。美国究竟想干什么？无非就是千方百计要挑起我周边纷扰、制造种种陷阱，企图陷我穷于应对、乱了方寸之地，阻滞、延缓我快速发展。

阿拉斯加中美高层战略对话，美方在正式对话前打破外交惯例，对记者的表态中就先发制人亮出底牌，咄咄逼人地在"中国香港、新疆和台湾问题"上发起挑衅，正反映出其将"周边纷扰陷阱"作为制约我的"命脉"的战略意图。

3 月 29 日

美国为何近来如此"特别关心"所谓"新疆问题"？

在美国为了遏制中国不惜挑动底线、不断制造麻烦而打的五张牌——"台湾牌""西藏牌""新疆牌""南海牌""香港牌"中，所谓"新疆问题"近来特别突出起来。

美国为何近来如此"特别关心"所谓"新疆问题"？

一、借所谓"人权问题"发难，好拉住欧盟一起干，将特朗普与中国"单挑"改变为"打群架"。

二、美国中情局公开宣称，要在新疆制造混乱，从内部瓦解中国。

三、大棒背后是经济利益。2020 年，中国纺织品出口总额高达 3200 亿美元，是中国外汇收入的主要来源。而随着近年的高速发展，中国已经成为世界纺织业中心。新疆 2020 年生产的棉花产量约为 520 万吨，占全国生产总量的 87.3%。

根据相关机构的数据显示，2020 年全球全年多晶硅产量 53—55 万吨，其中，中国多晶硅产量 40.3—43.6 万吨，而新疆是重要的来源地。有媒体在报道美国工会组织"状告"新疆光伏产业时提到一个重要背景：新疆生产的多晶硅占世界供应量的一半以上。多晶硅是将太阳光转化为电能的光伏电池的关键部件。

四、新疆是战略要地。新疆霍尔果斯地区是中国唯一陆地上能平坦通往欧洲和中亚地区的大道，也适合大规模机械化部队进军，也就是说拥有了新疆就等于守住了中国的西大门。新疆自古以来就是中国的战略要地。直至今天，中亚仍是各大国争夺的焦点。不管是中国要西进，俄罗斯要南下，还是美帝要在中俄之间打下一个楔子，或是威胁伊朗，都会在几个斯坦国进行战略布局。

毗邻新疆的中亚的核心区域、各方争夺的焦点则是费尔干纳盆地。中亚所有的对抗和不安全因素全部来自于这个地方，中国内部的分裂势力也集聚于此，堪称中亚火药桶、东方巴尔干。如果说朝鲜半岛是中国东部最大的不安定，费尔干纳就是西部最大的火药桶。这个地区一旦开打，会直接卷入哈萨克斯坦、吉尔吉斯斯坦、塔吉克斯坦、乌兹别克斯坦四个国家对打，并且会把中国、俄罗斯、美国三方都卷入的一个地方。

五、也有美国人这么看所谓"新疆问题"，对我们争夺国际舆论有启示。

https：//m.toutiaoimg.cn/i6943453862644843021/？app=news_article&timestamp=1616944104&group_id=6943453862644843021&share_token=fb6ee387-15b7-43d4-83e9-a63bce8f4cae&wxshare_count=2

另参见论文《新形势下解决民族问题的思考》（参见附录）

3 月 30 日

不是"新冷战"与"走向新两极"

读【战略参考】之 229 所载美国欧亚集团主席兼研究主任克里夫·库普坎的《走向新两极》，和 230 所载美国前商务部长卡洛斯·古铁雷斯的《过去四年，不能定义中美关系的未来》（附后），我认为与西方媒体的那些瞎嚷嚷不同，这倒是两篇颇有见地、值得重视的战略判断和分析。诚如所言，中美双方"不能通过新闻稿或推特沟通。双边关系非常重要，非常复杂，不能简化处理。我们需要回到谈判桌前。"

时代背景不同了，旧时代美苏对峙的那种"冷战"不可能重演。今天越演越烈的中美对峙，说是"新冷战"，也并不确切。但讲"合则两利，斗则两伤"吧，现在双方共同利益趋于淡化、虚化，摩擦、冲突却容易增多、难控。合，未必见"两利"；斗，谋图"先下手为强"。那么，中美关系究竟是什么？

"走向新两极"之说，不失为一种重要的战略分析角度。克里夫·库普坎认为，"两极格局正在逐渐成型——在可预见的未来，美中两国将成为世界超级大国"。这种"两极格局"的新体系，"并不是新冷战。新体系的属性与冷战截然不同。尽管军事驱动力在两极格局早期占主导地位，目前，经济驱动力比军事驱动力重要得多。"而美国要靠"联盟"来拉着其他国家来与中国"打群架"，也未必行得通。因为"与之前相比，当今世界上各个联盟的意识形态性较弱，灵活性更强。因此，中等强国和地区集团拥有更高的自由度。2020 年 12 月完成《全面投资协定》谈判就明确体现了这一点。新两极格局的特点是，相较于冷战时期，非国家行为体将发挥更大作用。最后，网络竞争也是一个新特征。"

还要特别注意克里夫·库普坎的一个观点，"美中之间的平衡主要会是在经济领域，两国经济实力将更接近均势；在军事领域，由于中国会受到美国力量的遏制，两国之间的平衡程度会低很多。"但"经济平衡比军事平衡更安全。"

冷战时期，苏联在军事驱动力上与美国竞争，美国也不断刺激和强化苏联在军事上不断加强投入而导致延缓甚至拖垮其经济，最终导致苏联解体，美国全胜。现在恰恰相反，中国在稳步、扎实地增长着自己的经济驱动力，并有望在不久的将来在经济总量上赶上美国。

以史为鉴，我们决不打"新冷战"，要维持与美国的竞争与合作、斗争与平衡，在保持和增长必要的军事驱动力展示我坚定不移地维护核心利益的能力和决心，使美国不能或不敢轻易逾越底线的同时，更要坚定不移地保持和不断加强我在经济驱动力上赶超美国的趋势。这应该是百年未遇之大变局中我们坚定不移的大战略，是我们在中美之间类似而并非"新冷战"的竞争与合作新格局中，中国最终取胜的关键的一招！

在这种类似而并非"新冷战"的竞争与合作新格局中，美国当然不会坐视中国在经济驱动力上超过美国，而完全的经济脱钩又不可能，于是必将全力以赴地与中国打"技术冷战"。但正如卡洛斯·古铁雷斯看到的，"我们必须认为不可能掀起新的技术冷战。美中两个经济体不能脱钩，同样也不可能实现技术脱钩——技术是我们根本看不到的，而且发展速度非常快，始终领先于政策。技术永远领先于政府阻止、改变、调整它的能力。技术脱钩会让中国成为孤岛，让中国陷入孤立状态；但是，也会让美国陷入孤立状态，让美国成为孤岛。这对谁都不是好事。"

中国在经济、技术领域的目标不是赶超美国，而是赶超自己。中国的发展，符合近代以来人类文明发展的现代化和全球化两大走向。一是现代化，人民要过上好日子，"我们目下的当务之急，是一要生存，二要温饱，三要发展。苟有阻碍这前途者，无论是古是今，是人是鬼，是《三坟》、《五典》，百宋千元，天球河图，金人玉佛，祖传九散，秘制膏丹，全都踏倒他。"（鲁迅语）二是全球化，疫情冲击下世界经济大幅度下滑，经济复苏步履维艰；逆全球化浪潮还在蔓延，还在上涨，且美国竟然首当其冲。但是，人类从来没有像今天这样感受到共同的威胁、共同的挑战，也必然理性地看到，新一轮全球化还会到来。当今世界正经历百年未有之大变局。突如其来的新冠肺炎疫情再次表明，人类是休戚与共的命运共同体。面对各种复杂严峻的挑战，人类比任何时候都更需要加强合作，共克时艰，携手前行。

对中美来说，不打"新冷战"，"走向新两极"；对世界来说，推进全球化，"新两极"仍然是多极化中的"两极"。

附 1：美国欧亚集团主席兼研究主任克里夫·库普坎：《走向新两极》（略）

（戚建国【战略参考】之 229）**附 2：美国前商务部长卡洛斯·古铁雷斯：《过去四年，不能定义中美关系的未来》**（略）

4 月 7 日

美国拉欧盟，中国怎么办？

今天一大早，戚建国将军发布【战略参考】之 240《西媒：西方战略共识破裂不可挽回》，反映了在当前一个关乎世界局势走向的重大战略问题上，西方评论中一些冷静切实的思考。紧接着，刘新成副主席发布深谋远虑的《对西方结盟外交的历史考察——兼谈我国的结伴外交》，更把这个重大战略问题的讨论引向深入。

拜登政府上台以来，已就如何定位中国在美国全球战略中的位置，以及采取何种对华政策，做出一系列表态。总体而言，美方明确将中国视为美"最严峻的竞争者"，以"战略竞争"作为处理对华关系的基本框架，力图综合、动态地运用竞争、对抗、合作三种政策手段同中国打交道。拜登政府强调对华外交要"务实且以结果为导向"，注重通过激活壮大盟友体系等方式，确立和巩固自身的"强势地位"，以赢得与中国的"战略竞争"。

正如刘新成副主席在《对西方结盟外交的历史考察——兼谈我国的结伴外交》中所说："拜登上台后，最引人注目的外交举动，一个是出席七国集团慕安会，高调宣称美国的'大西洋归来'，另一个是举行美印日澳四国首脑视频峰会，打造印太同盟。总统上台伊始就环绕世界三大洋搞'团团伙伙'，这无论在美国总统执政史上，还是在美国外交史上都不多见，足应引起我们的注意。这种结盟外交究竟意味着什么？其前景如何？我方应如何应对？"

　　而读【战略参考】之 240 则可以看到，时代不同于冷战时期了，美国的反华工具箱中，"反华联盟"这个工具也未必好用。我应审时度势，利用矛盾，分化其势，借力打力，反其道而治之。

　　刘新成副主席的概括，尤其有说服力。其主要观点如下：

　　西方结盟外交具有如下特点：第一，结盟是惯性思维，有历史传统。第二，结盟通常与战争相连，是对抗思维的产物，因现实或假想的敌人而存在。第三，联盟通常打着意识形态的招牌，十字军的"基督教"、30 年战争中的"新教"和"天主教"、北大西洋公约组织的"自由民主"莫不如此。第四，盟友关系并不牢固，西方政治学说的鼻祖马基雅维利（1469—1527年）曾宣称，为了国家利益对外国说谎是正义行为，在他那个时代，外交官已是"骗子"的同义词。拿破仑战争中，同盟建得快，散得也快，英国是反法同盟的后台组织者，但多次遭到背叛，陷入被孤立的窘境。史家指出，拿破仑战争中这种朝三暮四的现象正是后来西方结盟外交的基本范式。第五，结盟多从主权和安全角度出发，经济利益的考量并不多见。

　　中国地处亚欧大陆东部边陲，东面临海，西边和南边为高山阻隔，北边是冰天雪地。近代以前是一个自成体系的大一统国家，与外界有夷夏之分、宗属之别，却无"国际关系"，因此没有结盟的历史。鸦片战争以后，中华民族对惨遭各种帝国主义国家联盟野蛮侵略、掠夺与蹂躏的经历刻骨铭心。新中国建立后，一直是不结盟运动的坚定支持者。改革开放以后，特别是党的十八大以来，面对经济全球化的新形势，我国本着建立人类命运共同体的宏大构想，主张国家之间建立结伴不结盟的伙伴关系。结伴与结盟的根本区别在于，第一，它的指向是结伴国家经济社会共同发展，推动根本意义上的全球安全，而不是一国一时的得失；第二，其思维起点是合作，而不是对抗，也不针对任何第三方，且无意识形态色彩；第三，主张真诚协作，互信协商，尔虞我诈、"朝秦暮楚"是为伙伴所不齿的行为。结伴原则为国际关系提供了新的价值取向，为人类和平提供了新的行动方案。然而，它不在西方的外交语汇之中，让他们理解和接受恐怕要有一个长期的过程。

我们的战略考虑，应在未来多极世界中，建立使中国游刃有余的中、美、欧"大三角"的战略格局早作运筹，为维护和拓展中华民族的战略空间从长计议。

随着经济全球化迅猛发展，世界在"一超独霸"的局面下开始出现多极化。在单极化与多极化的激烈曲折较量中，处于亚欧大陆东西两端的中国与欧盟，具有相似的地理位置和地缘政治利益，并由于地理间隔而较少有直接的地缘利益冲突，有着广泛的合作空间。尤其是欧盟与我国都要面对美国的单边主义，就会产生一些共同语言和共同的利害关系。如果我们把加强内地与新疆的经济纽带，逐步扩大、延伸为对中亚、西亚甚至欧盟的经济纽带，我们在战略上可以期望和设想，从"上海合作组织"发展出来的中亚经济区域组织的基础上，在一定程度上邀请欧盟合作和参与，在欧亚大陆建构起一种新型的国家合作关系，即欧亚大陆内部的新秩序，并进而可覆盖到西亚，从而比较有效地降低近代以来"海权"国家对全球政治的权力比重和影响，可以期望出现"海权"和"陆权"较为均衡和稳定的全球地缘政治结构。这应该符合欧亚大陆国家特别是欧盟、中国、俄国和印度诸大国的地缘政治利益。因此，我们除了加快推动中亚区域经济合作的步伐之外，应加强与欧盟合作，在中亚这块欧亚大陆提出一种基于共同地缘利益、达成多赢目标、对各方有吸引力的战略框架和方案，进一步扩大向西开放的潜在的战略利益和空间。这可能是我和平发展的一条可行的、风险可控制的道路。只要我把好战略方向、操作节奏和策略，就有可能建构起未来多极世界的中、美、欧之间更为稳定和平的政治结构，演出一部新的"三国演义"，营造出有利于我们的游刃有余的宽松格局。

戚建国【战略参考】之 240《西媒：西方战略共识破裂不可挽回》（略）
刘新成《对西方结盟外交的历史考察——兼谈我国的结伴外交》（略）

4月8日

漫谈群里时刻关注最前沿问题

新华社北京4月7日电 国家主席习近平4月7日应约同德国总理默克尔通电话。习近平强调，去年我们多次沟通，为中德、中欧关系发展发挥了重要引领作用。中德、中欧加强合作，能够办成有意义的大事。希望德方、欧方同中方一道作出积极努力，维护和推动中德、中欧合作健康稳定发展，为这个多变的世界增添更多确定性和稳定性。习近平强调，当前，中欧关系面临新的发展契机，也面临着各种挑战。关键是要从战略高度牢牢把握中欧关系发展大方向和主基调，相互尊重，排除干扰。中国发展对欧盟是机遇，希望欧盟独立作出正确判断，真正实现战略自主。中方愿同欧方一道努力，协商办好下阶段一系列重要政治议程，深化和拓展各领域务实合作，在气候变化等全球治理问题上加强沟通，共同践行多边主义。

默克尔表示，欧方在对外关系方面坚持自主。当今世界面临很多问题和挑战，更加需要德中、欧中合作应对。欧中加强对话合作，不仅符合双方利益，也对世界有利，德方愿为此发挥积极作用。

也是4月7日，刘新成副主席在漫谈群发布深谋远虑的《对西方结盟外交的历史考察——兼谈我国的结伴外交》，指出拜登上台伊始就环绕世界三大洋搞"团团伙伙"，这无论在美国总统执政史上，还是在美国外交史上都不多见，足应引起我们的注意。这种结盟外交究竟意味着什么？其前景如何？我方应如何应对？

4月7日，我也在漫谈群发了一篇，谈《美国拉欧盟，中国怎么办？》

今天，4月8日，戚建国将军又发布【战略参考】241，引述罗马尼亚CHINARO协会名誉主席维秦秋·吉奥尔吉（Vicentiu Gheorghe）的话说，中欧关系不会走向全面对抗。认为，从经济层面上看，中国已经在2020年首次超越美国，成为欧盟最大贸易伙伴。尽管在这些年来，双方也有一些贸易摩擦，进行过一些反倾销调查等，但这些负面因素都没有影响中欧发展经贸合作的信心。对欧洲来说，中国不仅仅是一个巨大的贸易和投资市场，更是赖以生存的商品供给者。近年来，中国不断进行技术创新，产品档次和质量也大大提高。在欧洲，从高端电子产品到日常生活用品，甚至政客竞选使

用的宣传品，很多都产自中国。中国商品在欧洲，甚至在世界范围内，都无
法替代。

4月9日

　　昨天，吴尚之老群主说，"中欧双方有着许多共同利益和历史交往，不
管美国怎样拉欧盟，中欧关系还是会向前发展。"群主一语总温馨，引发一
则读书笔记。

中欧：从区分"你我"　到寻求"我们"

　　十年前，我就在"中欧社会论坛"发表演讲，通过各方的会谈汇流会
通，锤炼共识，争取"我们"共赢。中欧要结为全面战略伙伴，交往活跃且
富有成果。正如论者所说："我们，欧洲人和中国人，应该抓住每一个机会，
化解潜在的摩擦，尽力弥补双方商业关系不断强化而思想文化交流尚属薄弱
的差距。"

　　论坛达成共识：中欧之间，应从区分、区隔"你我"，到寻求、做大
"我们"。

　　我们要重建新的丝绸之路。昔日丝绸之路是一条伟大的中西贸易商道，
一座辉煌的东西文化桥梁，一条韧长的人类文化纽带。现在中欧都在努力重
新崛起。中国会进一步扩大开放。中国在迈向海洋的同时，应继续发挥善
走陆路的特长，再度走向欧洲。强化陆路沟通，不会拒绝海洋；强调海路通
达，不必拒绝天空。人类正进入"太空时代"，网络正推出"智慧地球"。中
国在扩大开放，欧洲当然不会反其道而行之，搞"关门"，闹"脱钩"。作为
新的丝绸之路的"一带一路"，不只是两点的相连，也是立体的交叉、多元
的会通；不只是区分"你我"，更要寻求"我们"。焕然一新的中国与欧盟，
当然不是简单去重现两千多年前由商旅驼队、士兵僧侣和帝王将相们在农耕
文明的晕光下"走出"的昔日辉煌，而要为世界的和谐、和平发展，为构建
人类命运共同体，创建新的辉煌。

　　我们要促进新的文艺复兴。欧洲是文艺复兴的摇篮，人文主义的因子
融入欧洲文化的血脉，形成独特的文明特性。中国在古典人文主义基础之上
产生的思想理念，以及阿拉伯的哈里发们在"智慧宫"里的百年翻译运动，

都为文艺复兴的启蒙闪烁过星星之火。文艺复兴带领西欧走出中世纪的蒙昧和黑暗，迎来了现代文明的曙光。当今时代，尽管主流仍然是和平与发展，但地区冲突、强权政治、恐怖主义、环境污染、全球变暖、贫困蔓延等也不断困扰人类。应该有一场新的文艺复兴，来促使人类共建和谐世界。中国有"和"的文化资源，对此欧洲人早有领悟。英国哲学家罗素就说过："中国至高无上的伦理品质中的一些东西，现代世界极为需要。这些品质中我认为和气是第一位的。"这种品质"若能够被全世界采纳，地球上肯定比现在有更多的欢乐祥和"。

古代对人类思想产生过重大影响的智者有四位，欧亚各二，即苏格拉底、孔子、佛陀、耶稣。他们的思想形成并开始传播都在公元前 500 年前后，他们所展示的都是"对人类基本境况的体验和对人类使命的澄明"。那是一个需要智者并产生智者的时代，德国哲学家雅斯贝尔斯称之为"轴心时代"。

今天，人类社会面临着新的历史转折，新的"轴心时代"或许正在酝酿。多极世界的出现与合作，多元文明的交汇与融合，使新的文艺复兴潜流涌动，如地下奔腾的岩浆，寻找着喷发的裂缝。过去"轴心时代"发出的中国智慧，今天仍在召唤中、欧这两个古老的文明，"己所不欲，勿施于人"；"己欲立而立人，己欲达而达人"。道理朴实而深刻，这正是从区分、区隔"你我"，到寻求、做大"我们"。

附　德国前高官《我们没法软禁中国》

德国媒体于 3 月 25 日发表了一篇名为《我们没法软禁中国》的文章，文章是由两名德国前高官，德国的前外长和前防长两人联名撰写的。文章的主要论点就是，在和中国打交道时，选择的应该是合作而不是对抗这种方式。

文章中以新冠疫情作为第一个选题，提出这场世界性的灾难造成的影响之一就是，至少在东亚地区，没有人会接受由欧洲人或是美国人来扮演理所当然的领导人角色，想要就像过去一样去制定标准和规则也是做不到的，就像这一次中美会晤中所体现出的那样，美国早就已经不能拿实力说话，居高临下地和中国交流了，再保持这种态度只能自取其辱。

文章作者提出，最现实的一件事就是，在新冠疫情这场二战后的全球最大危机中，欧洲和美国都没有做好准备来应对这场灾难，或者说，至少没有做到向发育较落后的国家提供实质性帮助，而正是中国承担了这项任务。

他们认为这次新冠疫情挑战着万事万物，使得许多领域的发展速度加快，尤其是数字化这一方面，新的经济和动力重心其实正在逐渐向亚太地区转移，美国和欧洲各国都应该明白过来，只有合作共赢才是他们能够选取的道路，尝试独立领导是行不通的。

尤其是对中国所采取的态度，应该是合作而不是对抗。在这件事上，美国的失败对于欧洲来说就是教训。德国前高官在文章中表示，持孤立和脱钩的态度在今天这个世界是格格不入的，对于世界的平衡性是没有益处的。

恰恰是"特朗普时期"美国的经验教训让今天的欧洲明白，如果执意搞对抗，是需要付出高昂代价的，且最后还没有取得真正的成功，反而失败。统计出来的数据已经证明了这件事，为了对抗中国而与中国发起贸易战，使得美国国内的生产总值损耗了大约3200亿美元。

因此，这两名德国高官警告认为，当下的德国和其他欧洲国家应该仔细思考，对中国采取的到底应该是什么态度。他们特意提起了，原本中国已经准备好与欧盟签订的投资协议，他们认为这绝对是欧盟的一次成功，证实中国确实是想和欧盟建设一个自由贸易区，更证明了中国和欧盟是能够达成良好合作的。

然而在之前欧盟跟随美国制裁中国后，这种良好的关系就破裂了。两名德国高官因此警告认为，想要通过这种艰难的对抗行为来对付和软禁14亿中国人是做不到的，这是欧盟必须面对的问题。

4 月 14 日

中国的"工具箱"

美国反华的"工具箱"里，可用的工具捉襟见肘。对中国这么一个大国挥舞"制裁大棒"，可谓黔驴技穷，隔靴搔痒。

我们与其周旋的"工具箱"里，则不仅是"以其道反治其身"，新加坡《联合早报》网站3月29日发表的于泽远的一篇题为《中国反制西方的底气》的文章认为，中国的"工具"，是"底气"：

——不断增长的经济实力。新冠肺炎疫情以来，世界经济遭受重创，中国经济增速率先由负转正，今年更将经济增长目标定在 6% 以上。中国和西方围绕新疆问题的博弈主要在政治层面，对中国经济的影响有限。

——中美全面交恶以来，中国受到的冲击并没有外界预期那么大，中国政治、经济和社会抗外部压力的能力明显提升；尤其是中国成功控制疫情，增强了公众对官方的信心。

——美国等西方国家对新疆存在所谓种族灭绝和强迫劳动的指责缺乏事实依据，中国社会对此普遍反感。中国官方反击西方制裁，在国内有很高的支持度。

（参见戚建国将军发布的【战略参考】之 246）

4 月 20 日

【读书笔记】

为了能对中国"庖丁解牛"

——读美国前国务卿鲍威尔的办公室主任威尔克森的证词

"美国驻军阿富汗，根本不是为了帮助阿富汗重建，也不是为了打击塔利班或任何恐怖组织。其战略目标有三。一是，因为阿富汗是唯一一个美国拳头最有可能触及的贯穿中亚的'一带一路'倡议实施地区。二是，阿富汗的邻国巴基斯坦可能有'不稳定的'核设备。三是，中国新疆有两千万维吾尔族人，如果想破坏中国稳定，最好的方法就是在新疆制造动荡，直接从内部搞垮中国。"

这段话，出自中国外交部发言人华春莹 3 月 26 日在例行记者会上播放的一段视频。视频中的发言者，是前美国国务卿鲍威尔的办公室主任、前陆军上校劳伦斯·威尔克森。

2002 年 11 月，联合国"监核视委员会"重返伊拉克，调查伊拉克是否拥有大规模杀伤性武器。同年 12 月，伊拉克向安理会提交了一份 12000 页的报告，但美英等国认为这份报告并没有把武器问题交代清楚。仍深受"9·11"事件影响的鲍威尔拒绝"无罪推定"，坚信"野心和仇恨"让萨达姆和"基地"组织搅和在一起，秘密共同策划一场战争。

2003 年 2 月，鲍威尔在联合国安理会发表了一段被载入史册的演说——他拿着一小管白色粉末，声称那是炭疽粉，证明"伊拉克确实有大规模杀伤性武器"。威尔克森参与了鲍威尔这段演说的准备工作，演说引用的情报，由他和 CIA 局长负责审核。鲍威尔给了他一大摞"白宫提供"的材料，他只有一周时间来分辨信息的真假。威尔克森还记得，安理会全票通过伊拉克需接受武器调查后的某一天，鲍威尔心事重重，"他对我说，'我在想，如果我们派遣五十万军队，把伊拉克翻个底朝天，最后却没有发现大规模杀伤性武器，该怎么收场？'说完之后，他回到了自己的办公室，把这个问题甩给空气。"

为了搞乱新疆，肢解中国，狼子之野心，昭然若揭。

使劲打个钉子，遏制中国，司马昭之心，路人皆知。

为什么上世纪末以来，"藏独""东突""台独"特别突出起来？为什么历史上延续下来的民族分裂主义也呈现一个增长态势？主要是因为出于遏制中国崛起，甚至挑起内乱、肢解中国的需要，美国对中国的所谓"西藏问题""新疆问题""台湾问题"空前热烈地关心起来。

西藏、新疆、台湾自古以来就是中国不可分割的一部分，怎么就成了美国要特别关心的"问题"？

做一个比较，可以一目了然：

众所周知，波罗的海三国的独立，有如"庖丁解牛"，紧接着的，就是整个苏联的解体。

美国如此支持"藏独""东突""台独"，如此关心"西藏问题""新疆问题""台湾问题"，究竟要干什么？

是要对中国再来一次"庖丁解牛"！美国前国务卿鲍威尔的办公室主任威尔克森的证词，证明美国的一些政治家一直丧心病狂地干着的、到现在还不想收手的蠢事。

中国，当然不可能惧怕它，也绝不会让其得手。但，"不怕贼偷，就怕贼惦记"。

（本文引述材料出自戚建国发布的【战略参考】之 252《威尔克森：我参与了一场愚弄美国人民和国际社会的骗局》）

卧榻之侧，有人磨刀霍霍

4月16日，在日本首相菅义伟访美会见拜登后，美日双方发布了联合声明。

白宫网站上发了这个声明，这份联合声明中有一句：Together, we oppose any unilateral action that seeks to undermine Japan's administration of the Senkaku Islands.

自从希拉里在2010年10月访日时首次公开宣称将钓鱼岛纳入安保条约第五条后（当时奥巴马团队内部对此由争议），美国将对钓鱼岛政策清晰为"不可分割"的三条：1.美日《安全条约》第五条涵盖对钓鱼岛的防卫；2.美国坚决反对任何一方使用武力解决钓鱼岛争端；3.美国在钓鱼岛主权问题上不持立场。

而在联合声明和这次的"领袖联合声明"中，后两条不见踪影。美方不但"仍然反对"改变钓鱼岛现状，而且添加了反对"破坏日本对钓鱼岛的管辖权的单方面行动"，明确承认了日本对钓鱼岛群岛有管辖权。这一条开了口子！

4月21日

昨晚，2021年4月20日，满天星业余交响乐团、银杏合唱团、国家图书馆，在国图艺术中心，举行了"2021世界读书日　庆祝建党一百周年音乐会"。全国政协刘奇葆副主席，文化文史和学习委员会主任宋大涵，副主任刘晓冰、孙庆聚、修福金、李玉赋，以及政协常委陈世炬，原文化部部长蔡武，原外文局长周明伟等出席。

读书读到国家图书馆，不亦悦乎；

读书读到互联网上，读到书香政协、书香社会中，不亦悦乎；

读书读到音乐里，读出"乐以和其声"，不亦悦乎；

读书读到百年党史中，伴着启步新征程，奋进民族伟大复兴，"兴于诗，立于礼，成于乐"，不亦悦乎！

音乐会在《把一切献给党》的大合唱，以及《歌唱祖国》的全场大合唱中结束。余音绕梁，大家长时间起立鼓掌，依依惜别。

　　刘奇葆副主席握着我的手说："来日方长，后会有期!"

4月30日

中国真无意取代美国　美国却有心独霸世界

　　读戚建国【战略参考】之263，诚如肯·莫克发表的一篇题为《中国不屈服于美国强加的二战后全球秩序是正确的》的文章所说，的确，"中国无须遵从'战后秩序'"，"美国已不再是'领导者'"。但中国更不是要与谁去争夺"领导者"地位，更无意取代美国的地位。

　　但是，中国的崛起是不争的事实。中国究竟想干什么，要干什么? 应该向世界讲清楚。其实就是顺应历史潮流，顺应人心所向，按照近代以来人类文明的基本走向，顺势而上，实现中华民族的伟大复兴，同时为建设人类命运共同体做出中国贡献。

　　近代以来人类文明有两大基本走向。

　　一是国无论大小贫富，人民都要追求现代化，过上好日子。如鲁迅所说，"我们目下的当务之急，是一要生存，二要温饱，三要发展。苟有阻碍这前途者，无论是古是今，是人是鬼，是《三坟》、《五典》，百宋千元，天球河图，金人玉佛，祖传九散，秘制膏丹，全都踏倒他。"

　　二是世无论如何曲折多变，趋势是走向全球化。疫情冲击下世界经济大幅度下滑，经济复苏步履维艰;逆全球化浪潮正在蔓延，还在上涨，且美国竟然首当其冲。但是，人类从来没有像今天这样感受到共同的威胁、共同的挑战，也必然理性地看到，新一轮全球化还会到来。当今世界正经历百年未有之大变局。突如其来的新冠肺炎疫情再次表明，人类是休戚与共的命运共同体。面对各种复杂严峻的挑战，人类比任何时候都更需要加强合作，共克时艰，携手前行。

　　中国真无意取代美国，美国却有心独霸世界。但历史潮流，浩浩荡荡，顺之者昌，逆之者亡!

　　附【战略参考】之263（略）

5月3日

【读书笔记】

两岸猿声啼不住　轻舟已过万重山

——读【战略参考】之 266

德国著名国际关系学者埃伯哈德·桑德施奈德（Prof. Dr. Eberhard Sandschneider）日前接受中新社记者专访时表示，"西方不应狂妄地认为其能够'管理'中国的崛起。他强调，中国不会允许外部力量对它进行'管理'，也不会接受遏制。"

这倒是一番来自西方识者的难得的、有理性的、冷静客观的大实话。

理性，总还有人理性

狂妄，还是那般狂妄

我们，仍然就是我们

走好，照样能够走好

两岸猿声啼不住

轻舟已过万重山

附　戚建国【战略参考】之 266（略）

5月4日

要研究"百年未有之大变局"中的两个"灰犀牛"

假期读书，宁静致远。

习近平总书记指出，当今世界正经历百年未有之大变局，我们必须要在各种可以预见和难以预见的狂风暴雨、惊涛骇浪中，增强我们的生存力、竞争力、发展力、持续力。

关注"百年未有之大变局"，无论是可以预见还是难以预见，现在看得到的有两个"灰犀牛"，一个是突如其来，仍在全球泛滥的新冠肺炎疫情；一个是美国到处拉帮结伙，执意要和中国打"冷战"。

新冠肺炎疫情持续泛滥，属于"难以预见的狂风暴雨、惊涛骇浪"。

看美国，仍未消停，确诊已近人口的十分之一，死亡已近 60 万！（美东时间 2021 年 5 月 2 日周日 23:45，全球累计确诊近 15350.1 万，殁达 321.6 万，死亡率维持 2.1%。美国累计确诊达 3318.0 万，殁达 59.1 万，死亡率维持 1.8%）再看我近邻，印度疫情来势汹汹，连日本都是疫情依然严峻。正如昨天叶大波委员所说，中国虽风景独秀，但纵观世界各地，多国依然哀鸿遍野。印度变异毒株陡增，焚尸正忙，目前虽主要集中在德里和孟买等超大城市，如控制不住，不排除引发社会动荡。与印度边界线超 1000 英里的尼泊尔确诊病人激增，医疗卫生系统几近崩溃。东南亚国家疫情控制较好，但亦可能面临反弹，印毒株突变或将产生较大影响。缅甸实皆省、钦邦与印接壤，边民往来频繁，近一两个月缅内部冲突不断，如持续较长时间，对缅控制疫情很不利。泰国疫情仍然严峻，目前为东南亚国家中病例新增最多，不仅印毒株已进入泰，马来西亚毒株亦从边境传入泰。泰缅边境交火还在持续，不少缅民逃入泰国，其中不乏感染者。印尼公布日增病例虽轻微下降，但实际上检测能力不足，已检出结果中患者比例较高。边境疫情互相传输成眼下疫情最大威胁。英国、巴西及非洲一些国家均已发现变异病毒。这些国家可能产生的溢出效应不容忽视。城门失火殃及池鱼，我国外防输入形势依然严峻，丝毫不能放松。要尽量做到精准防控，确保绝不出现疫情反复，确保经济继续恢复性增长。

美国执意要打"冷战"，属于"可以预见的狂风暴雨、惊涛骇浪"。但是，毕竟时代不同了。就像有了热兵器，就回不到冷兵器时代；有了核威慑，就不会简单复现一战、二战的打法；今天，无论如何是回不到"新冷战"模式的。尽管美国是当今国际体系变动最显著的变量，百年未遇之大变局如何"变"，也不会就听任美国的"一厢情愿"。历史不会走到旧的场景中去，但会在新的场景中展开。

美中贸易全国委员会主席克雷格·艾伦之言，是难得的客观冷静之言。他说，"拜登政府上台后，我们听到的更多的是，中美双方之间会存在'角逐'和'竞争'，但这些并不意味着对抗，而且也不排除合作。作为世界上最具影响力的两大经济体，我们希望，中美双方能够在共同的问题和关切方面进行合作。"问题是，这声音在美国太微弱，几乎听不到。

中国当然听到了，也一再告诫，"合则两利，斗则俱伤"。我们不搞对抗，也不怕对抗，关键是有实力顶得住、能应对对抗，还要有战略、有谋略、有本事"化对抗为对话"，"化干戈为玉帛"。

　　兹事体大，需要冷静观察、持续关注，需要战略思考、战略定力，不可轻谈妄谈，也不可不谈。天下兴亡匹夫有责，我虽不是这方面的专家，在戚建国将军所发近三百则【战略参考】的启发下，也有一些思考。拟续发两则读书笔记：其一，《注定一战——中美能避免"冷战"陷阱吗?》；其二，《"冷战"阴霾欲重现? 热风吹雨洒江天》。

　　气势汹汹迎面而来的这两个"灰犀牛"，显示了"当今世界正经历百年未有之大变局"的"变"的分量! 但时与势在我们一边，这是我们"应变"的定力和底气所在，也是我们的决心和信心所在。百年恰是风华正茂，在中国共产党的坚强领导下，聚合起14亿中国人民的磅礴之力，任它"百年未有之大变局"中冲出多少"灰犀牛"，飞出多少"黑天鹅"，我们都能"咬定青山不放松，任尔东南西北风"。我们一定能全力办好自己的事，锲而不舍实现我们的既定目标!

5月5日

　　这篇来自拉美的评述
　　对比着黑暗与光明
　　使人印象深刻
　　就像寓言《皇帝的新衣》
　　讲出了一句大实话
　　让人明白透彻

　　【战略参考】外媒评述：中共治理效能令西方黯然失色

　　拉丁美洲新闻社网站7月5日发表题为《中国共产党百年华诞庆祝活动在当前激烈的"地缘政治方程"的核心举行》的文章，作者为佩佩·埃斯科瓦尔。全文摘编（略）。

5月7日【漫谈群晨景】
【读书笔记】

关于"冷战"的大思考

戚建国将军就《中美能避免"冷战"陷阱吗?》一文回应我:

小文分享的新作,令人深思,催人警醒。何为新冷战?能不能催生新冷战?如何避免新冷战?这是当今必须面对的重大战略问题。

研究的前提是:第二次世界大战后形成的冷战格局,源于美苏争霸。当今中美关系与过去的美苏关系不一样,美苏关系就是争霸关系,中美关系不是争霸关系,也不是文明冲突,更不是意识形态冲突。

中国向美国争的不是霸权,争的是本国合理合法的国家利益,争的是世界人民的合法利益,争的是世界公平合理的政治经济文化新秩序,争的是人类未来的前途和命运,争的是世界人民的民心。

中国反的不是美国,而是美国的霸权,因为这个霸权在遏制中国的发展,在遏制世界人民的幸福,在搞乱世界的局势,在破坏人类的发展进步。

防止和避免新冷战,从策略上讲,应对美国对华遏制战略,需要综合施策。

一是构建广泛的国际统一战线,遏制美国霸权的搅局与扩张;

二是摆脱直面对抗的战略内线,跳到与美国利益攸关的战略外线形成更广阔的战略周旋空间;

三是善于利用国际重大难题,如气候变化、反恐和世界抗疫等,寻找在竞争中合作的窗口;

四是该敲打时要敲打,该出手时要出手,盯住美国软肋,不打则已,打则打痛,使其不敢随心所欲;

五是集中精力办好自己的事情,防止和避免冷战,关键靠实力,中国强大了,就能赢得战略主导地位,彻底改变一两个超级大国左右世界的战略态势。

无独有偶,我们在这边谈防止和避免新冷战,美国国务卿也终于公开表态,冷战打不得。据5日晨中央电视台新闻中心新媒体官方账号报道,美国国务卿布林肯当地时间5月3日在英国接受《金融时报》的采访,在被问及美国从安克雷奇中美会谈中学到了什么时，布林肯表示，中美双方进行了直接对话，其中涵盖了对抗性、竞争性和合作性，这些特性也是两国关系的特征。美国方面一直希望能够与中国进行清晰明确的对话，以免造成双方的误会和误解，尤其是在双方共同追求的目标上。中美目前并非处于"冷战"关系，而是竞争和合作并存。美国将从各个层面与中国接触，并以得到结果为重点。此前，中国国家主席习近平也参与了拜登总统发起的领导人气候峰会。布林肯重申，多年以来，美国一直支持"一个中国"政策。

当然，听其言，更需要观其行。

5月8日
【读书笔记】

"冷战"阴霾欲重现？热风吹雨洒江天

——读【战略参考】之267

戚建国【战略参考】之267题为《拜登发动"冷战"对付中国，能奏效吗？美媒给出答案，出人意料》。

据《环球时报》报道，4月18日，美国《洛杉矶时报》发表了一篇名为《我们不需要与中国发生新的冷战》的文章。文章作者，昆西治国方略研究所所长巴塞维奇对美国政界认为的"第二次冷战是必然的"的观点表示反对，并认为"冷战"于美国而言并无多少好处。

巴塞维奇在文章中对第一次冷战进行了分析，认为那场竞争中敌对双方的实力是不对等的，当时西方在政治、经济和科技方面享有巨大优势，但今时不同往日，现在的局势已经发生了很大的变化。另外，他认为美国借助冷战所做的事情已让自身付出了惨重代价，他们不仅浪费了国力而且还导致了国内功能失调，"9·11"事件以及它带来的后果就是很好的证明。单是这点，美国人在接受"对华冷战不可避免"的观点前就应该三思。在美国正在逐渐失去相关优势的情况下，拜登可以选择"重建美好"，也可以选择与中国对决，但想两全其美已是不能。

其实，这个答案也在"意料之中"。美国还想打"冷战"？犹如自己打"冷颤"。中国过好这道坎，后面必有好戏看。

一年前，我在国学读书群（那时漫谈群还未开张）里和大家讨论这个问题，整理了一篇读书笔记，题为《历史会在新的场景中展开》，在综合开发研究院发表，澎湃网转载。重读此文，故言巴塞维奇之论早在"意料之中"。

该文如下：

丁伟今天在"国学读书群"里说，"以美国现政府的冷战思维和战略实践，人类命运共同体、世界大同的美好理想任重而道远。"这位前任驻意大利大使的眼光十分犀利。我即回应："赞成！当前美国朝野确有'冷战思维和战略实践'，尽管他们也知道行不通。我们更不必'随鸡起舞'，要坚持不言冷战，不打冷战的底线，但也要有'热风吹雨洒江天'的本事去对付、去消弭、去化解之。建设'人类命运共同体'就是吹来一股热风！"

美国前驻华大使鲍卡斯就说过："所有人都知道（美国）正在上演的一切是错的，但没有人站出来对此说些什么……现在在美国，如果谁想说一些关于中国的理性言论，他（她）就会感到恐惧，会害怕自己马上会被'拉出去砍头'。"

特朗普可说是当代西方民粹型政治人物崛起的最重要的典型。这些年来，美国反华的政治力量一直处于被动员状态，也已经充分动员起来了。这次他们利用新冠病毒疫情泛滥的机会集聚在一起，正在把中国、而非新冠病毒，塑造成美国的敌人。

美国当然也不缺乏比较理性的政治人物，例如民主党总统候选人拜登，但是在民粹主义崛起的大政治环境下，拜登也只能往硬的方向发展，而非往缓解方向发展。实际上，在中国问题上，特朗普和拜登在竞选中所进行的只是谁比谁更狠的竞争。

美国民调机构 YouGov5 月 13 日发布的一项民意调查发现，超过三分之二的受访美国人（69%）认为，中国政府应对病毒的传播负"一部分"或"很大责任"。这份民调对 1382 名美国成年人进行了调查，发现约一半（51%）受访者认为，中国政府应对受疫情影响的国家赔偿，有 71% 的人认为，中国应该因疫情大流行而受到"惩罚"。皮优民调也显示，三分之二的美国人对中国持负面的认知态度。

有评论家认为，现在如果要阻止中美关系继续恶化，美国方面已经没有希望。民族主义和民粹主义的政治大环境，加上选举政治，在短期内没有任何条件，促成政治人物回归理性。

"新冷战"可能吗？现在还不好做判断。因为，"新冷战"是否发生，不仅仅取决于是否真有对手和它"对着干"，也不完全取决于客观环境允不允许它继续这样干，一定程度上，还取决于居于强势一方的战略焦虑、战略判断和战略决心。

但是，毕竟时代不同了。就像有了热兵器，就回不到冷兵器时代；有了核威慑，就不会简单复现一战、二战的打法；今天，无论如何是回不到"新冷战"模式的。尽管美国是当今国际体系变动最显著的变量，百年未遇之大变局如何"变"，也不会就听任美国的"一厢情愿"。

历史不会走到旧的场景中去，但会在新的场景中展开。就看中国，当然也还有世界，能不能"热风吹雨洒江天"，去对付、去消弭、去化解之。"人类命运共同体、世界大同的美好理想任重而道远。"

"冷战"阴霾欲重现？

热风吹雨洒江天。

两岸猿声啼不住，

轻舟已过万重山！

5月9日

读【战略参考】之273

一列火车冲向石墙

不是麻木就是疯狂

我们呼吁相向而行

它偏与你迎头相撞

中华民族正待复兴

岂能与这列车殉葬

世界百年未有变局

此乃当今最大变量

【战略参考】之273《美学者："美式资本主义列车"正冲向石墙》（略）

5 月 15 日

美国的"战略性焦虑"

——读【战略参考】之 272

美国国会参议院的这份又臭又长的"法案",反映了美国因内部资本主义社会固有矛盾难免引发的衰败,以及因维持外部帝国主义霸权难免滑向的衰落,日益加重着对正实质性进入世界舞台中心区的中方"威胁"的焦虑,以及因这种焦虑固化为发起冷战的冲动。

这种焦虑非一时冲动,而是积淀已久的"战略性焦虑"。

华盛顿《外交学者》杂志(*The Diplomat*)27 日刊发的《参议院战略竞争法案将会让美中关系更糟,而不是更好》一文,反映了这种焦虑。

"《2021 年战略竞争法案》的主旨是,中国是一个无法与之谈判的对手。《法案》明确写道,它不支持通过军事解决中美冲突,但它希望美国能通过与盟国合作,以及通过加强美国自身实力对抗中国。"

"然而,这不是一个长期博弈的策略。两个世界大国无疑会在一些重大议题上发生争执,采用这种博弈方式只会让双方发现谈判为时已晚。而到那时,唯一可行的选择就是战争。"

【战略参考】之 272《外交学者》:《战略竞争法案》暴露美中争端本质,变的是美国而非中国(略)

5 月 16 日

【读书笔记】

想起了党史学习中读到的如何应对"中间派"

——读【战略参考】之 269、271

读戚建国【战略参考】之 269 发布的澳大利亚《堪培拉时报》4 月 26 日文章《我们真的以为我们吓唬得了中国?》,以及【战略参考】之 271《日报文章:日本对华政策应遵循现实路线》。澳大利亚和日本跟着美国起舞,我们如何对付?想起了党史学习中读到的如何应对"中间派"。在当前美国拼命拉帮结伙遏制中国的形势下,中国如何应对澳大利亚、日本这些国家？想起了1940年4月12日毛泽东为中共中央书记处、中央军委起草致陈光、罗荣桓、彭雪枫、刘少奇等电。电报提出对中间派应采取的方针。电报指出：

国民党当局的政策是推动各中间派向我们斗争，使其两败俱伤，并使我们得罪各中间派，陷我们于孤立。因此必须采取如下方针：

当中间派迫于命令向我进攻时，八路军、新四军应在不妨害自己根本利益条件下，先让一步，求得妥协；

当他们不顾一切向我进攻妨害我之根本利益时，应对其一部分给以坚决打击作为警告，打后仍求得互相妥协。

只有中间派转变成了坚决的不可变化的顽固派，才采取完全决裂政策，坚决、彻底、干净、全部消灭之，这种政策的性质亦是对于其他中间派作警告，使其他中间派有所畏而不敢摩擦。

附【战略参考】之269澳大利亚《堪培拉时报》4月26日文章《我们真的以为我们吓唬得了中国？》（略）

附【战略参考】之271（略）

5月30日

昨天参加由剑桥大学和磐石商学院联合举办的"全球视野·塑造产业领导者"项目，我在开学典礼上的致辞，讲题是《躲避不了的"殴斗"》。

6月4日

再读【战略参考】之301

　　　　【战略参考】过三百

　　　　恰逢网络正阻塞

　　　　将军思路谁能阻

　　　　慧眼圆睁如朗月

　　　　美国打造新"铁幕"？

　　　　做贼心虚胆也怯

　　　　竹篮打水一场空

　　　　"无能狂怒"风卷雪

附【战略参考】之 301《美国打造新冷战"铁幕"？英媒称中国把"铁幕"变"竹幕"》（略）

6 月 5 日

"民主"少了"一点""民王"多了疯狂

"民主"少了一点，就变成"民王"，
"民王"多了疯狂，正走向灭亡。
美国总统为了窃取选举而发动暴乱，
是"民主"，还是"民王"？
是"大选"，还是大疯狂？
美国公民只能睁着大眼相看，
一个大国的自我折腾，竟是如何疯狂！
这样的美式民主，还能走多远？
这样的暴戾恣睢，还要制造多少麻烦？
百足之虫，死而不僵，
黔驴技穷，狗急跳墙。
美国由称霸天下而走向衰落，
"尚未消亡但正在消亡"，
会有多少死不瞑目，
多少肝火正旺，怒火中烧，
多少挣扎、折腾和胡闹！
这样的百年未遇之大变局，
对一心和平发展的中国，
又会带来多少不确定性，
多少风险、挑战和考验，
看中国——
如何以实力、以智慧、以冷静、以定力，
与其周旋，
应对疯狂！

美媒文章《美国民主"尚未消亡但正在消亡"》

美国《纽约人》周刊网站 5 月 27 日发表苏珊·B. 格拉瑟的文章，题为《美国民主尚未消亡，但它正在消亡》。文章称，拜登在竞选总统时，随身携带着哈佛大学两位教授在 2018 年出版的一本比较政治学专著《民主国家是如何消亡的》，来解释他反对特朗普的竞选活动的紧迫性。今年 4 月，拜登在游说共和党人支持其价值数万亿美元的基建法案时说："我们必须表明我们能够在大事上团结一致。"

文章指出，美国并不团结。一个月后，拜登雄心勃勃的立法议程的前景仍然不明朗，共和党控制的州议会正在通过一些措施，这些措施将使许多美国人更难投票。共和党人非但没有接受拜登发出的团结号召，反而仍然被特朗普的分裂性言论和选举阴谋论所束缚。结果就是，国会陷入了党派僵局，甚至无法就设立一个委员会来调查支持特朗普的暴徒 1 月 6 日袭击国会大厦一事达成一致。参议院少数党领袖米奇·麦康奈尔正在兑现百分之百专注于阻止拜登议程的承诺，他甚至宣称调查毫无意义。

文章称，就特朗普而言，他一直放话说计划在 2024 年再次竞选总统——而且因民调结果显示大多数共和党人仍然相信他关于选举舞弊和 1 月 6 日没有发生任何不幸事件的谎话而欢欣鼓舞。

《民主国家是如何消亡的》一书作者之一丹尼尔·齐布拉特说："事实证明，情况比我们预想的要糟糕得多。"他说，很难想象一名美国人会目睹总统为了窃取选举而发动暴乱，而且在这样做后仍得到本党的支持。

文章称，三年前，我们认为，压倒性的选举结果或者明确的弹劾和被驱逐出公共生活会让特朗普和特朗普主义消失。不过，一种更现实的可能性是，特朗普的选举失败不会阻止持续的两极分化、对政治规范的蔑视以及美国不断增加的"制度性战争"——从而使这个国家"不断徘徊在危机的边缘"。然而，事实证明这场危机比书中预言的更关乎存亡。齐布拉特说，现在"更令人担忧"。他指出，在当代德国，像特朗普及其一些支持者采用的那种暴力煽动手段足以让一个政党被取缔。但是，在美国的两党制下，你根本不能取缔两党中的任何一个，即使这个政党走上一条反民主的极端主义弯路。

既是"黔驴技穷"　也会"狗急跳墙"
——读【战略参考】之 303

美国反华的工具箱里，实在也找不出几件像样的工具了。

我们既要看到其外强中干的纸老虎本质，看到黔驴技穷，又要防范狗急跳墙，图穷匕首见！

【战略参考】之 303《学者发出灵魂拷问：美军打不赢，民众不支持打，白宫为何推动中美战争?》（略）

6月8日

"美国针对华人的暴力即将到来"
——读《美国人沦为华盛顿反华狂热的受害者》

美中关系越来越紧张，我们关注的焦点一直是美国的主要决策者特别是美国总统，我们一贯的逻辑，是要把美国人民和少数政客区分开来。

但我们不能不正视，今天的美国，只要反华，在国会总是吵成一团的两党议员，就会趋于一致；只要反华，争取选票的政客就能哗众取宠。

美国今天的"民意"怎么了？

华盛顿的精英们成功地将美国公众推向接受与中国的对抗。今天，当华盛顿将"黄祸"作为工具，确保重大立法通过并在海外保持美国至上主义，美国人沦为华盛顿反华狂热的受害者。

早在特朗普上台前，仇外心理、反亚裔种族主义和"黄祸"宣传就已成为推动美国国内和外交政策的有用工具。近几十年来，美国国防工业一再利用此类言论，为发动对华战争制造借口。华盛顿立法者把我们带到全球冲突边缘。国外敌人变成国内敌人，亚裔美国人再次沦为国家和种族暴力的目标。

美国今天的"民意"，被绑架了，被蛊惑了，被煽动了，被扭曲了，麦卡锡主义今天又重新开始在美国泛滥了。

麦卡锡主义是指 1950 年至 1954 年间肇因于美国参议员麦卡锡的美国国内反共、极右的典型代表，它恶意诽谤、肆意迫害疑似共产党和民主进步人士，乃至一切有不同政见的人。从 20 世纪 40 年代末到 50 年代初掀起的以"麦卡锡主义"为代表的反共、排外运动，曾涉及美国政治、教育和文化等领域的各个层面，其影响至今仍然可见。美国右翼团体对麦卡锡的盖棺语是："了不起的勇敢的灵魂，伟大的爱国者"（A great courageous soul, a great American patriot）。

今天，警报已经拉响："当华盛顿将'黄祸'作为工具，确保重大立法通过并在海外保持美国至上主义时，亚裔美国人和太平洋岛民受到更多监视、骚扰和攻击。在联邦政府继续推销对华战争论之际，笔者不禁担心在这个国家和世界其他地方针对华人的暴力即将到来。"

附 《美国人沦为华盛顿反华狂热的受害者》（略）

6 月 9 日

破山中贼易 破心中贼难
——"涉疆问题"一席谈

一、在反恐问题上，搞不得"双重标准"

近年来，面对暴力恐怖活动在世界各地（包括美国，也包括中国）一度多发频发的情况，各国都采取反恐措施，在坚决打击恐怖主义的同时，当然也要动员、教育民众，防止成为"9·11"事件那样的无辜牺牲品。美国推行了"社区矫正"，英国则有"转化与脱离项目"。

中国政府在坚决依法打击恐怖主义的同时，当然也要在暴恐多发地区开展预防性反恐，通过对民众教育的方式实现去极端化。我们和民众一起讨论，形成共识，共同构建反恐防恐的铜墙铁壁。

宗教极端主义不是宗教，不属于某个民族，是人类的公敌，也是一切宗教、一切民族的公敌。《古兰经》说，"信道的人们啊！你们当全体入在和平的教中。"当年乌鲁木齐火车南站爆炸案发生后，新疆 11 名维吾尔族大学生就发表了《我们，不会再沉默》公开信，强烈谴责暴恐分子滥杀无辜的罪行给民族带来了无尽的痛苦和深重的灾难，呼吁"维吾尔族同胞勇敢地站出来，抵制邪恶极端，与极端思想作斗争。"

这就是你们一再关注的新疆"再教育"的主要内容。为何美方根据所谓的"西方媒体和其他消息来源"，就把它说成是"迫害宗教"，甚至扣上"反人类罪"和"种族灭绝"的帽子？你们要为恐怖主义张目吗？

事实证明，新疆已经连续4年半未发生暴力恐怖事件，各族人民安居乐业，衷心拥护支持政府卓有成效的反恐举措。

2000年我作为中国的国家宗教局长，应邀参加了在纽约联合国总部举行的世界宗教大会。大会通过的《世界宗教与精神领袖千年和平大会宣言》指出，"我们的世界被暴力、灾难、战争和各种毁灭行为所破坏，而这些行为常常被说成'以宗教的名义'。"会后我们还去参观了世贸大厦。令人震惊的是，一年之后，此地发生"9·11"事件，世贸大厦被打着宗教旗号的恐怖主义分子夷为平地，几千条无辜的生命化为灰烬。

相信美国民众仍在痛定思痛。在反恐问题上，搞不得"双重标准"。

二、在反恐问题上，来不得"吹毛求疵"

美国政府和国会官员，竟然把在新疆接受反恐防恐教育和职业培训的民众，说成是"被关押"在某些设施中的"囚犯"，把新疆说成是"露天监狱"。你们今天所提问题关注的焦点是："人们似乎在没有通知的情况下被迫参加这些再教育计划，而且往往无法通知家人。尽管有报道说，有些参与者被允许在周末或每隔一段时间定期回家，但似乎一些人在参加'培训'期间不允许与外部联系"。这样的问题，难道能够为"囚犯""监狱""种族灭绝"说作佐证吗？我赞成贺诗礼研究员的说法，你们也承认没有足够的证据。

是否如此？来自中国新疆的祖力亚提·司马义女士，已经对真实情况作了清楚的说明。无知、谎言与偏见，掩盖不了事实。

我想补充的是，你们的问题有点奇怪，不要说事实并非你们说的那样。即便就如你们所说，在培训教育之中采取了必要的纪律约束，就可以说成是"囚犯"、是"监狱"、是"种族灭绝"吗？在学校里上课，也要有课堂纪律吧？今天我们来对话，也要遵守双方起码的约定吧？

新冠肺炎病毒还在世界泛滥。中国民众自觉响应政府号召，采取了必要的隔离措施，迅速制止了病毒在中国的泛滥，保护了更多人的生命、人权和自由。谁也不会对必要的隔离措施吹毛求疵。你可以说，我们美国就是崇尚自由，就是反对隔离，就是不戴口罩。但我要提醒的是，就是在此刻，截止到美东时间2021年6月6日23:45，美国新冠肺炎累计确诊病例已达

3421.1 万人，死亡达 61.2 万人。这对于美国的广大民众，是不是一场灾难？

　　制止宗教极端主义、暴力恐怖主义思想病毒的泛滥，也要摆事实，讲道理。事实是雄辩的，道理是一样的。

　　顺便说一句，你们说中方应该允许无论是谁，特别是美国人，想去新疆就去，想看什么就看什么，进行"不受限制的访问"。我想问一问，中国人突然对美国的任何一个州感兴趣，美方是否都允许去作"不受限制的访问"？我就很想去美国某个州的病毒研究所，去看看那里是否泄漏了病毒，请帮我申请签证。

　　三、在反恐问题上，"破山中贼易，破心中贼难"

　　20 世纪，美国曾掀起过一场"麦卡锡主义"的排外运动，在自己内部搞白色恐怖。这个幽灵，今天似乎还在美国徘徊。

　　你们说你们关于新疆的信息来自卫星的照片和中国的某个精英。我们对用卫星看美国不感兴趣。但我也引用来自美国精英的一则信息。我刚看到的美国《新共和》杂志网站 5 月 20 日的一篇文章，其中说，"美国人沦为华盛顿反华狂热的受害者"："扩散'中国将取代西方'的谬论，为的是令在亚太地区挑起冲突合理化。按此类逻辑，不断增长的黄种人口，对西方人权、市场经济、'基于规则'的秩序以及美国的地位构成威胁。《战略竞争法》以及围绕它的言论，让人想起冷战时期麦卡锡主义的仇华症。"

　　文章还列举纽约大学教授查斯·马达尔的言论："'民主党希望利用对华新冷战作为整合美国政治的工具。'这样做不仅短视，而且是不道德的。这令持久的战争——包括核战争变成'非常现实的可能性'。此外，反华言论很容易影响到美国全民医疗保健等优先事务。"

　　文章说，"华盛顿的精英们成功地将美国公众推向接受与中国的对抗。今天，当华盛顿将'黄祸'作为工具，确保重大立法通过并在海外保持美国至上主义时，亚裔美国人和太平洋岛民受到更多监视、骚扰和攻击。在联邦政府继续推销对华战争论之际，笔者不禁担心在这个国家和世界其他地方针对华人的暴力即将到来。"

　　我记得中国古代的哲学家王阳明说过，"破山中贼易，破心中贼难"。一个国家，如果其内部、其内心，在滋生仇恨、在泛滥恐怖主义性质的"麦卡锡主义"，是否就是心中生出"贼"来了？

在中国民众看来，美国一些人以谎言、以污蔑为基础，如此高调地反复炒作中国的所谓"新疆问题"，讲"种族灭绝"自己也不好意思，又转向所谓"劳工问题"。这些人不过是"心中有贼"者的"贼喊捉贼"，"做贼心虚"。美国对华"新冷战"的工具箱里，实在也找不出几件像样的工具，用中国话来说，有点"图穷匕首见"了。

我要为美国头脑清醒的人们忠告一句，看看你们自己内部的问题吧，"破山中贼易，破心中贼难"！

6月10日

美国究竟要中国变成什么样才满意？
——读【战略参考】之307

戚建国将军发布的【战略参考】之307；《美军研究者：中国就算颜色革命也不够，放弃做大国才能让美国满意》：

据美国媒体近日报道，美国空军情报官员阿什利和美国国防大学研究院亚历克斯·巴克联合发表文章，指出美国不应该追求在中国引发所谓"颜色革命"。前任美国国务卿蓬佩奥和布林肯都寄希望于联合诸多"民主国家"对中国施加压力，促使中国整个政治体制"变革"，但成功希望极为渺茫，因为中国民众非常支持其政府，比美国民众对其本国政府支持度高出太多了。

另外，中国就算真的发生"颜色革命"也不够，采纳了西方式的制度也还不够，只有中国放弃做大国才能让美国满意。最典型的例子就是中国邻国，日本。日本的整个"民主制度"都是战后美国为其设计的，然而任何一个研究者去搜索下主要的媒体数据库，就会发现上个世纪80、90年代美国大批媒体对亚洲一个新的"战略竞争对手"正在崛起的评论。这些评论中所用的词汇是：强调集体意识，集体共识，权威，等级制度和纪律。执政者着眼于"长期"发展。

接下去是对这个亚洲国家一大堆不遵守"普世价值"的批评：它的政治制度是"父权专政"的"暴政"，在"亚洲团结振兴"的名义下发展区别于欧美的另一种发展模式。这个国家甚至可能导致一场为霸权而进行的军事斗争。然而这个国家是日本，这些预言现在看来是极度荒谬的。日本并没有什么改变，但它确实已经不再挑战美国的世界经济第一"宝座"了。而且它的GDP甚至被中国超过。于是日本摇身一变，成了如今美国的"自由之友"，对抗中国的最佳伙伴。

两位美军方研究者指出，这些几十年前的"神评论"与当前在美国充斥的"中国威胁论"非常相似，是完全流于表面的分析和对一个"神秘东方对手"恐惧的产物。但是，胡说八道是怎么成为普遍看法的呢？更重要的是，西方世界如何避免又一次陷入认知陷阱？

首先美国的研究者应该认清楚中国的现实。中国也是一个充满矛盾的国家，取得了巨大的成就，也面临着巨大的人口、经济和外交挑战。中国确实是美国及其盟国和伙伴的"危险竞争对手"。美国应该在竞争中与中国合作，单纯的"中国威胁论"和"中国崩溃论"都不可取。

【讨论】

叶小文：美国人"研究"出的这句"大白话"，不用研究也明明白白摆在那里："中国就算颜色革命也不够，放弃做大国才能让美国满意"！

中国不能站起来，只能倒下去；不能富起来，只能穷下去；更不能强起来，只有重新回到积贫积弱、任人宰割的殖民地，美国才能满意！

戚建国：@叶小文 小文主任早上好！是的，是美国从正反两方面教育了我们，不能对美抱有任何幻想，不能失去坚守底线的任何斗争，不能放弃争取合作的任何努力！

刘晓冰：谢谢 @戚建国 将军 @叶小文 副组长，站起来的中国告诉世界：历史没有终结也不会终结，社会主义生机蓬勃、前途无限！中国特色社会主义道路不但走得对、走得通，而且必将通往更加光明的未来！

叶小文：@刘晓冰 副组长讲得好！@戚建国 将军说得对！

社会主义不会辜负中国，中国也不会辜负社会主义。资本主义撑不住美国，美国也救不了资本主义。

大路朝天，各走一边。我们与美国，不去搞主义之争。但美国从正反两方面教育了我们，不能对美抱有任何幻想，不能失去坚守底线的任何斗争，不能放弃争取合作的任何努力！

6 月 13 日

难道还想组织"八国联军"打一场"新冷战"？

——读【战略参考】之 309、331

那个昔日的霸主
其国民中，十分之一患了新冠肺炎
气喘吁吁，却声嘶力竭
要重整旗鼓打一场"新冷战"

那个"民主国家"的典范
总统为争宝座公然煽动暴乱
屁股上盖着帝国的印章
伙计们揭开一看，哈哈大笑，一哄而散

昔日的"八国联军"
能把中国打得趴下
不是因为他们如何强大
而是因为当年的中国在走向衰落

今天，霸主又为"新冷战"招兵买马
还想再组织一次"八国联军"
再来一回"十字架东征"
再把中国打得趴在地下，一蹶不起

可是，昔日的霸主，已在走向衰落
今日的中国，正在走向强大

落水流花春去也
一江春水向东流

两岸猿声啼不住
轻舟已过万重山

"七国"伙计，各打算盘
还能都跟着一个破落户转？

抗美援朝一战
也给他们长过记性
"组织起来的中国人民是惹不得的，
如果惹翻了，是不好办的！"

不好办，不好办
今天的中国不好办

今天在实现民族伟大复兴的路上迅跑的中华民族
真诚宽厚、坦坦荡荡立足世界

无论什么霸凌主义发起的挑衅
无论什么"修西底德陷阱"的鬼魔
无论什么虚张声势的"联军"
无论什么"新冷战"的阴霾
都能降服！

【战略参考】之309《英媒文章：拜登访欧为"新冷战"招兵买马？》（略）

【战略参考】之311《美媒：拜登"拯救西方"希望渺茫》（略）

6 月 14 日

读【战略参考】之 312

昔日中国是块肥肉
"八国联军"来啃一口

今日中国是个刺头
G7 峰会如鲠在喉

如果把中国惹翻了
是不好办的
一定要和中国对着干
是不合算的
世界潮流浩浩荡荡
是要翻船的
流水落花出去也
是心虚的

【战略参考】之 312《**专访：七国集团应寻求对华合作而非遏制——访英国剑桥大学高级研究员马丁·雅克**》（略）

6 月 16 日

G7 会议述评

"G7 只是考虑如何维持自身霸权，
并不在乎世界是否变得更好。"
老大只是考虑如何让我"重新伟大"，
怎么来拉个圈子有助于撑住他独霸天下。

但是，
"它面临的一个大问题是，
虽然在上世纪 70 年代，
G7 国家 GDP 占全球的 70% 左右，
但现在该比例已缩水至 40% 左右。"
形成这个"大问题"
主要因为中国崛起
所以，对中国的，如眼中钉，如鲠在喉

恐慌、愤慨、羡慕、嫉妒、仇恨、遏制与竞争
是美国主导的"G7 会议"
闭门讨论的七个高频词。

当年"八国联军"气势汹汹
是因为中国一度倒下去了
今天"七国峰会"色厉内荏
是因为中国正在强起来

中美欧当代"三国演义"
看中国如何"合纵连横"
美国变单干为打群架
看中国如何周旋应对

@叶小文主任早上好！谢谢分享。"G7 领导人响应拜登挑战中国的号召"，《华尔街日报》称，这次峰会的一个特征是，出现了前任美国总统特朗普出席往届 G7 峰会时经常缺少的合作态度。不过，报道也称，尽管公报提到中国，但几位欧洲领导人担心强硬的措辞会激怒北京，因此美国未能如愿在公报中谴责"强迫劳动"的部分点名中国。（转自戚建国战略群发言）

【战略参考】之 313《西媒文章：G7 并不关心让世界变得更好》（略）

G7 公报对中国的攻击

6 月 13 日，经过三天的闭门密谋和激烈争吵，G7 国家领导人峰会发表《卡比斯湾 G7 高峰会议联合公报》，公报内容显示，这次峰会是西方国家长期以来最恶毒也最系统地攻击中国并干涉中国事务的一次峰会。

公报以引言加 70 个段落表述他们达成的共识，其中直接点名中国的有三个段落：

《公报》第 19 段，"加强透明度和问责制，包括重申我们致力于全面执行和改善遵守《2005 年国际卫生条例》，调查、报告和应对来源不明的疫情。我们还呼吁及时、透明、在专家领导下和以科学为基础的世卫组织进行的第二阶段 COVID-19 起源研究，包括按照专家报告的建议，在中国进行

调查。"

《公报》第 49 段，"我们呼吁中国尊重人权和基本自由，特别是与新疆有关，以及中英联合声明和《基本法》所宣布的香港的权利、自由和高度自治。"

《公报》第 60 段，"我们重申，必须维持一个包容和以法治为基础的自由和开放的印度太平洋，我们强调台海和平稳定的重要性，鼓励和平解决两岸问题。我们仍然严重关切东海和南海局势，坚决反对任何单方面改变现状、加剧紧张局势的企图。"

除此之外，公报还在有的段落中没有直接点名中国，但针对的意图非常明显。会后美国总统拜登表示，通过本次 G7 峰会，美国重新回到了西方世界的领导地位。相信中国必须开始遵守有关"人权"和"透明度"的国际准则。G7 国家必须针对中国的"一带一路"倡议，向发展中国家提供"民主的替代"选项，即拜登的"重建更美好世界"倡议。

6 月 14 日，北约国家领导人峰会发表最终声明，声明称："中国正在增加其具有更多弹头和先进运载工具的核实力来构建核三位一体。中国正不透明地实施其武装力量现代化和其发布的军民融合战略。中国还在军事领域与俄罗斯合作，其中包括参加俄罗斯在欧洲大西洋地区的演习。"并称中国构成系统性威胁。

拜登表态则更加露骨，充满对中国的仇恨：已经说服了他的新欧洲朋友，他们需要勇敢地面对"中国的专制、侵犯人权和破坏经济规则"。

6 月 18 日

评拜登普京会晤
——读【战略参考】之 316

普京还是那个普京
拜登已不是特朗普
美国还是那个美国
怎么看都有点二百五

新冠还在国内蔓延

总统却忙于国外奔走

为了拉帮结伙对付中国

见谁都拥抱管它是猫是狗

昔日霸主胡搅蛮缠

且看中国何去何从

时代已临最大变局

乱云飞渡我自从容

张嘉极：

读了战略参考。理解：俄美总统会谈，并不求握手言和。但是可以按下俄美斗争的暂停键。美国可以集中力量斗争中国；俄国可以在美国放开掐脖子的手后，获得喘息，（稳定而且可以预测的关系）然后在不用背叛得罪中国的情况下，超然地坐山观虎斗。看看中美怎么决战。然后……

然后中国就必须丢掉幻想，准备战斗。

这样理解可以是一种合理理解吗？

【战略参考】之316《美俄峰会的成功在于，拜登证明了自己不像特朗普》（略）

6月22日

读【战略参考】三则

中美"互相借鉴武器"说质疑
——读【战略参考】之318

英国《经济学人》杂志6月18日文章称：中美如今互相借鉴对方的武器，美国和中国官员经常谈论扩大自己拥有的"武器库"来彼此对抗。中国研究对手的举动并作出相应的反应。美国也在向其对手学习。

中国信奉的是，

己所不欲，勿施于人

美国大搞的是，

一己私欲，强加于人

中国实行的是

己欲立而立人，己欲达而达人

美国爱搞的是

己欲立而整人，己欲达而害人

双方过招

美国学不了中国

中国何须学美国

双方较量

得道多助，失道寡助

害人者害己，孰优孰劣？

【战略参考】之 318《英媒：现如今，中美彼此借鉴"对方的武器"》（略）

闻法国外长之言
——读【战略参考】之 319

百年大变局

二气各西东

G7 刚唱罢

内部吵哄哄

都跟美国跑

害了咱欧盟

还得睁眼看

这条中国龙

附【战略参考】之 319《法国外长：中国是合作者、竞争者、对手，并非 G7 的敌人》（略）

美国心中有贼
——读【战略参考】之 N（卫报评论）

上世纪流行疯狂麦卡锡主义

　　本世纪又来原始法西斯主义

　　上世纪反共反出了"西风难压东风"

　　本世纪反华先搞出"自己不断发疯"

　　美元老大总是要欺负老二

　　打苏联压日本果然镇住了老二

　　问题是中国不是老二也不当老二

　　"打老二"这一招越打劲头越泄

　　"破山中贼易破心中贼难"

　　自己心中生贼自己纠缠

　　如何应对这个发了疯的老大

　　中国真面临前所未有的挑战

　　　附　卫报：《摧毁美国的不是中国，是自家的法西斯主义！或迎来灭顶之灾》（略）

6 月 23 日

读【战略参考】之 345

　　法国《费加罗报》专访马凯硕："中国想要不战而屈人之兵"

　　　　有部好看的歌剧叫《费加罗的婚礼》

　　　　有张好看的报纸叫《费加罗报》

　　　　有个新加坡学者叫作马凯硕

　　　　他还真有点研究真有点能说

　　　　历史已在新的场景中展开

　　　　"落水流花春去也"在说"拜拜"

　　　　一个辉煌了一百多年的大国走向衰落

　　　　一个屈辱了一百多年的大国厚积薄发

　　　　一个"不战而屈人之兵"的大国不打冷战

　　　　一个只习惯搞欺负压迫奴役的大国到处挑战

　　　　从天安门响起的声音惊天动地

　　　　谁要碰得头破血流，就不妨来干！

这个声音是:"中国人民从来没有欺负、压迫、奴役过其他国家人民,过去没有,现在没有,将来也不会有。同时,中国人民也绝不允许任何外来势力欺负、压迫、奴役我们,谁妄想这样干,必将在14亿多中国人民用血肉筑成的钢铁长城面前碰得头破血流!"

法国《费加罗报》网站刊发了该报近日对新加坡学者马凯硕的专访,探讨了中美关系等问题。报道摘编如下(略)。

6月24日

读【战略参考】之348

美媒:拜登强硬对华政策给美国带来"特朗普式痛苦"

"特朗普式痛苦"——

是外强中干、色厉内荏的痛苦

是战略焦虑、战术混乱的痛苦

是偷鸡不成蚀把米的痛苦

是打肿脸充胖子的痛苦

是"杀敌一千自损一千"的不堪入目、不能算账的痛苦

附【战略参考】之348《美媒:拜登强硬对华政策给美国带来"特朗普式痛苦"》(略)

6月25日

读【战略参考】之349

美学者:中国没有向世界输出"中国模式",
破坏民主的是美国自己

美国患上了"甩锅症",这种症状的表现,如美国的政治家所言:"感觉中国已经变成了政策上的强力胶。它能修理任何东西。如果你在国内有凌驾于党派的问题倾向,谈谈中国;如果你在跨大西洋领域存在问题,谈谈中国。"

——怎么防止新冠肺炎持续在美国泛滥?"谈谈中国。"

——怎么看待新冠肺炎患者在美国已超过 3500 万，占总人口的十分之一？"谈谈中国。"

——怎么看待美国"两党分裂这一破坏民主的主因"？"谈谈中国。"

……？"谈谈中国。"

中国啊，已经被一个患上"甩锅症"、已到"更年期"的美国，盯住不放了！

岂止是费尽唇舌"谈谈中国"？还总想动手动脚"弹弹中国"！

附【战略参考】之 349《美学者：中国没有向世界输出"中国模式"，破坏民主的是美国自己》（略）

6 月 26 日

读【战略参考】之 350

《经济学人》：高估自身实力误判盟友反应，拜登的中国学说行不通

> 历史已经在新的场景中展开
> 美国，已经不是冷战时期的美国
> 中国，更已不是冷战时期的苏联
> 世界，也已不是冷战时期的格局
> 百年未遇之大变局最大的变量
> 是美国能够顺应时势改变自己
> ——美国实在很难
> 是中国能否乘势而上继续向前
> ——中国别无选择

附【战略参考】之 350《〈经济学人〉：高估自身实力误判盟友反应，拜登的中国学说行不通》（略）

6月27日

读【战略参考】之353

布鲁金斯学会：别再沉迷于对抗中国，
美欧应投身全球化的民主技术治理

西方的学着在关注"双循环"

布鲁金斯学会20日发表的《欧美技术委员会不应该只关注中国》一文看到："中国在全球科技生态系统中的角色更具相关性，也更具战略性。中国发布的双管齐下的战略——'十四五'规划（2021—2025）和2035年远景目标，标志着中国出口导向型发展的终结，标志着旨在满足国内外需求的'双循环增长'的走向。这一战略以'自主创新'为核心，旨在建设一个减少对外国供应商依赖、在全球技术市场上更具竞争力的中国技术产业。"

中国的学者也在热议"双循环"

由中国（深圳）综合开发研究院和深圳市综研软科学发展基金会发起主办的"中国智库论坛暨2021综合开发研究院北京年会"于7月23日在京举行，本次论坛以"'双循环'发展战略与国家产业链安全"为主题。　综合开发研究院理事长（代）叶小文出席论坛并致辞，院长樊纲做会议总结。来自研究机构、各大企业和媒体代表约130余人受邀参加本次论坛。

受新冠疫情冲击和国际形势的变化，国际产业链极有可能出现深度的调整，美国、德国、日本等国更加重视重振制造业战略，以最大可能来掌控国际产业链，中国经济发展面临诸多的风险与挑战。因此，预判国际经济发展趋势，探索"双循环"格局下的产业链创新发展，完善相关体制机制，维护产业链安全与提升抗风险能力，已成为保障国家经济安全和高质量发展的重要任务。

叶小文在致辞中指出，构建国际国内双循环新发展格局，可以成为驱动经济发展行稳致远的双引擎，是应对和化解在中华民族站起来、富起来、强起来的道路上可能会遭遇的颠覆性风险的关键一招。坚持"以和为贵，和而不同"，共同推动建立以合作共赢为核心的新型国际关系，在"双循环"相互促进中加强国际发展合作。在构建"双循环"新发展格局中要坚持全面推动改革，消除生产、分配、流通、消费中的"梗阻"，使产业链、供应链、创新链更好更高效地循环，实现供给侧和需求侧的同步扩张和高质量发展。

论坛第一节由综研院理事、中美绿色基金董事长徐林主持，以"全球产业链变局与中国应对"为主题，就全球产业链重大调整的背景下，如何畅通国内产业链，促进产业基础高级化、产业链现代化，以提升我国产业链水平；如何充分发挥中国超大规模市场优势和内需潜力，推动"双循环"新发展格局的实施，以提升中国产业链的稳定性和竞争力；如何加强国际协调合作，以维护国际产业链供应链的安全稳定等议题展开讨论。

论坛第二节由综研院资深研究员李津逵主持，围绕"包容性制度创新与产业发展"主题，就新一轮技术革命与产业变革的背景下，如何突破传统制度的制约，健全鼓励支持基础研究、原始创新的体制机制，推动科技成果转移转化，为中国产业链、供应链发展提供强大支撑；如何完善公平竞争制度，加强知识产权保护，推动建立以企业为主体的技术创新体系，以实现我国产业链供应链的优化升级等主题展开讨论与交流。

附【战略参考】之 353《布鲁金斯学会：别再沉迷于对抗中国，美欧应投身全球化的民主技术治理》（略）

6 月 28 日

读【战略参考】之 351

中美不可能脱钩也不可能冷战

虽言"不可能"

美国却在干

如何应对好

中国大考验

这位约瑟夫

爱论大趋势

也讲"巧实力"

算条好建议

对立统一论

万物之规律

斗争也合作

大国之关系

附【战略参考】之 351《中美不可能脱钩也不可能冷战》（略）

6 月 29 日

读【战略参考】之 352

美专家回顾中共百年发展史　期待美中关系回归"常规程序"

相向而行，很难

背道而驰，已然

迎头相撞，要免

好自为之，别烦

附【战略参考】之 352《美专家回顾中共百年发展史　期待美中关系回归"常规程序"》（略）

6 月 30 日

读【战略参考】之 354

与美国背道而驰？法国《世界报》：

法国不愿再紧跟美对华强硬政策

这是确实的。正如法国的《世界报》此文所言："在北约峰会举行期间，法德两国曾联手，试图一同应对美国，希望以此来软化美国在各种涉华问题上发表的声明所使用的语言。对此，美国总统国家安全事务助理则强调，北约在一份冗长的联合公报中还是点名了中国，以及美国现在正在打算在北约所酝酿的新战略理念中将中国考虑进去。"

在北约峰会召开时，网上就有一幅漫画 *The Last G7*：

漫画中的德国老鹰，用警惕、疑虑的眼光看着美国；

漫画中的法国雄鸡，在盘算自己的事情。

附【战略参考】之 354《与美国背道而驰？法国〈世界报〉：法国不愿再紧跟美对华强硬政策》（略）

7月1日

读【战略参考】之355

港媒文章：美国应清醒认识自身衰落

北溪碰到"熊不搭"

天津又遇"狗不理"

新冠泛滥步不停

拜登政府雄不起

附 【战略参考】之355《港媒文章：美国应清醒认识自身衰落》（略）

7月2日

读【战略参考】之356

英媒：拜登施政未脱离特朗普影响

英媒这段话，直击问题的要害：

有一个主题可以把拜登与前任的政策延续性全部串联在一起，那就是将与中国无关的诉求所占用的美国关注与资源最小化。拜登不会是最后一位在特朗普阴影下工作的美国总统。

其实只改一字，更是要害的要害：

"有一个主题可以把拜登与前任的政策延续性全部串联在一起，那就是将与中国有关的诉求所占用的美国关注与资源最大化。拜登不会是最后一位在特朗普阴影下工作的美国总统。"

我们如何走出"美国的阴影"？

中国要经常给美国开出问题的"负面清单"和不可逾越的"红线"与"底线"，警告它在"将与中国有关的诉求所占用的美国关注与资源最大化"不能太任性、太疯狂，还得有所收敛。

同时，中国还要反其道而行之，不是按唯我优先、唯我优越的逻辑出牌，加大风险；而是致力于"促进人类命运共同体"，共担风险。不是按"利益最大化"的逻辑出牌，独揽风险，而是以"提高自己的生存几率，避免系统性毁灭"的理性，规避风险；善于从"利益攸关"角度，对抗"非对

称风险"。(参见［美］塔纳布《非对称风险》一书，该作者还有专论如何应对大概率危机的《灰犀牛》一书)

我们要以共建人类命运共同体的热风，不断吹散和化解"新冷战"的阴霾。

我们要以自己不断增大的实力、能量和热量，走出"美国的阴影"。

我们要热风吹雨洒江天！

　　附　【战略参考】之356《英媒：拜登施政未脱离特朗普影响》(略)

7月3日

　　读【战略参考】之361

将把军事重心转移至印太，美上将：中国最好永远都只是竞争对手

> 美国真的怕了
> 色厉内荏、外强中干了
> 美国真的横了
> 磨刀霍霍、咬牙切齿了
> 中国要记住"狼来了"的寓言
> 这回
> 狼真的要来了
> 中国的长城要更坚实更牢靠
> 这回
> 不惜碰得头破血流者，
> 真的要来了！

　　附　【战略参考】之361《将把军事重心转移至印太，美上将：中国最好永远都只是竞争对手》(略)

7月4日

读【战略参考】之363

美国的将军、大使、所有官员都在谎报①

不听老子言　吃亏在眼前

冷战后美国成为唯一超级大国，长了不可一世的实力，也长了唯我独尊的骄气、霸气和爱管闲事的脾气。突然发现自己在走下坡路，竟有另一大国要追上来了，于是不习惯不耐烦不高兴，睡不着觉吃不下饭，种种焦虑，都在所难免。但此时的政治家就要特别清醒，要有冷静周全的战略反思。如听任战略焦虑导致战略误判，力不从心到处伸手，甚至气急败坏"遏制中国"，只怕会"一着不慎满盘皆输"。

或许美国的政治家会说，美国有责任捍卫世界的人权民主自由，这倒令人感动了。但不妨听听我对美国前驻华大使雷德先生的一番肺腑之言。

当时美国正要出兵伊拉克，我说，伊拉克的问题应由联合国去讨论，去帮助督促伊拉克解决，也完全可以通过政治手段解决。美国偏要代替联合国去行使职权，还要诉诸武力，中国古代智者老子就说过，"常有司杀者杀，夫代司杀者杀，是谓代大匠斫，夫代大匠斫，稀有不伤其手矣。"

结果怎样？既伤了手，也伤了元气，至今还在为如何从伊拉克撤兵烦恼。

不听老子言，吃亏在眼前。

附　【战略参考】之363《美国的将军、大使、所有官员都在谎报》（略）

7月5日

读【战略参考】之364

对抗中国代价太大！美媒警告华盛顿：不要再花大笔军费挑战中国

"如果说美国政府依然将当前国内重重矛盾归咎于外部势力，或者将国

---

① 摘自叶小文《莫因战略焦虑导致战略误判》一文，发表于《人民日报海外版》2012年7月23日1版"望海楼"专栏。

内矛盾转移到国外，那么同样无法解决这些棘手的问题。反而美国很容易陷入军费越来越多，国内矛盾反而越来越严重的死循环之中。"

国外树敌越来越斗狠

国内矛盾越来越棘手

内外交困越来越严重

警惕美国越来越发狂

附　【战略参考】之 364《对抗中国代价太大！美媒警告华盛顿：不要再花大笔军费挑战中国》（略）

7月6日

【读书笔记】

为什么美国对华认知"威胁膨胀"？

美国《外交政策》双月刊网站发表的题为《警惕对华认知"威胁膨胀"》这篇文章中，有段话讲得很实在：

即使人们赞同中国问题鹰派的威胁评估，它怎么能被视为比在美国造成死亡人数超过美国 20 世纪所有战争总和（并且仍在增加）的事件具有更高的优先级，后者造成了仅次于大萧条的经济破坏，对美国人日常生活的扰乱比我们历史上的任何事件都更严重。德尔塔变体感染病例数量激增提醒我们流行病预防在多大程度上是一个国际问题。

善良的人们要警惕啊！美国面对如此大规模的、持续的流行病，越是无能为力，国内上上下下都可能越是热衷于对外"甩锅"，不仅是在污蔑、在假设、在幻想比流行病更严重的"病魔"，而是真的认为"病源来自中国"，"威胁来自中国"，从而将遏制中国变为丧失理智的"更高的优先级"！

"丧心病狂"，此之谓也。

附录：

美国《外交政策》双月刊网站发表题为《警惕对华认知"威胁膨胀"》的文章，作者是美国杜克大学公共政策和政治学教授布鲁斯·詹特尔森。全文摘编如下（略）。

7月9日

关于美国"缺心眼"的讨论

@ 戚建国：

"英国现在还在派军舰去世界各地，

北京看着都好笑"。

美国现在还在拼命撑着世界霸权，

新冠死人六十万都不哭！

@ 戚建国：

美国现在"行拂乱其所为"

皆因已然缺了"战略思维"

北京话叫"缺心眼儿"

@ 叶小文：

是的，美国当局不仅是"缺心眼儿"，而且是"坏了心眼儿"。单是"缺"尚可教育，若是"坏"则不可教也！

@ 戚建国：

缺心眼，迷心眼，坏心眼，死心眼，

皆因生了"心中贼"

王阳明早就说过：

"破山中贼易，破心中贼难"

晨读战略群　一段大实话

而且因为新冠，间接导致中国在世界制造业中的地位，再一次得到了提升，最大的竞争者印度如今仍然深陷泥潭。中美之间实力对比"失衡"，正是在这一时期。如今，中国已经第一个从疫情中走出，而且恢复了正常的经济活动，而美国确诊和死亡人数双双世界第一，即便已开始大面积接种疫苗，但变异病毒不断出现，最后能够达成什么样的效果，仍有待观察，而经济恢复大幅落后中方已成必然。（转自战略群戚建国发帖）

【战略参考】《意大利两位前驻华大使："是结束对中国妖魔化的时候了"》（略）

7 月 10 日

讨论：读【战略参考】之 369《与经济伙伴"脱钩"将使欧盟损失惨重》

叶小文：

> 欧盟算的经济常识账
>
> 闹"脱钩"损失惨重
>
> 美国算的政治焦虑账
>
> "窗口期"痛下杀手

戚建国：

> 欧盟在经济账中
>
> 算出了政治分量
>
> 美国在政治账中
>
> 祭出了经济杀手

叶小文：

是的，善良的人们要警惕了，过去我们常说的中美关系的"压舱石"，现在竟然成了美国手中的"打狗棒"。

戚建国：

> 美国手中的打狗棒
>
> 打乱了西方的阵脚
>
> 中国心中的发展经
>
> 鼓起了东方的风帆

叶小文：

> 发展是硬道理
>
> 中国有硬功夫

戚建国：

> 发展是硬道理
>
> 强国是硬目标
>
> 抗美是硬功夫
>
> 中华是硬骨头

【战略参考】之 369《与经济伙伴"脱钩"将使欧盟损失惨重》（略）

7月10日

关于"病毒溯源"问题的讨论

十人之中必有一人染上新冠

一国之死亡人数超世界大战

此等政府如此管理社会无能

专注甩锅是要转移国内视线

拜登为何找中央情报局溯源

曾举着洗衣粉向伊拉克宣战

政治化溯源对美国抗疫无用

对中国可是送上门的撒手锏

扯着嗓子大喊溯源"中国病毒"

歇斯底里原来来自"病毒美国"

全世界都应该睁开眼睛看看

做贼心虚者最惯用贼喊捉贼

附一：俄专家文章：政治化溯源对美国抗疫无用

俄罗斯国际事务理事会网站 8 月 5 日发表题为《美国与新冠病毒溯源：一个伪议程》的文章，作者系该理事会主任安德烈·科尔图诺夫，文章称，美国未战胜新冠疫情，拜登政府要做的不是在国外找替罪羊，而是专注于整肃国内秩序。全文摘编如下（略）。

附二：今天（9 日），中国人民大学重阳金融研究院、太和智库、海图国智三家智库在北京发布《"美国第一"？！美国抗疫真相》

《报告》全文约 2.3 万字，用严谨的研究、真实的数据、客观的立场，以"为党争不为生命""反科学反常识""制度失灵使疫情难控""疫情加剧社会撕裂""肆意破坏全球抗疫"等 5 章，共 20 部分内容，驳斥了彭博社关于"美国抗疫全球第一"排名的荒谬性。《报告》指出，在沉重的现实面前，一些美国媒体反而将美国抗疫评为"世界第一"，这既有悖于基本的人类伦理，也无助于未来的人们真实、客观地看待当下的世界历史。

《报告》用缜密的逻辑与事件线索回顾，认为美国疫情正进入第四波的上升期。冰冷的感染与死亡人数的数字背后是美国的国内政治斗争——尤其是党派斗争将疫情高度政治化，让"原本不必死去"的美国人民失去了生命。病毒和人祸双重打击之下，新冠病毒疫情至今未能得到有效控制，60多万因疫情丧生的美国人的尸骨足以堆积如山。美国流行病学家威廉·福格认为，"这是一场屠杀！"

《报告》揭露，美国政府在疫情防控、政策措施、溯源调查等多方面反科学反常识，是美国成为"抗疫失败国"的直接原因。到 2020 年 5 月 26 日，在英语媒体中关于新冠病毒的假消息中约 38% 的报道提到了特朗普，"美国总统特朗普可能是新冠肺炎假信息的最大推手"。《报告》还大胆质疑，美国在 2019 年下半年暴发的所谓不明原因的"呼吸系统疾病"或"白肺病"是否就是新冠肺炎？德特里克堡以及美国其他生物实验室究竟在开展何种研究？是否与冠状病毒相关？安全措施实施情况如何？与全球新冠疫情起源是否有关联？这些都是新冠溯源中理应得到解答的疑问，但美国政府一直在掩盖。

《报告》指出，党争之下的联邦体制相互掣肘、层层推诿，构成了"散装美国"抗疫格局。救股市不救人命。美联储采取了"超常规"的货币增发措施，美国股市自 2020 年 3 月 23 日触及低点以后一路飙升。从 2020 年 3 月到 2021 年 1 月，600 多名美国亿万富翁的财富总额从大约 2.947 万亿美元增加到 4.085 万亿美元，增长幅度达 38.6%。美联储滥发货币，美国用一年半的时间印了两百多年来所有美元的近一半！世界各国却不得已因此"背锅"，承受本不应承受的通胀压力、动荡压力、"泡沫"压力。这种以邻为壑的做法，让深受新冠病毒疫情之苦的世界各国遭遇病毒之外的经济和社会额外压力，甚至带来政治冲突和地区混乱。

《报告》还谈到，疫情加剧美国社会撕裂。关于新冠病毒起源的有毒阴谋论加剧了对亚裔的欺凌和仇恨。仅 2021 年 3 月一个月内，亚裔歧视案件就激增了近一倍。社会动荡堪称美国的"沉疴宿疾"，而新冠疫情则充当了"放大器"。2021 年，美国犯罪率在发达国家中高居榜首，远高于英国、加拿大、西班牙等国家，也高于不少发展中国家。2020 年调查表明，特朗普与拜登的支持者分别有 89% 和 90% 的人认为，如果对方大选获胜，将对美国造成长远的负面影响。美国两党的政治生态在不断恶化。

《报告》认为，美国正在肆意破坏全球抗疫。作为世界头号强国，美国却放任病毒扩散，致使他国疫情严重恶化，在新冠疫情暴发后，依然有2000多万美国公民出国。美国对疫情在全球范围内的扩散具有不可推卸的责任。拜登指示美国情报部门90天内提供疫情溯源报告的同期，美国诸多高官相继就疫情溯源表态，无端制造了国际纷争。而对于本国疫情早期传播存在的疑点，美国面对国际社会的关切却讳莫如深。美国对外出口新冠疫苗仅占美国疫苗产量的不到百分之一，除了拒绝国际疫苗合作，美国还以"退群再入群"的行为扰乱了国际抗疫秩序。相比于新冠病毒，更为致命的"病毒"是在美国带领下不断滋生的溯源恐怖主义。

《报告》用客观的事实得出结论，美国是当之无愧的全球第一抗疫失败国、全球第一政治甩锅国、全球第一疫情扩散国、全球第一政治撕裂国、全球第一货币滥发国、全球第一疫期动荡国、全球第一虚假信息国、全球第一溯源恐怖主义国。

《报告》最后强调，真相只会迟到，但从不会缺席。中国与世界各国人民都在呼吁着抗疫的真相。

7月11日

读【战略参考】之368

西媒文章：民主"不能通过轰炸输出"

哪里是要输出民主
明明是在行使霸权
气势汹汹轰炸机去
灰头土脸悄悄折返
还想碰个头破血流
找个对头再干一番
输出捣乱输入失败
最后全是自己买单

附 【战略参考】之368《西媒文章：民主"不能通过轰炸输出"》（略）

读【战略参考】之 367

美媒：全球网络不应陷入"冷战模式"

> 互联网已火热
>
> 独霸权要终结
>
> 美国佬有点烦
>
> 天天喊抓黑客

【战略参考】之 367《美媒：全球网络不应陷入"冷战模式"》（略）